保险风险与破产

(原书第二版)

〔英〕 大卫·迪克森 (David C. M. Dickson) 著

李栓明 张志民 译

科学出版社

北京

图字：01-2018-4299 号

内 容 简 介

本书对现代精算风险理论做了全面详尽的概述，主要内容包括概率分布和保险应用、效用理论、保费计算准则、聚合风险模型、个体风险模型、破产理论简介、经典破产理论、高级破产理论和再保险. 为了便于教学，书中提供了丰富的例题，每章末附有习题，并在书末提供了详细的解题过程. 书中的内容和方法适用于非寿险精算和其他分支学科的教学与研究，同时也适用于精算实务中的应用研究.

本书可作为高等院校金融数学和精算专业及相关专业高年级本科生与研究生风险理论课程的教材，也可供相关科研人员参考.

图书在版编目(CIP)数据

保险风险与破产：原书第二版/(英)大卫·迪克森(David C. M. Dickson)著；李桂明，张志民译. —北京：科学出版社，2019.3
　书名原文：Insurance Risk and Ruin
　ISBN 978-7-03-060608-2

　Ⅰ. ①保… Ⅱ. ①大… ②李… ③张… Ⅲ. ①保险业-风险管理-研究
Ⅳ. ①F840.323

中国版本图书馆 CIP 数据核字(2019) 第 033488 号

责任编辑：张中兴 梁 清 孙翠勤／责任校对：彭珍珍
责任印制：赵 博／封面设计：迷底书装

科 学 出 版 社 出版
北京东黄城根北街 16 号
邮政编码：100717
http://www.sciencep.com
北京凌奇印刷有限责任公司印刷
科学出版社发行 各地新华书店经销
*
2019 年 3 月第 一 版 开本：720×1000 1/16
2025 年 2 月第四次印刷 印张：17
字数：343 000
定价：98.00 元
(如有印装质量问题，我社负责调换)

献给 Robert 和 Janice

第二版前言

第一版的主要内容是累积索赔额的概率分布与破产理论. 自从第一版出版以来, 破产理论有了快速的发展, 最著名的就是关于 Gerber-Shiu 函数的研究. 因此, 第二版最大的改动是第 8 章, 即高级破产理论, 其中所添加的内容反映了近年来该方向的科研进展.

第二版中另一大改动就是给书中的习题加了完整的答案, 而且也加了一些新的习题, 这样更适合于本科生学习.

第二版中的主要工作是我于 2015 年下半年在爱丁堡于 Heriot-Watt 大学学术休假时完成的, 再一次对那里的接待表示感谢, 也对我的同事李栓明 (译者之一) 对第 7 章与第 8 章给出的修改意见表示感谢.

大卫·迪克森

2016 年 3 月于墨尔本

第一版前言

本书可作为大学高年级学生首次学习保险风险理论的教材. 与其他教材一样, 本书内容来自于我在位于爱丁堡的赫瑞–瓦特大学与墨尔本大学讲授风险理论所用的讲义. 本书对风险理论中的一些经典问题给予了详细介绍, 尤其是累积索赔额的概率分布与破产理论.

读者只需具备 Grimmett 和 Welsh (1986) 书中讲到的概率知识就可以阅读本书, 特别需要掌握概率分布的一些基本概念以及熟练运用矩母函数与概率母函数. 第 1 章主要是复习读者已熟知的概率分布及相关概念. 读者懂一些随机过程的基本知识对学习第 6~8 章很有帮助, 但随机过程不是必须掌握的. 本书的大部分结果可以用最直接的数学技巧推导得到.

从 20 世纪 80 年代早期开始, 风险理论中出现了大量关于计算方法尤其是递推公式的研究. 本书用一定篇幅讨论递推方法, 但只有应用这些递推算法才能充分理解它们. 读者应该在阅读过程中自己编写一些小的计算程序来运行书中的一些例子与习题.

书中的很多例题与习题都摘自我的讲义与考题, 因此难易程度并不一致. 在书的末尾提供了习题的简要答案, 但大多数习题还需读者深思熟虑后给出完整答案.

在书中每一章结尾都给出了本章主要结果的主要参考文献, 但我并不想给出完备的参考文献. 读者应该在阅读这些文献后去研究其中的文献内容.

本书执笔于 1997 年我在哥本哈根大学学术休假时期, 零零散散地直至 2004 年我在滑铁卢大学与赫瑞–瓦特大学再一次学术休假后才完成. 特别感谢上述三所大学在我学术休假中给予的热情接待和提供的美好的工作环境. 我也要感谢曾经在墨尔本大学就读的学生, 其中 Jeffrey Chee 和 Kee Leong Lum 为本书初稿提出了大量建议, Kwok Swan Wong 设计了 8.6.3 小节中的例题. 最后, 我想特别感谢在爱丁堡的两个人. 第一, 如果没有多年来作为我的老师、导师与同事的 James Gray 教授的鼓励与支持, 本书不可能完成; 第二, 书中的很多想法来自于和 Howard Waters 教授在教学与科研中的合作, 对他的支持与建议献上衷心的感谢.

大卫·迪克森

2004 年于墨尔本

目　　录

第1章 概率分布和保险应用

1.1 引 言

本书主要介绍风险理论, 其中重点介绍该领域的两个主要研究内容, 即风险模型和破产理论. 风险理论为一般保险风险研究提供了数学基础, 因此, 本书首先对一般保险风险的特征进行了简短概述. 一般保险这一术语本质上适用于人寿保险或健康保险之外的保险风险, 从而该术语涵盖了个人保险的常见形式, 如机动车辆保险、家庭及财产保险和旅游保险.

首先我们从保险人的角度来分析一机动车辆保险保单通常是如何运作的. 针对这类保单, 假设保险期限为一年, 被保险人在保单覆盖周期的期初向保险人支付一定数量的费用 (保费). 若在这一年内被保险人发生事故, 并且造成了机动车辆的损坏, 针对该损坏引起的维修费用, 被保险人可以依据保单协议向保险人提出索赔. 对于保险人, 此处有两个不确定因素: 被保险人会提出多少次索赔? 如果提出索赔, 那么索赔的金额是多少? 因此, 若保险人计划用概率模型来表示其在该保单下的索赔支出, 则需要用一个变量来模拟索赔的次数, 用另一个变量来模拟每次索赔的金额. 这是一个较为一般的框架, 它适用于一般保险保单中的索赔支出模拟, 而不局限于机动车辆保险. 在后面的章节中, 我们将对其进行更详细的讨论.

在本章我们首先介绍一些分布, 其中大部分分布被普遍应用于保险风险下的索赔次数或单个索赔额的模拟. 然后, 我们介绍混合分布的相关概念和再保险协议的两种简单形式以及它们的数学描述. 最后, 我们考虑有关风险模型的一个重要问题, 即寻找独立同分布的随机变量的和的分布.

1.2 重要的离散型分布

1.2.1 泊松分布

若随机变量 N 服从参数为 $\lambda > 0$ 的泊松分布, 则其分布律如下:

$$\Pr(N = x) = e^{-\lambda}\frac{\lambda^x}{x!}, \quad x = 0, 1, 2, \cdots.$$

它的矩母函数为

$$M_N(t) = \sum_{x=0}^{\infty} e^{tx} e^{-\lambda} \frac{\lambda^x}{x!} = e^{-\lambda} \sum_{x=0}^{\infty} \frac{(\lambda e^t)^x}{x!} = \exp\{\lambda(e^t - 1)\}, \tag{1.1}$$

概率母函数为

$$P_N(r) = \sum_{x=0}^{\infty} r^x e^{-\lambda} \frac{\lambda^x}{x!} = \exp\{\lambda(r - 1)\}.$$

根据矩母函数可以得到 N 的矩. 例如, 由

$$M_N'(t) = \lambda e^t M_N(t)$$

和

$$M_N''(t) = \lambda e^t M_N(t) + (\lambda e^t)^2 M_N(t)$$

可以得到 $E[N] = \lambda$ 和 $E[N^2] = \lambda + \lambda^2$, 进而有 $V[N] = \lambda$.

我们将参数为 λ 的泊松分布记作 $P(\lambda)$.

1.2.2 二项分布

若随机变量 N 服从参数为 n 和 q 的二项分布, 其中 n 是正整数且 $0 < q < 1$, 则其分布律如下:

$$\Pr(N = x) = \binom{n}{x} q^x (1 - q)^{n-x}, \quad x = 0, 1, 2, \cdots, n.$$

它的矩母函数为

$$\begin{aligned}
M_N(t) &= \sum_{x=0}^{n} e^{tx} \binom{n}{x} q^x (1 - q)^{n-x} \\
&= \sum_{x=0}^{n} \binom{n}{x} (q e^t)^x (1 - q)^{n-x} \\
&= (q e^t + 1 - q)^n,
\end{aligned}$$

概率母函数为

$$P_N(r) = (qr + 1 - q)^n.$$

由

$$M_N'(t) = n (q e^t + 1 - q)^{n-1} q e^t$$

和

$$M_N''(t) = n(n - 1) (q e^t + 1 - q)^{n-2} (q e^t)^2 + n (q e^t + 1 - q)^{n-1} q e^t$$

可得

$$E\left[N\right] = nq, \quad E\left[N^2\right] = n(n-1)q^2 + nq,$$

从而

$$V\left[N\right] = nq(1-q).$$

我们将参数为 n 和 q 的二项分布记作 $B(n,q)$.

1.2.3　负二项分布

若 N 服从参数为 $k > 0$ 和 $0 < p < 1$ 的负二项分布, 则其分布律为

$$\Pr(N = x) = \binom{k+x-1}{x} p^k q^x, \quad x = 0, 1, 2, \cdots,$$

其中 $q = 1 - p$. 当 k 为整数时, 该分布律可用阶乘表示, 从而使计算变得简单. 然而, 另一种计算分布律的方法是下面的递推公式:

$$\Pr(N = x + 1) = \frac{k+x}{x+1} q \Pr(N = x), \quad x = 0, 1, 2, \cdots,$$

其中初值 $\Pr(N = 0) = p^k$. 无论 k 是否为整数, 上面的计算公式均成立.

矩母函数的计算可由以下等式得到

$$\sum_{x=0}^{\infty} \Pr(N = x) = 1. \tag{1.2}$$

利用上式易知, 对于 $0 < qe^t < 1$ 有

$$\sum_{x=0}^{\infty} \binom{k+x-1}{x} (1 - qe^t)^k (qe^t)^x = 1,$$

并由此可得

$$\begin{aligned}
M_N(t) &= \sum_{x=0}^{\infty} e^{tx} \binom{k+x-1}{x} p^k q^x \\
&= \frac{p^k}{(1-qe^t)^k} \sum_{x=0}^{\infty} \binom{k+x-1}{x} (1-qe^t)^k (qe^t)^x \\
&= \left(\frac{p}{1-qe^t}\right)^k,
\end{aligned}$$

其中 $0 < qe^t < 1$, 或等价地, $t < -\log q$. 类似地, 概率母函数为

$$P_N(r) = \left(\frac{p}{1-qr}\right)^k.$$

通过对矩母函数求导可以得到该分布的矩. 例如, 对于均值和方差, 通过求导可得 $E[N] = kq/p$ 和 $V[N] = kq/p^2$.

由等式 (1.2) 可知

$$\sum_{x=1}^{\infty} \binom{k+x-1}{x} p^k q^x = 1 - p^k, \tag{1.3}$$

该结果将在 4.5.1 小节中用到.

我们将参数为 k 和 p 的负二项分布记作 $NB(k,p)$.

1.2.4 几何分布

几何分布是负二项分布的一个特例. 当负二项分布中的参数 k 为 1 时, 该分布即为参数为 p 的几何分布, 其分布律为

$$\Pr(N = x) = pq^x, \quad x = 0, 1, 2, \cdots.$$

由 1.2.3 小节的讨论可知 $E[N] = q/p$, $V[N] = q/p^2$, 并且对于 $t < -\log q$,

$$M_N(t) = \frac{p}{1 - qe^t}.$$

该分布在破产理论中十分重要, 这一点在第 7 章中有所体现.

1.3 重要的连续型分布

1.3.1 伽马分布

若 X 服从参数为 $\alpha > 0$ 和 $\lambda > 0$ 的伽马分布, 则其密度函数为

$$f(x) = \frac{\lambda^\alpha x^{\alpha-1} e^{-\lambda x}}{\Gamma(\alpha)}, \quad x > 0,$$

其中 $\Gamma(\alpha)$ 为伽马函数, 定义如下:

$$\Gamma(\alpha) = \int_0^\infty x^{\alpha-1} e^{-x} dx.$$

当 α 为整数时, 该分布也称作 Erlang 分布, 此时重复进行分部积分可以得到分布函数

$$F(x) = 1 - \sum_{j=0}^{\alpha-1} e^{-\lambda x} \frac{(\lambda x)^j}{j!}, \quad x \geqslant 0.$$

为了计算伽马分布的矩和矩母函数, 我们注意到

$$\int_0^\infty f(x)dx = 1,$$

由此得到

$$\int_0^\infty x^{\alpha-1}e^{-\lambda x}dx = \frac{\Gamma(\alpha)}{\lambda^\alpha}. \tag{1.4}$$

对于 n 阶矩, 有

$$E\left[X^n\right] = \int_0^\infty x^n \frac{\lambda^\alpha x^{\alpha-1}e^{-\lambda x}}{\Gamma(\alpha)}dx = \frac{\lambda^\alpha}{\Gamma(\alpha)}\int_0^\infty x^{n+\alpha-1}e^{-\lambda x}dx,$$

再由公式 (1.4) 可知

$$E\left[X^n\right] = \frac{\lambda^\alpha}{\Gamma(\alpha)}\frac{\Gamma(\alpha+n)}{\lambda^{\alpha+n}} = \frac{\Gamma(\alpha+n)}{\Gamma(\alpha)\lambda^n}. \tag{1.5}$$

特别地, $E[X] = \alpha/\lambda$, $E\left[X^2\right] = \alpha(\alpha+1)/\lambda^2$, 并由此可得 $V[X] = \alpha/\lambda^2$.

应用类似的方法可以得到该分布的矩母函数. 因为

$$M_X(t) = \int_0^\infty e^{tx}\frac{\lambda^\alpha x^{\alpha-1}e^{-\lambda x}}{\Gamma(\alpha)}dx = \frac{\lambda^\alpha}{\Gamma(\alpha)}\int_0^\infty x^{\alpha-1}e^{-(\lambda-t)x}dx, \tag{1.6}$$

利用公式 (1.4) 可得

$$M_X(t) = \frac{\lambda^\alpha}{\Gamma(\alpha)}\frac{\Gamma(\alpha)}{(\lambda-t)^\alpha} = \left(\frac{\lambda}{\lambda-t}\right)^\alpha. \tag{1.7}$$

注意在公式 (1.4) 中, $\lambda > 0$. 因此, 为了将公式 (1.4) 运用到等式 (1.6) 中, 我们要求 $\lambda - t > 0$, 即当 $t < \lambda$ 时, 矩母函数才存在.

通过计算, 我们得到 X 的偏度系数 $Sk[X]$ 为 $2/\sqrt{\alpha}$, 它将在 4.8.2 小节中用到. 该结论来源于偏度系数的定义, 即三阶中心矩除以标准差的立方, 同时需要注意到该分布的三阶中心矩为

$$\begin{aligned} E\left[\left(X-\frac{\alpha}{\lambda}\right)^3\right] &= E\left[X^3\right] - 3\frac{\alpha}{\lambda}E[X^2] + 2\left(\frac{\alpha}{\lambda}\right)^3 \\ &= \frac{\alpha(\alpha+1)(\alpha+2) - 3\alpha^2(\alpha+1) + 2\alpha^3}{\lambda^3} \\ &= \frac{2\alpha}{\lambda^3}. \end{aligned}$$

我们将参数为 α 和 λ 的伽马分布记作 $\gamma(\alpha, \lambda)$.

1.3.2　指数分布

指数分布是伽马分布的一个特例, 它只是在伽马分布的基础上令参数 $\alpha = 1$. 因此, 参数为 $\lambda > 0$ 的指数分布的密度函数为

$$f(x) = \lambda e^{-\lambda x}, \quad x > 0,$$

分布函数为

$$F(x) = 1 - e^{-\lambda x}, \quad x \geqslant 0.$$

由公式 (1.5) 可知, 该分布的 n 阶矩为

$$E[X^n] = \frac{n!}{\lambda^n},$$

又由公式 (1.7) 可知矩母函数为

$$M_X(t) = \frac{\lambda}{\lambda - t},$$

其中 $t < \lambda$.

1.3.3　帕累托分布

若随机变量 X 服从参数为 $\alpha > 0$ 和 $\lambda > 0$ 的帕累托分布, 则其密度函数为

$$f(x) = \frac{\alpha \lambda^\alpha}{(\lambda + x)^{\alpha+1}}, \quad x > 0.$$

通过对密度函数进行积分, 可以得到分布函数

$$F(x) = 1 - \left(\frac{\lambda}{\lambda + x} \right)^\alpha, \quad x \geqslant 0.$$

若该分布的矩存在, 则可由公式

$$E[X^n] = \int_0^\infty x^n f(x) dx$$

直接分部积分得到, 然而, 矩也可以由下述方法得到. 由于密度函数在 $(0, \infty)$ 上的积分等于 1, 有

$$\int_0^\infty \frac{dx}{(\lambda + x)^{\alpha+1}} = \frac{1}{\alpha \lambda^\alpha},$$

其中上式在 $\alpha > 0$ 时成立. 为了得到 $E[X]$, 我们先将其改写为

$$E[X] = \int_0^\infty x f(x) dx = \int_0^\infty (x + \lambda - \lambda) f(x) dx = \int_0^\infty (x + \lambda) f(x) dx - \lambda,$$

再将 f 的表达式代入上式可得

$$E[X] = \int_0^\infty \frac{\alpha \lambda^\alpha}{(\lambda + x)^\alpha} dx - \lambda.$$

我们可以将被积函数改写为参数为 $\alpha - 1$ 和 λ 的帕累托密度函数的形式, 因此

$$E[X] = \frac{\alpha \lambda}{\alpha - 1} \int_0^\infty \frac{(\alpha - 1)\lambda^{\alpha - 1}}{(\lambda + x)^\alpha} dx - \lambda. \tag{1.8}$$

由于上式中的积分等于 1, 有

$$E[X] = \frac{\alpha \lambda}{\alpha - 1} - \lambda = \frac{\lambda}{\alpha - 1}.$$

值得注意的是, 等式 (1.8) 中的被积函数为帕累托密度函数当且仅当 $\alpha > 1$, 因此, 当 $\alpha > 1$ 时 $E[X]$ 才存在. 类似地, 可以由下面的结果得到 $E[X^2]$:

$$\begin{aligned}
E[X^2] &= \int_0^\infty \left((x + \lambda)^2 - 2\lambda x - \lambda^2\right) f(x) dx \\
&= \int_0^\infty (x + \lambda)^2 f(x) dx - 2\lambda E[X] - \lambda^2.
\end{aligned}$$

仿照 $E[X]$ 的计算过程, 当 $\alpha > 2$ 时可以证明

$$E[X^2] = \frac{2\lambda^2}{(\alpha - 1)(\alpha - 2)},$$

由此得

$$V[X] = \frac{\alpha \lambda^2}{(\alpha - 1)^2 (\alpha - 2)}.$$

除此之外, 本章习题 5 还介绍了另一种计算帕累托分布的矩的方法.

我们将参数为 α 和 λ 的帕累托分布记作 $Pa(\alpha, \lambda)$.

1.3.4 正态分布

若随机变量 X 服从参数为 μ 和 σ^2 的正态分布, 则其密度函数为

$$f(x) = \frac{1}{\sigma \sqrt{2\pi}} \exp\left\{-\frac{(x - \mu)^2}{2\sigma^2}\right\}, \quad -\infty < x < \infty.$$

我们将参数为 μ 和 σ^2 的正态分布记作 $N(\mu, \sigma^2)$.

标准正态分布的参数为 0 和 1, 记其分布函数为 Φ, 其中

$$\Phi(x) = \int_{-\infty}^x \frac{1}{\sqrt{2\pi}} \exp\left\{\frac{-z^2}{2}\right\} dz.$$

这里有一个重要结论, 即当 $X \sim N(\mu, \sigma^2)$ 时, 若令 $Z = (X - \mu)/\sigma$, 则 $Z \sim N(0, 1)$.

该分布的矩母函数为

$$M_X(t) = \exp\left\{\mu t + \frac{1}{2}\sigma^2 t^2\right\}, \tag{1.9}$$

由此可以证明 (见习题 7) $E[X] = \mu$, $V[X] = \sigma^2$.

1.3.5   对数正态分布

若随机变量 X 服从参数为 μ 和 σ 的对数正态分布, 其中 $-\infty < \mu < \infty$, $\sigma > 0$, 则其密度函数为

$$f(x) = \frac{1}{x\sigma\sqrt{2\pi}} \exp\left\{-\frac{(\log x - \mu)^2}{2\sigma^2}\right\}, \quad x > 0.$$

通过对密度函数进行积分, 可以得到其分布函数

$$F(x) = \int_0^x \frac{1}{y\sigma\sqrt{2\pi}} \exp\left\{-\frac{(\log y - \mu)^2}{2\sigma^2}\right\} dy,$$

进一步, 通过变量替换 $z = \log y$, 可得

$$F(x) = \int_{-\infty}^{\log x} \frac{1}{\sigma\sqrt{2\pi}} \exp\left\{-\frac{(z - \mu)^2}{2\sigma^2}\right\} dz.$$

由于上式中的被积函数为正态分布 $N(\mu, \sigma^2)$ 的密度函数, 有

$$F(x) = \Phi\left(\frac{\log x - \mu}{\sigma}\right).$$

因此, 利用标准正态分布的分布函数可以计算对数正态分布下的概率.

我们将参数为 μ 和 σ 的对数正态分布记作 $LN(\mu, \sigma)$. 由先前的讨论可知, 若 $X \sim LN(\mu, \sigma)$, 则 $\log X \sim N(\mu, \sigma^2)$.

正态分布与对数正态分布之间的关系十分重要, 特别是在计算随机变量的矩时. 若 $X \sim LN(\mu, \sigma)$ 且 $Y = \log X$, 则

$$E[X^n] = E\left[e^{nY}\right] = M_Y(n) = \exp\left\{\mu n + \frac{1}{2}\sigma^2 n^2\right\},$$

其中最后的等号来源于公式 (1.9).

1.4   混 合 分 布

本书中遇到的许多分布都是混合分布. 为了阐述混合分布的思想, 假设 X 服从均值为 100 的指数分布, 并将随机变量 Y 定义为

$$Y = \begin{cases} 0, & X < 20, \\ X - 20, & 20 \leqslant X < 300, \\ 280, & X \geqslant 300. \end{cases}$$

我们有

$$\Pr(Y = 0) = \Pr(X < 20) = 1 - e^{-0.2} = 0.1813,$$

类似地, $\Pr(Y = 280) = 0.0498$. 因此, Y 在 0 和 280 处具有概率质量. 然而, 在区间 $(0, 280)$ 上, Y 的分布是连续的, 例如,

$$\Pr(30 < Y \leqslant 100) = \Pr(50 < X \leqslant 120) = 0.3053.$$

图 1.1 展示了 Y 的分布函数 H 的曲线. 注意在 0 和 280 处的跳跃高度与这些点处的概率质量相对应. 由于该分布函数在区间 $(0, 280)$ 上可导, 因此在该区间上 Y 具有密度函数. 设 h 为 Y 的密度函数, 则 Y 的矩可表示为

$$E\left[Y^r\right] = \int_0^{280} x^r h(x) dx + 280^r \Pr(Y = 280).$$

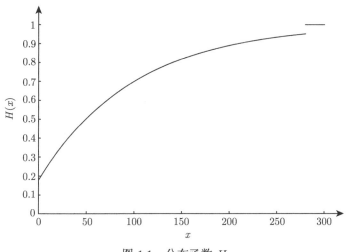

图 1.1 分布函数 H

在本书中的某些地方, 使用 Stieltjes 积分符号更加方便, 因为在该符号下不必区分分布是离散的、连续的还是混合的. 在该符号下, 可以将 Y 的 r 阶矩写为

$$E\left[Y^r\right] = \int_0^\infty x^r dH(x).$$

更一般地, 当 $K(x) = \Pr(Z \leqslant x)$ 为 $[0, \infty)$ 上的混合分布且 m 为某一函数时, 有

$$E[m(Z)] = \int_0^\infty m(x) dK(x).$$

上式中的积分可解释为

$$\sum_{x_i} m(x_i) \Pr(Z = x_i) + \int m(x) k(x) dx,$$

其中求和是在具有概率质量的离散点集 $\{x_i\}$ 上进行的, 而积分是在某一区间上进行的, 在该区间上分布函数 K 是连续的且具有密度函数 k.

1.5   保险的应用

本节讨论一些随机变量的函数, 特别地, 我们重点关注再保险中的一些常用函数. 在本节中, 我们用随机变量 X 表示索赔额, 并将 X 的分布函数记为 F. 进一步地, 假设所有的索赔额都是非负的, 因此当 $x < 0$ 时, $F(x) = 0$. 除了例 1.7, 我们均假设 X 是连续型随机变量, 且具有密度函数 f.

再保险协议是保险人与再保险人之间的协议, 该协议规定保险人与再保险人以约定好的方式分担一个固定期限 (例如一年) 内发生的索赔额. 因此, 再保险实际上是保险人针对部分风险向再保险人投保, 通过向再保险人支付保费来规避风险. 再保险的一个作用是缩小保险人支付的索赔额的取值范围.

1.5.1   比例再保险

在比例再保险协议中, 对于合同期间发生的每一次索赔, 保险人承担其中固定的比例 a, 而剩余比例 $1 - a$ 由再保险人承担.

在比例再保险下, 设保险人承担的索赔额为 Y, 而再保险人承担的索赔额为 Z. 显然, 用随机变量表示时, 我们有 $Y = aX$, $Z = (1-a)X$, 且 $Y + Z = X$, 因此, 随机变量 Y 和 Z 都是随机变量 X 的尺度变换. Y 的分布函数可以表示为

$$\Pr(Y \leqslant x) = \Pr(aX \leqslant x) = \Pr\left(X \leqslant \frac{x}{a}\right) = F\left(\frac{x}{a}\right),$$

而密度函数为

$$\frac{1}{a}f\left(\frac{x}{a}\right).$$

例 1.1   设 $X \sim \gamma(\alpha, \lambda)$, 求 aX 的分布.

解 1.1   因为

$$f(x) = \frac{\lambda^\alpha x^{\alpha-1}e^{-\lambda x}}{\Gamma(\alpha)},$$

由此易知 aX 的密度函数为

$$\frac{\lambda^\alpha x^{\alpha-1}e^{-\lambda x/a}}{a^\alpha \Gamma(\alpha)},$$

因此, aX 的分布为 $\gamma(\alpha, \lambda/a)$.

例 1.2   设 $X \sim LN(\mu, \sigma)$, 求 aX 的分布.

解 1.2   因为

$$f(x) = \frac{1}{x\sigma\sqrt{2\pi}}\exp\left\{-\frac{(\log x - \mu)^2}{2\sigma^2}\right\},$$

由此易知 aX 的密度函数为

$$\frac{1}{x\sigma\sqrt{2\pi}} \exp\left\{-\frac{(\log x - \log a - \mu)^2}{2\sigma^2}\right\},$$

因此, aX 的分布为 $LN(\mu + \log a, \sigma)$.

1.5.2 超额赔款再保险

在超额赔款再保险协议中, 若索赔额超过某一固定金额, 即自留额, 该索赔由保险人和再保险人共同承担, 否则, 保险人支付全部索赔额. 设自留额为 M, 并将该再保险协议下保险人与再保险人的赔付额分别记为 Y 和 Z. 从数学上讲, 该合同可以描述为保险人支付 $Y = \min(X, M)$, 再保险人支付 $Z = \max(0, X - M)$, 其中 $Y + Z = X$.

1.5.2.1 保险人的角度

令 Y 的分布函数为 F_Y, 则由 Y 的定义可得

$$F_Y(x) = \begin{cases} F(x), & x < M, \\ 1, & x \geqslant M. \end{cases}$$

因此, Y 的分布是混合分布, 其中当 $0 < x < M$ 时, 它具有密度函数 $f(x)$, 而在点 M 处它具有概率质量 $\Pr(Y = M) = 1 - F(M)$.

因为 Y 是 X 的函数, 所以 Y 的矩可表示为

$$E[Y^n] = \int_0^\infty (\min(x, M))^n f(x) dx.$$

由于 $\min(x, M)$ 在 $0 \leqslant x < M$ 时等于 x, 在 $x \geqslant M$ 时等于 M, 因此可以将上式中的积分分为两部分, 即有

$$\begin{aligned} E[Y^n] &= \int_0^M x^n f(x) dx + \int_M^\infty M^n f(x) dx \\ &= \int_0^M x^n f(x) dx + M^n (1 - F(M)). \end{aligned} \tag{1.10}$$

特别地,

$$E[Y] = \int_0^M x f(x) dx + M (1 - F(M)),$$

并且求导可得

$$\frac{d}{dM} E[Y] = 1 - F(M) > 0,$$

这说明 $E[Y]$ 是 M 的函数, 且当 M 从 0 递增到 ∞ 时, $E[Y]$ 从 0 递增到 $E[X]$.

例 1.3   设 $F(x) = 1 - e^{-\lambda x}$, $x \geqslant 0$, 求 $E[Y]$.

解 1.3   我们有

$$E[Y] = \int_0^M x\lambda e^{-\lambda x} dx + Me^{-\lambda M},$$

由分部积分可得

$$E[Y] = \frac{1}{\lambda}\left(1 - e^{-\lambda M}\right).$$

例 1.4   设 $X \sim LN(\mu, \sigma)$, 求 $E[Y^n]$.

解 1.4   将对数正态分布的密度函数的表达式代入公式 (1.10) 的积分中, 可得

$$E[Y^n] = \int_0^M x^n \frac{1}{x\sigma\sqrt{2\pi}} \exp\left\{-\frac{(\log x - \mu)^2}{2\sigma^2}\right\} dx + M^n \left(1 - F(M)\right). \tag{1.11}$$

为了计算上式, 我们分别考虑等式 (1.11) 右侧中的各项. 令

$$I = \int_0^M x^n \frac{1}{x\sigma\sqrt{2\pi}} \exp\left\{-\frac{(\log x - \mu)^2}{2\sigma^2}\right\} dx.$$

为了计算该积分, 我们做一个标准代换 $y = \log x$, 则有

$$I = \int_{-\infty}^{\log M} \exp\{yn\} \frac{1}{\sigma\sqrt{2\pi}} \exp\left\{-\frac{(y-\mu)^2}{2\sigma^2}\right\} dy.$$

计算该类积分的技巧就是将被积函数改写为正态密度函数的形式 (不同于 $N(\mu, \sigma^2)$ 的密度函数). 为了实现这一点, 我们对指数进行 "配方", 具体操作如下:

$$\begin{aligned}
yn - \frac{(y-\mu)^2}{2\sigma^2} &= \frac{-1}{2\sigma^2}\left[(y-\mu)^2 - 2\sigma^2 yn\right] \\
&= \frac{-1}{2\sigma^2}\left[y^2 - 2\mu y + \mu^2 - 2\sigma^2 yn\right] \\
&= \frac{-1}{2\sigma^2}\left[y^2 - 2y(\mu + \sigma^2 n) + \mu^2\right].
\end{aligned}$$

注意, 若方括号内的最后一项 μ^2 用 $(\mu + \sigma^2 n)^2$ 替代, 则方括号内的各项正好构成 $y - (\mu + \sigma^2 n)$ 的平方. 因此, 可以将指数写为

$$\begin{aligned}
&\frac{-1}{2\sigma^2}\left[(y-(\mu+\sigma^2 n))^2 - (\mu+\sigma^2 n)^2 + \mu^2\right] \\
&= \frac{-1}{2\sigma^2}\left[(y-(\mu+\sigma^2 n))^2 - 2\mu\sigma^2 n - \sigma^4 n^2\right] \\
&= \mu n + \frac{1}{2}\sigma^2 n^2 - \frac{1}{2\sigma^2}(y-(\mu+\sigma^2 n))^2,
\end{aligned}$$

并由此得到

$$I = \exp\left\{\mu n + \frac{1}{2}\sigma^2 n^2\right\} \int_{-\infty}^{\log M} \frac{1}{\sigma\sqrt{2\pi}} \exp\left\{-\frac{1}{2\sigma^2}(y - (\mu + \sigma^2 n))^2\right\} dy.$$

由于被积函数为 $N(\mu + \sigma^2 n, \sigma^2)$ 的密度函数, 则

$$I = \exp\left\{\mu n + \frac{1}{2}\sigma^2 n^2\right\} \Phi\left(\frac{\log M - \mu - \sigma^2 n}{\sigma}\right).$$

最后, 利用正态分布与对数正态分布之间的关系可得

$$1 - F(M) = 1 - \Phi\left(\frac{\log M - \mu}{\sigma}\right).$$

结合以上结果, 有

$$E[Y^n] = \exp\left\{\mu n + \frac{1}{2}\sigma^2 n^2\right\} \Phi\left(\frac{\log M - \mu - \sigma^2 n}{\sigma}\right)$$
$$+ M^n\left(1 - \Phi\left(\frac{\log M - \mu}{\sigma}\right)\right).$$

1.5.2.2 再保险人的角度

由 Z 的定义可知, 当 $X \leqslant M$ 时, Z 的取值为零; 当 $X > M$ 时, Z 的取值为 $X - M$. 因此, 若设 Z 的分布函数为 F_Z, 则 $F_Z(0) = F(M)$, 而当 $x > 0$ 时 $F_Z(x) = F(x + M)$. 由此可知, F_Z 是在 0 处有概率质量的混合分布.

仿照 Y 的矩的计算方法, 可以得到 Z 的矩. 我们有

$$E[Z^n] = \int_0^\infty (\max(0, x - M))^n f(x) dx,$$

又因为当 $0 \leqslant x \leqslant M$ 时, $\max(0, x - M)$ 为 0, 则上式变为

$$E[Z^n] = \int_M^\infty (x - M)^n f(x) dx. \tag{1.12}$$

例 1.5 设 $F(x) = 1 - e^{-\lambda x}$, $x \geqslant 0$, 求 $E[Z]$.

解 1.5 在公式 (1.12) 中令 $n = 1$, 有

$$E[Z] = \int_M^\infty (x - M)\lambda e^{-\lambda x} dx$$
$$= \int_0^\infty y\lambda e^{-\lambda(y+M)} dy$$
$$= e^{-\lambda M} E[X]$$
$$= \frac{1}{\lambda} e^{-\lambda M}.$$

除此之外, 根据等式 $E[Z] = E[X] - E[Y]$ 也可得出答案, 其中 $E[X] = 1/\lambda$, $E[Y]$ 由例 1.3 给出.

例 1.6   设 $F(x) = 1 - e^{-\lambda x}$, $x \geqslant 0$, 求 $M_Z(t)$.

解 1.6   根据定义, $M_Z(t) = E\left[e^{tZ}\right]$, 又因为 $Z = \max(0, X - M)$, 有

$$
\begin{aligned}
M_Z(t) &= \int_0^\infty e^{t\max(0, x-M)} \lambda e^{-\lambda x} dx \\
&= \int_0^M e^0 \lambda e^{-\lambda x} dx + \int_M^\infty e^{t(x-M)} \lambda e^{-\lambda x} dx \\
&= 1 - e^{-\lambda M} + \lambda \int_0^\infty e^{ty - \lambda(y+M)} dy \\
&= 1 - e^{-\lambda M} + \frac{\lambda e^{-\lambda M}}{\lambda - t},
\end{aligned}
$$

其中需要假定 $t < \lambda$.

因为上述方法把零看成了一个可能的 "赔付额", 略有人为成分, 所以对再保险人而言, 另一种更实际的分析方法是考虑其非零赔付额的分布. 在实务中, 每当索赔额小于 M 时, 保险人都不会通知再保险人, 因此再保险人只拥有其非零赔付额的信息.

例 1.7   设 X 具有如下分布律:

$$
\begin{aligned}
\Pr(X = 100) &= 0.6, \\
\Pr(X = 175) &= 0.3, \\
\Pr(X = 200) &= 0.1.
\end{aligned}
$$

若保险人购买自留额为 150 的超额赔款再保险, 则再保险人的非零赔付额服从什么分布?

解 1.7   首先, 注意到 Z 的分布如下:

$$
\begin{aligned}
\Pr(Z = 0) &= 0.6, \\
\Pr(Z = 25) &= 0.3, \\
\Pr(Z = 50) &= 0.1.
\end{aligned}
$$

令 W 为再保险人的非零赔付额, 则 W 的可能取值为 25 和 50. 由于支付 25 的概率是支付 50 的 3 倍, 则 W 的分布律为

$$
\begin{aligned}
\Pr(W = 25) &= 0.75, \\
\Pr(W = 50) &= 0.25.
\end{aligned}
$$

例 1.7 中的结论可以通过以下方法将其理论化. 在自留额为 M 的超额赔款再保险协议中, 若令 W 为再保险人的非零赔付额, 则 W 的分布等同于 $Z|Z > 0$ 的分布. 因此

$$
\Pr(W \leqslant x) = \Pr(Z \leqslant x | Z > 0) = \Pr(X \leqslant x + M | X > M),
$$

由此可得

$$\Pr(W \leqslant x) = \frac{\Pr(M < X \leqslant x + M)}{\Pr(X > M)} = \frac{F(x + M) - F(M)}{1 - F(M)}. \qquad (1.13)$$

对上式求导可知 W 的密度函数为

$$\frac{f(x + M)}{1 - F(M)}. \qquad (1.14)$$

例 1.8 设 $F(x) = 1 - e^{-\lambda x}$, $x \geqslant 0$, 求再保险人的非零赔付额的分布.

解 1.8 由公式 (1.14) 可知, 非零赔付额的密度函数为

$$\frac{\lambda e^{-\lambda(x+M)}}{e^{-\lambda M}} = \lambda e^{-\lambda x},$$

因此 W 和 X 同分布. (这个令人相当惊讶的结果来源于指数分布的 "无记忆性".)

例 1.9 设 $X \sim Pa(\alpha, \lambda)$, 求再保险人的非零赔付额的分布.

解 1.9 再一次运用公式 (1.14) 知, 非零赔付额的密度函数为

$$\frac{\alpha \lambda^{\alpha}}{(\lambda + M + x)^{\alpha+1}} \left(\frac{\lambda + M}{\lambda} \right)^{\alpha} = \frac{\alpha(\lambda + M)^{\alpha}}{(\lambda + M + x)^{\alpha+1}},$$

因此 W 的分布为 $Pa(\alpha, \lambda + M)$.

1.5.3 保单溢额

具有保单溢额的保险十分普遍, 尤其是机动车辆保险. 若一保单签订的溢额标准为 d, 则小于或等于 d 的任意损失由被保险人全额承担, 而对于超出 d 的损失他只需支付金额 d. 因此, 若 X 表示损失金额, 则当损失发生时, 被保险人的支付金额为 $\min(X, d)$, 保险人的支付金额为 $\max(0, X - d)$. 这些量都与超额赔款再保险协议中索赔发生时保险人与再保险人的赔付额具有相同的形式, 因此, 这里并没有涉及新的数学思想. 然而, 此时需要重点注意的是 X 表示损失额而非索赔额.

1.6 随机变量的和

在保险的许多应用中, 我们都对独立同分布的随机变量的和的分布十分感兴趣. 例如, 假设一保险人签发 n 份保单, 并且保单 i 的索赔额为随机变量 X_i, $i = 1, 2, \cdots, n$, 则保险人对 n 份保单支付的总索赔额为 $S_n = \sum_{i=1}^{n} X_i$. 显然我们会问 S_n 服从什么分布? 我们将在本节考虑这个问题, 其中假设 $\{X_i\}_{i=1}^{n}$ 为一组独立同分布的随机变量. 当 S_n 的分布存在某一闭合式时, 通常我们都可以运用以下两小节所介绍的方法来得到它.

1.6.1   矩母函数方法

这是一种寻找 S_n 分布的十分灵巧的方法. 定义 S_n 的矩母函数为 M_S, X_1 的矩母函数为 M_X, 则有

$$M_S(t) = E\left[e^{tS_n}\right] = E\left[e^{t(X_1 + X_2 + \cdots + X_n)}\right].$$

由独立性可得

$$M_S(t) = E\left[e^{tX_1}\right] E\left[e^{tX_2}\right] \cdots E\left[e^{tX_n}\right],$$

又由于 X_i 是同分布的, 有

$$M_S(t) = M_X(t)^n.$$

因此, 若可以判断出 $M_X(t)^n$ 为某一分布的矩母函数, 则可以根据矩母函数的唯一性得到 S_n 的分布.

例 1.10   设 X_1 服从参数为 λ 的泊松分布, 求 S_n 的分布.

解 1.10   由于

$$M_X(t) = \exp\left\{\lambda(e^t - 1)\right\},$$

我们有

$$M_S(t) = \exp\left\{\lambda n(e^t - 1)\right\},$$

因此 S_n 服从参数为 λn 的泊松分布.

例 1.11   设 X_1 服从均值为 $1/\lambda$ 的指数分布, 求 S_n 的分布.

解 1.11   由于

$$M_X(t) = \frac{\lambda}{\lambda - t}, \quad t < \lambda,$$

我们有

$$M_S(t) = \left(\frac{\lambda}{\lambda - t}\right)^n,$$

因此 S_n 的分布为 $\gamma(n, \lambda)$.

1.6.2   分布的直接卷积

直接卷积是一种寻找 S_n 分布的比较直接但不太简洁的方法. 假设 $\{X_i\}_{i=1}^n$ 是一组分布在非负整数上的离散型随机变量, 从而 S_n 也分布在非负整数上.

令 x 为一非负整数, 并且考虑 S_2 的分布. 在运用卷积方法计算 $\Pr(S_2 \leqslant x)$ 时, 我们需要考虑事件 $\{S_2 \leqslant x\}$ 是如何发生的. 对于取值为 0 到 x 的任意整数 j, 当 X_2 的取值为 j 且 X_1 的取值小于或等于 $x - j$ 时, 它们的和小于或等于 x, 此时该事件发生. 根据 j 的所有取值进行累加并利用 X_1 和 X_2 相互独立这一事实, 有

$$\Pr(S_2 \leqslant x) = \sum_{j=0}^{x} \Pr(X_1 \leqslant x - j) \Pr(X_2 = j).$$

由于 $S_3 = S_2 + X_3$, 并注意到 S_2 和 X_3 是相互独立的 (因为 $S_2 = X_1 + X_2$), 运用相同论述可以得到 $\Pr(S_3 \leqslant x)$, 即有

$$\Pr(S_3 \leqslant x) = \sum_{j=0}^{x} \Pr(S_2 \leqslant x - j) \Pr(X_3 = j).$$

一般地, 我们有

$$\Pr(S_n \leqslant x) = \sum_{j=0}^{x} \Pr(S_{n-1} \leqslant x - j) \Pr(X_n = j). \tag{1.15}$$

同理可得

$$\Pr(S_n = x) = \sum_{j=0}^{x} \Pr(S_{n-1} = x - j) \Pr(X_n = j).$$

现令 F 为 X_1 的分布函数且设 $f_j = \Pr(X_1 = j)$. 定义

$$F^{n*}(x) = \Pr(S_n \leqslant x),$$

并称 F^{n*} 为分布 F 自身的 n 重卷积, 则由等式 (1.15) 可知

$$F^{n*}(x) = \sum_{j=0}^{x} F^{(n-1)*}(x - j) f_j.$$

注意 $F^{1*} = F$, 并且习惯上, 我们规定: 当 $x \geqslant 0$ 时, $F^{0*}(x) = 1$; 当 $x < 0$ 时, $F^{0*}(x) = 0$. 类似地, 我们定义 $f_x^{n*} = \Pr(S_n = x)$, 从而可得

$$f_x^{n*} = \sum_{j=0}^{x} f_{x-j}^{(n-1)*} f_j,$$

其中 $f^{1*} = f$.

当 F 为 $(0, \infty)$ 上的连续分布函数且具有密度函数 f 时, 类比上述结果可得

$$F^{n*}(x) = \int_0^x F^{(n-1)*}(x - y) f(y) dy$$

和

$$f^{n*}(x) = \int_0^x f^{(n-1)*}(x - y) f(y) dy. \tag{1.16}$$

以上结论可直接用于寻找 S_n 的分布.

例 1.12 当 $\{X_i\}_{i=1}^{n}$ 为一组相互独立且服从均值为 $1/\lambda$ 的指数分布的随机变量时, S_n 服从什么分布?

解 1.12　首先, 在公式 (1.16) 中令 $n = 2$, 则有

$$
\begin{aligned}
f^{2*}(x) &= \int_0^x f(x-y)f(y)dy \\
&= \int_0^x \lambda e^{-\lambda(x-y)} \lambda e^{-\lambda y} dy \\
&= \lambda^2 e^{-\lambda x} \int_0^x dy \\
&= \lambda^2 x e^{-\lambda x},
\end{aligned}
$$

因此 S_2 的分布为 $\gamma(2,\lambda)$. 然后, 在公式 (1.16) 中令 $n = 3$, 则有

$$
\begin{aligned}
f^{3*}(x) &= \int_0^x f^{2*}(x-y)f(y)dy \\
&= \int_0^x f^{2*}(y)f(x-y)dy \\
&= \int_0^x \lambda^2 y e^{-\lambda y} \lambda e^{-\lambda(x-y)} dy \\
&= \frac{1}{2}\lambda^3 x^2 e^{-\lambda x},
\end{aligned}
$$

由此可知 S_3 的分布为 $\gamma(3,\lambda)$. 通过归纳假设可以证明对于任意的 n 值, S_n 的分布为 $\gamma(n,\lambda)$.

通常来说, 运用矩母函数寻找 S_n 的分布更简单.

1.6.3　离散型随机变量的递推计算

当 X_1 为离散型随机变量且分布在非负整数上时, 可以通过递推方式计算 S_n 的分布律. 定义

$$
f_j = \Pr(X_1 = j), \quad g_j = \Pr(S_n = j),
$$

其中 $j = 0, 1, 2, \cdots$. 我们记 X_1 的概率母函数为 P_X, 则有

$$
P_X(r) = \sum_{j=0}^{\infty} r^j f_j.
$$

若 S_n 的概率母函数为 P_S, 则有

$$
P_S(r) = \sum_{k=0}^{\infty} r^k g_k.
$$

利用之前在矩母函数的计算中所用到的结论, 我们有

$$
P_S(r) = P_X(r)^n,
$$

再对上式两边关于 r 求导可得

$$P'_S(r) = nP_X(r)^{n-1}P'_X(r).$$

在上式两边同时乘以 $rP_X(r)$, 可以得到

$$P_X(r)rP'_S(r) = nP_S(r)rP'_X(r),$$

并且该式可以表示为

$$\sum_{j=0}^{\infty} r^j f_j \sum_{k=1}^{\infty} kr^k g_k = n \sum_{k=0}^{\infty} r^k g_k \sum_{j=1}^{\infty} jr^j f_j. \tag{1.17}$$

为了得到 g_x 的表达式, 我们考虑等式 (1.17) 两边 r^x 的系数, 其中 x 为正整数. 等式左边 r^x 的系数可由以下方式得到: 对于 $j = 0, 1, 2, \cdots, x-1$, 将第一个和式中 r^j 的系数与第二个和式中 r^{x-j} 的系数相乘, 再将所有乘积相加可以得到 r^x 的系数, 即

$$f_0 x g_x + f_1(x-1)g_{x-1} + \cdots + f_{x-1}g_1 = \sum_{j=0}^{x-1}(x-j)f_j g_{x-j}.$$

类似地, 等式 (1.17) 右边 r^x 的系数为

$$n\left(g_0 x f_x + g_1(x-1)f_{x-1} + \cdots + g_{x-1}f_1\right) = n\sum_{j=1}^{x} jf_j g_{x-j}.$$

由于这些系数必须相等, 即有

$$xg_x f_0 + \sum_{j=1}^{x-1}(x-j)f_j g_{x-j} = n\sum_{j=1}^{x} jf_j g_{x-j},$$

从而得到 (注意当等式左边求和式的上限增加到 x 时, 求和结果不变.)

$$g_x = \frac{1}{f_0}\sum_{j=1}^{x}\left((n+1)\frac{j}{x} - 1\right)f_j g_{x-j}. \tag{1.18}$$

该结论的重要性在于它给出了一个计算分布律 $\{g_x\}_{x=0}^{\infty}$ 的递推方法. 当给定 $\{f_j\}_{j=0}^{\infty}$ 的值时, 可以利用 g_0 的值计算 g_1, 再根据 g_0 和 g_1 的值计算 g_2, 以此类推. 因为 S_n 等于 0 当且仅当每一个 X_i $(i = 1, 2, \cdots, n)$ 都等于 0, 所以递推计算中的初值 g_0 为 f_0^n.

运用该结论计算 S_n 的分布律要比前面小节中的直接卷积法更有效, 因此在实际计算中十分有用.

关于该结论我们做以下三点评论:

(i) 用计算机实现公式 (1.18) 是有必要的, 尤其是当 n 很大时, 而且对该公式进行编程是一项很简单的工作.

(ii) 当 X_1 分布在 $m, m+1, m+2, \cdots$ 上且 m 为正整数时, 只需对结果进行简单调整即可 (见习题 12).

(iii) 递推公式不稳定, 换句话说, 它可能会得到一个无意义的解. 因此, 在使用该结论时需要谨慎. 然而, 在大多数实际问题中, 数值稳定性都能满足.

例 1.13　设 $\{X_i\}_{i=1}^4$ 为一组独立同分布的随机变量, 且它们具有共同的分布律 $f_j = \Pr(X_1 = j)$, 其中

$$f_0 = 0.4, \quad f_1 = 0.3, \quad f_2 = 0.2, \quad f_3 = 0.1.$$

令 $S_4 = \sum_{i=1}^4 X_i$. 递推计算 $\Pr(S_4 = r)$, 其中 $r = 1, 2, 3$ 和 4.

解 1.13　递推计算的初值为

$$g_0 = \Pr(S_4 = 0) = f_0^4 = 0.4^4 = 0.0256.$$

注意到当 $j = 4, 5, 6, \cdots$ 时, $f_j = 0$, 则等式 (1.18) 可以改写为一个上限不同的求和式, 即

$$g_x = \frac{1}{f_0} \sum_{j=1}^{\min(3,x)} \left(\frac{5j}{x} - 1 \right) f_j g_{x-j}.$$

因此

$$
\begin{aligned}
g_1 &= \frac{1}{f_0} 4 f_1 g_0 = 0.0768, \\
g_2 &= \frac{1}{f_0} \left(\frac{3}{2} f_1 g_1 + 4 f_2 g_0 \right) = 0.1376, \\
g_3 &= \frac{1}{f_0} \left(\frac{2}{3} f_1 g_2 + \frac{7}{3} f_2 g_1 + 4 f_3 g_0 \right) = 0.1840, \\
g_4 &= \frac{1}{f_0} \left(\frac{1}{4} f_1 g_3 + \frac{3}{2} f_2 g_2 + \frac{11}{4} f_3 g_1 \right) = 0.1905.
\end{aligned}
$$

1.7　注释与参考文献

有关本章所讨论的分布的更多细节, 包括如何确定这些分布中的参数, 可以参考 Hogg 和 Klugman (1984), 也可参考 Klugman 等 (1998).

1.6.3 小节中的递推公式来源于 De Pril (1985), 并且该文章给出了这个结论的简单证明.

1.8 习 题

1. 假设随机变量 X 服从参数为 $0 < \theta < 1$ 的对数分布, 其分布律为

$$\Pr(X = x) = \frac{-1}{\log(1-\theta)} \frac{\theta^x}{x}, \quad x = 1, 2, 3, \cdots.$$

对于 $t < -\log\theta$, 证明

$$M_X(t) = \frac{\log(1 - \theta e^t)}{\log(1-\theta)},$$

并利用它计算该分布的均值和方差.

2. 假设随机变量 X 服从参数为 $\alpha > 0$ 和 $\beta > 0$ 的贝塔分布, 其密度函数为

$$f(x) = \frac{\Gamma(\alpha + \beta)}{\Gamma(\alpha)\Gamma(\beta)} x^{\alpha-1}(1-x)^{\beta-1}, \quad 0 < x < 1.$$

证明

$$E[X^n] = \frac{\Gamma(\alpha + \beta)\Gamma(n + \alpha)}{\Gamma(\alpha)\Gamma(n + \alpha + \beta)},$$

并由此计算 X 的均值和方差.

3. 假设 X 服从参数为 $c > 0$ 和 $\gamma > 0$ 的韦布尔分布, 其密度函数为

$$f(x) = c\gamma x^{\gamma-1} \exp\{-cx^\gamma\}, \quad x > 0.$$

(a) 证明 X 的分布函数为

$$F(x) = 1 - \exp\{-cx^\gamma\}, \quad x \geqslant 0;$$

(b) 令 $Y = X^\gamma$. 证明 Y 服从均值为 $1/c$ 的指数分布, 并由此证明

$$E[X^n] = \frac{\Gamma(1 + n/\gamma)}{c^{n/\gamma}}.$$

4. 设 $\gamma_n(x) = \beta^n x^{n-1} e^{-\beta x}/\Gamma(n)$ 为 Erlang (n, β) 分布的密度函数, 其中 n 是正整数. 证明

$$\gamma_n(x + y) = \frac{1}{\beta} \sum_{j=1}^{n} \gamma_{n-j+1}(x)\, \gamma_j(y).$$

5. 称随机变量 X 服从参数为 $\alpha > 0$, $\lambda > 0$ 以及 $k > 0$ 的广义帕累托分布, 如果其密度函数为

$$f(x) = \frac{\Gamma(\alpha + k)\lambda^\alpha x^{k-1}}{\Gamma(\alpha)\Gamma(k)(\lambda + x)^{k+\alpha}}, \quad x > 0.$$

利用该密度函数在 $(0, \infty)$ 上的积分等于 1, 计算 $Pa(\alpha, \lambda)$ 分布的前三阶矩, 其中 $\alpha > 3$.

6. 设随机变量 X 服从 $Pa(\alpha, \lambda)$ 分布, 并且令 M 为正常数. 证明

$$E[\min(X, M)] = \frac{\lambda}{\alpha - 1}\left(1 - \left(\frac{\lambda}{\lambda + M}\right)^{\alpha - 1}\right).$$

7. 利用例 1.4 中的配方法证明当 $X \sim N(\mu, \sigma^2)$ 时, $M_X(t) = \exp\left\{\mu t + \frac{1}{2}\sigma^2 t^2\right\}$. 通过对该矩母函数求导, 验证 $E[X] = \mu$ 和 $V[X] = \sigma^2$.

8. 设随机变量 X 的分布函数 F 为

$$F(x) = \begin{cases} 0, & x < 20, \\ \dfrac{x + 20}{80}, & 20 \leqslant x < 40, \\ 1, & x \geqslant 40. \end{cases}$$

计算

(a) $\Pr(X \leqslant 30)$,

(b) $\Pr(X = 40)$,

(c) $E[X]$,

(d) $V[X]$.

9. 若随机变量 X 服从对数正态分布, 且均值为 100, 方差为 30000. 计算

(a) $E[\min(X, 250)]$,

(b) $E[\max(0, X - 250)]$,

(c) $V[\min(X, 250)]$,

(d) $E[X|X > 250]$.

10. 设 $\{X_i\}_{i=1}^n$ 为一组独立同分布的随机变量, 在以下两种情形下确定 $\sum_{i=1}^n X_i$ 的分布.

(a) $X_1 \sim B(m, q)$,

(b) $X_1 \sim N(\mu, \sigma^2)$.

11. 设 $\{X_i\}_{i=1}^4$ 为一组独立同分布的随机变量. 若 X_1 服从几何分布, 且分布律如下:

$$\Pr(X_1 = x) = 0.75(0.25^x), \quad x = 0, 1, 2, \cdots,$$

通过以下两种方法计算 $\Pr\left(\sum_{i=1}^4 X_i \leqslant 4\right)$:

(a) 求出 $\sum_{i=1}^4 X_i$ 的分布,

(b) 利用 1.6.3 小节中的递推公式.

12. 假设 $\{X_i\}_{i=1}^n$ 为一组独立同分布的随机变量, 且都分布在 $m, m+1, m+2, \cdots$ 上, 其中 m 为正整数. 设 $S_n = \sum_{i=1}^n X_i$, 且当 $j = m, m+1, m+2, \cdots$ 时, 定义 $f_j = \Pr(X_1 = j)$; 当 $j = mn, mn+1, mn+2, \cdots$ 时, 定义 $g_j = \Pr(S_n = j)$. 证明

$$g_{mn} = f_m^n,$$

并且对于 $r = mn+1, mn+2, mn+3, \cdots$, 有

$$g_r = \frac{1}{f_m} \sum_{j=1}^{r-mn} \left(\frac{(n+1)j}{r-mn} - 1 \right) f_{j+m} g_{r-j}.$$

第 2 章　效　用　理　论

2.1　引　　言

　　效用理论是一门应用广泛的学科, 尤其是在经济学中, 然而本章仅从保险的角度来探讨效用理论. 首先我们对效用的概念进行总体上的讨论, 然后介绍效用理论的一个重要应用, 即制定策略. 我们也介绍几种可以作为效用函数的数学函数, 并讨论它们的适用性和局限性. 本章主要是对效用理论中的重要结论进行简短概述, 关于效用理论的进一步应用将在第 3 章和第 9 章进行介绍.

2.2　效　用　函　数

　　效用函数 $u(x)$ 是衡量个体 (或机构) 所拥有财富 x 的价值水平或效用水平的函数. 整本书中我们假设效用函数满足条件

$$u'(x) > 0, \quad u''(x) < 0. \tag{2.1}$$

从数学上讲, 第一个条件说明 u 是一个增函数, 而第二个条件说明 u 是一个凹函数. 简单来说, 在第一个条件下, 如果财富值 y 大于财富值 z, 则具有效用函数 u 的个体倾向于拥有财富值 y, 即个体倾向于拥有更多的财富. 后一个条件说明随着个体财富的增加, 相同财富值增量引起的价值或效用的增量逐渐减少, 即个体的边际效用递减. 例如, 个体财富值都增加 1 000 时, 个体初始财富值为 2 000 000 时增加的价值或效用要比初始财富值为 1 000 000 时增加得少.

　　称效用函数满足条件 (2.1) 的个体为风险厌恶者, 风险厌恶程度可以通过风险厌恶系数来度量, 其定义为

$$r(x) = \frac{-u''(x)}{u'(x)}. \tag{2.2}$$

　　效用理论可以用于解释人们为什么愿意支付保费来购买保险, 即使在某种程度上这一行为并不使他们获益. 为了说明这一点, 我们考虑下面的情景. 大多数房主每年都会针对火灾等事件为房屋进行投保. 虽然对房主而言, 每年房屋被火灾毁坏的风险很低, 但火灾导致房屋和家中所有财产的毁坏所带来的经济损失对房主来说可能是致命性的. 因此, 房主可能选择向保险公司支付保费来购买保险. 也就是说,

虽然火灾这一事件发生的概率很小, 但相对于火灾导致房屋毁坏的较大损失, 房主更倾向于承担一个较小损失 (保费).

2.3 期望效用准则

期望效用准则是利用效用函数制定决策的基础. 决策者应该先计算每一种方案下所得财富的期望效用, 再选择使所得财富的期望效用最大的方案. 如果两种方案下所得财富的期望效用相同, 则这两种方案对决策者而言没有差别.

为了阐述这一概念, 我们考虑效用函数为 u 的投资者, 他可以在两项投资中进行选择来赚取随机收益 X_1 和 X_2. 假设该投资者的现有财富为 W, 投资项目 i 后财富变为 $W + X_i, i = 1, 2$. 在期望效用准则下, 投资者会选择项目 1 当且仅当

$$E\left[u(W + X_1)\right] > E\left[u(W + X_2)\right].$$

如果

$$E\left[u(W + X_1)\right] = E\left[u(W + X_2)\right],$$

则两个项目对投资者没有任何差别.

例 2.1 假设在前面的讨论中, $u(x) = -\exp\{-0.002x\}$, $X_1 \sim N(10^4, 500^2)$, $X_2 \sim N(1.1 \times 10^4, 2000^2)$, 则投资者会选择哪一个项目?

解 2.1 投资项目 1 后, 投资者的财富的期望效用为

$$
\begin{aligned}
E\left[u(W + X_1)\right] &= -E\left[\exp\{-0.002(W + X_1)\}\right] \\
&= -\exp\{-0.002W\}E\left[\exp\{-0.002X_1\}\right] \\
&= -\exp\{-0.002W\}\exp\left\{-0.002 \times 10^4 + \frac{1}{2}0.002^2 \times 500^2\right\} \\
&= -\exp\{-0.002W\}\exp\{-19.5\},
\end{aligned}
$$

其中第三行是因为第二行中的期望可以表示为 $M_{X_1}(-0.002)$. 类似地,

$$E\left[u(W + X_2)\right] = -\exp\{-0.002W\}\exp\{-14\}.$$

由于 $E\left[u(W + X_1)\right]$ 大于 $E\left[u(W + X_2)\right]$, 投资者更倾向于投资项目 1.

注意期望效用准则下得到的结果可能会与其他准则下得到的结果不一致, 这并不值得惊讶, 因为不同的评判准则往往会导致不同的决策结果. 例如, 在例 2.1 中, 投资者并没有选择期望净收益更大的投资项目.

最后需要说明, 如果另一效用函数 v 满足条件 $v(x) = au(x) + b$, 其中 a, b 为常数且 $a > 0$, 则根据期望效用准则, 在效用函数 v 和 u 下制定的决策是相同的, 这

是因为

$$E\left[v(W + X_1)\right] > E\left[v(W + X_2)\right]$$

当且仅当

$$aE\left[u(W + X_1)\right] + b > aE\left[u(W + X_2)\right] + b.$$

2.4 Jensen 不等式

在概率论中, Jensen 不等式是一个非常著名的结论, 它在精算科学中也有重要的应用. Jensen 不等式指出: 当 u 是一个凹函数时,

$$E\left[u(X)\right] \leqslant u\left(E\left[X\right]\right), \tag{2.3}$$

其中 X 是一个随机变量.

我们可以通过 u 在 a 点的泰勒级数展开证明 Jensen 不等式. 为此, 写出下面带有余项的泰勒级数展开式

$$u(x) = u(a) + u'(a)(x - a) + u''(z)\frac{(x - a)^2}{2},$$

其中 z 位于 a 和 x 之间. 注意到 $u''(z) < 0$, 则有

$$u(x) \leqslant u(a) + u'(a)(x - a). \tag{2.4}$$

用随机变量 X 替换不等式 (2.4) 中的 x 并令 $a = E[X]$, 再对其两边同时取期望就可以得到不等式 (2.3).

对于一份保单, 我们可以利用 Jensen 不等式分别从被保险人和保险人的角度得到适当保费水平的相关结论. 首先考虑财富值为 W 的个体, 假设他可以通过购买全额赔付保险来规避随机损失 X. 根据期望效用准则, 他所需支付的最大保费 P 应满足

$$u(W - P) = E\left[u(W - X)\right]. \tag{2.5}$$

由于 $u'(x) > 0$, 则对任意保费 $\bar{P} < P$, 有

$$u(W - \bar{P}) > u(W - P).$$

由 Jensen 不等式可得

$$E\left[u(W - X)\right] \leqslant u\left(E\left[W - X\right]\right) = u\left(W - E\left[X\right]\right),$$

再结合等式 (2.5) 有

$$u(W - P) \leqslant u\left(W - E\left[X\right]\right).$$

因为 u 是一个增函数, 所以 $P \geqslant E[X]$. 该结果表明该个体所需支付的最大保费至少要等于期望损失.

从保险人的角度看也有类似结论. 假设一保险人的效用函数为 v, 财富值为 W, 某一个体希望该保险人能为他提供承保随机损失 X 的全额赔付保险. 从保险人的角度看, 他可接受的最小保费 Π 应满足

$$v(W) = E\left[v(W + \Pi - X)\right]. \tag{2.6}$$

注意到保险人有提供和不提供保险两种选择, 则上式可由期望效用准则得到. 类似地, 由于 v 是一个增函数, 则对任意保费 $\bar{\Pi} > \Pi$, 有

$$E\left[v(W + \bar{\Pi} - X)\right] > E\left[v(W + \Pi - X)\right].$$

对等式 (2.6) 右边运用 Jensen 不等式, 得

$$v(W) = E\left[v(W + \Pi - X)\right] \leqslant v\left(W + \Pi - E[X]\right),$$

进一步注意到 v 是一个增函数, 则有 $\Pi \geqslant E[X]$. 因此, 保险人所要求的最小保费至少等于期望损失, 与此同时, 当 $P \geqslant \Pi$ 时保险协议才可以达成.

2.5　效用函数的类型

通过对不同的财富水平赋予不同的值来构造效用函数是可行的, 例如, 一个个体可能会取 $u(0) = 0$, $u(10) = 5$, $u(20) = 8$ 等值. 然而, 通过一个适当的数学函数对财富水平进行赋值显然更加有效, 因此, 我们列举一些适合作为效用函数的数学函数.

2.5.1　指数效用函数

指数效用函数具有形式 $u(x) = -\exp\{-\beta x\}$, 其中 $\beta > 0$. 由例 2.1 可知, 在这类效用函数下, 决策的制定不依赖个体的初始财富值. 为了说明这一点, 我们考虑财富值为 W 且有 n 种方案可供选择的决策者. 假设选择第 i 种方案后财富变为 $W + X_i$, $i = 1, 2, \cdots, n$, 则在期望效用准则下, 决策者应计算 $E[u(W + X_i)]$, $i = 1, 2, \cdots, n$. 选择方案 j 当且仅当

$$E[u(W + X_j)] > E[u(W + X_i)], \quad i = 1, 2, \cdots, n,\ i \neq j. \tag{2.7}$$

将 u 的表达式代入 (2.7) 式可得

$$-E\left[\exp\{-\beta(W + X_j)\}\right] > -E\left[\exp\{-\beta(W + X_i)\}\right],$$

或等价地,

$$E\left[\exp\{-\beta X_j\}\right] < E[\exp\{-\beta X_i\}],$$

因此决策者的初始财富值 W 不会影响决策结果. 在指数效用函数下, 决策是基于矩母函数的比较而制定的, 这是该决策的一个吸引人的特征. 在某种意义上, 矩母函数体现了被比较的随机结果的所有特征, 从而决策是基于随机结果的一系列特征制定的, 这点与其他效用函数不同. 例如, 在接下来将要讨论的二次效用函数下, 各个决策的比较仅依赖于随机结果的前两阶矩.

具有效用函数 $u(x) = -\exp\{-\beta x\}$ 的个体购买承保随机损失 X 的保险所需支付的最大保费为

$$P = \beta^{-1} \log M_X(\beta), \tag{2.8}$$

它可由方程 (2.5) 得到.

例 2.2　证明具有效用函数 $u(x) = -\exp\{-\beta x\}$ 的个体为购买承保随机损失 X 的全额赔付保险所需支付的最大保费 P 为 β 的增函数, 并作出解释, 其中 $X \sim N(\mu, \sigma^2)$.

解 2.2　因为 $X \sim N(\mu, \sigma^2)$, 所以 $M_X(\beta) = \exp\left\{\mu\beta + \dfrac{1}{2}\sigma^2\beta^2\right\}$. 进一步根据公式 (2.8) 可得

$$P = \mu + \frac{1}{2}\sigma^2\beta,$$

从而 P 是 β 的增函数. 为了解释这一结果, 我们注意到 β 是指数效用函数下的风险厌恶系数, 这是因为

$$r(x) = -\frac{u''(x)}{u'(x)} = \beta,$$

且该结果与 x 无关. 因此, 个体越厌恶风险 (即 β 值越大), P 值就越大.

例 2.3　一个决策者可通过购买全额赔付保险来规避随机损失 X, 其中 $X \sim \gamma(2, 0.01)$, 保费为 208. 如果决策者采用参数为 0.001 的指数效用函数进行决策, 则他愿意以该价格购买保险吗?

解 2.3　该决策者愿意支付的最大保费由公式 (2.8) 给出, 其中

$$M_X(\beta) = \left(\frac{0.01}{0.01 - \beta}\right)^2,$$

且 $\beta = 0.001$. 经计算, 最大保费为

$$\frac{1}{0.001} \log \left(\frac{0.01}{0.009}\right)^2 = 210.72,$$

从而该决策者愿意支付 208 的保费购买该保险.

2.5.2 二次效用函数

二次效用函数具有形式 $u(x) = x - \beta x^2$, 其中 $x < 1/(2\beta)$, $\beta > 0$. 为了使用该效用函数, 需要限定 $x < 1/(2\beta)$, 从而使 $u'(x) > 0$. 因此, 对于随机结果分布在 $(-\infty, \infty)$ 上的问题, 不能使用该效用函数.

2.5.1 小节中提到, 二次效用函数下的决策制定只依赖于随机结果的前两阶矩, 这也在下面的例题中有所体现.

例 2.4 财富值为 W 的投资者可选择投资项目 1 和 2, 投资后财富值分别变为 $W + X_1$ 和 $W + X_2$, 其中 $E[X_1] = 10$, $V[X_1] = 2$, $E[X_2] = 10.1$. 已知投资者采用参数为 $\beta = 0.002$ 的二次效用函数进行决策, 且对于 $i = 1$ 和 2, 均有 $\Pr(W + X_i < 250) = 1$. 对于财富值 $W = 200$, 当 $V[X_2]$ 取何值时投资者会选择项目 1?

解 2.4 投资者选择项目 1 当且仅当

$$E\left[u(W + X_1)\right] > E\left[u(W + X_2)\right],$$

或等价地,

$$E\left[200 + X_1 - \beta \left(200 + X_1\right)^2\right] > E\left[200 + X_2 - \beta \left(200 + X_2\right)^2\right],$$

其中 $\beta = 0.002$. 经过一些简单的代数计算, 有

$$E[X_1]\left(1 - 400\beta\right) - \beta E\left[X_1^2\right] > E[X_2]\left(1 - 400\beta\right) - \beta E\left[X_2^2\right]$$

或

$$E\left[X_2^2\right] > \left(E[X_2] - E[X_1]\right)\left(\beta^{-1} - 400\right) + E\left[X_1^2\right] = 112,$$

由此可得 $V[X_2] > 9.99$.

例 2.5 一保险人考虑提供全额赔付保险来承保随机损失 X, 其中 $E[X] = V[X] = 100$, 且 $\Pr(X > 0) = 1$. 该保险人采用效用函数 $u(x) = x - 0.001x^2$ 进行决策. 当财富值 W 分别为 (a) 100, (b) 200 和 (c) 300 时, 计算该保险人所能接受的最小保费.

解 2.5 最小保费 Π 可由以下等式得到

$$u(W) = E\left[u\left(W + \Pi - X\right)\right].$$

因此当 $W = 100$ 时, 有

$$
\begin{aligned}
u(100) &= 90 \\
&= E\left[100 + \Pi - X - 0.001\left(\left(100 + \Pi\right)^2 - 2\left(100 + \Pi\right)X + X^2\right)\right] \\
&= 100 + \Pi - E[X] \\
&\quad -0.001\left(\left(100 + \Pi\right)^2 - 2\left(100 + \Pi\right)E[X] + E\left[X^2\right]\right).
\end{aligned}
$$

化简上式得
$$\Pi^2 - 1\,000\Pi + 90\,100 = 0,$$

由此可得 $\Pi = 100.13$. 类似地, 当 $W = 200$ 时, $\Pi = 100.17$; 当 $W = 300$ 时, $\Pi = 100.25$. 我们注意到 Π 随着 W 增加而增加, 然而这并不符合我们的预期, 因为随着保险人财富的增加, 他应当更有能力面对随机损失, 并能降低可接受的最小保费.

2.5.3 对数效用函数

对数效用函数具有形式 $u(x) = \beta \log x$, 其中 $x > 0$, $\beta > 0$. 由于 $u(x)$ 只对大于零的 x 有定义, 因此当财富值为负时, 该效用函数不再适用.

因为
$$u'(x) = \frac{\beta}{x} > 0, \quad u''(x) = \frac{-\beta}{x^2} < 0,$$

所以使用对数效用函数的个体是风险厌恶者. 由定义可知风险厌恶系数为
$$r(x) = \frac{1}{x},$$

它是财富值的减函数.

例 2.6 一个当前财富为 B 的投资者考虑向 n 个公司中的 1 个进行投资, 他采用对数效用函数进行决策. 已知投资公司 i 后财富值变为 BX_i, $i = 1, 2, \cdots, n$. 证明投资者的决策与 B 无关.

解 2.6 相对于公司 j, 投资者更倾向于投资公司 i 当且仅当
$$E\left[u(BX_i)\right] > E\left[u(BX_j)\right].$$

现有
$$E\left[u(BX_i)\right] = E\left[\beta \log (BX_i)\right] = \beta E\left[\log B\right] + \beta E\left[\log X_i\right],$$

因此相对于公司 j, 投资者更倾向于投资公司 i 当且仅当
$$E\left[\log X_i\right] > E\left[\log X_j\right],$$

该结果与 B 无关.

上述例题的解答凸显了使用对数效用函数的难点, 即类似 $E[\log X]$ 的特征量通常无法得到闭合表达式. 然而, X 服从对数正态分布是一个例外, 此时我们可以得到一些闭合表达式.

2.5.4 分数幂效用函数

分数幂效用函数具有形式 $u(x) = x^\beta$, 其中 $x > 0$, $0 < \beta < 1$. 与对数效用函数一样, $u(x)$ 只对大于零的 x 有定义, 因此它在应用上的局限性与对数效用函数相同.

例 2.7 某决策者所面临的随机损失 X 服从 $(0, 200)$ 上的均匀分布, 他为了规避该损失可以购买一个部分赔付的保险. 在该保险合同下决策者自身担负的额度为 $Y = \min(X, 100)$, 因此, 损失小于 100 时他承担全部损失, 否则他只需承担 100 这一限额. 已知决策者采用效用函数 $u(x) = x^{2/5}$ 进行决策, 并且他的当前财富值为 300, 问他愿意支付 80 的保费购买该部分赔付的保险吗?

解 2.7 因为决策者在不投保 (财富值变为 $300 - X$) 和投保之间进行选择, 并且他购买了部分赔付保险后所产生的财富值为一个随机变量, 所以当

$$E[u(300 - X)] \leqslant E[u(300 - 80 - Y)]$$

时, 他愿意支付 80 的保费购买该部分赔付保险. 注意到 X 的密度函数为 $1/200$, 则有

$$
\begin{aligned}
E[u(300 - X)] &= \frac{1}{200} \int_0^{200} (300 - x)^{2/5} \, dx \\
&= \frac{-5}{200 \times 7} (300 - x)^{7/5} \Big|_0^{200} \\
&= 8.237
\end{aligned}
$$

和

$$
\begin{aligned}
E[u(300 - 80 - Y)] &= \frac{1}{200} \left(\int_0^{100} (220 - x)^{2/5} \, dx + \int_{100}^{200} 120^{2/5} dx \right) \\
&= \frac{1}{200} \left(\frac{-5}{7} (220 - x)^{7/5} \Big|_0^{100} + 100 \times 120^{2/5} \right) \\
&= 7.280.
\end{aligned}
$$

因此决策者不愿意支付 80 的保费购买该部分赔付保险.

和对数效用函数一样, 在求解有关分数幂效用函数的问题时通常很难找到闭合解.

2.6 注释与参考文献

1998 年 Gerber 和 Pafumi 编写了一本较为全面的关于效用理论的参考书, 书中讨论了效用理论在风险理论与金融学中的应用. 另外, 关于效用理论在保险经济学中的更多讨论, 可以参考 Borch (1990).

2.7　习　　题

1.一保险人的当前财富值为 W, 决策时采用如下效用函数:

$$u(x) = x - \frac{x^2}{2\beta},$$

其中 $x < \beta$, $\beta > 0$. 证明该保险人为风险厌恶者且风险厌恶系数 $r(x)$ 是 x 的增函数.

2. 某决策者面临的随机损失 X 服从 $(0, 200)$ 上的均匀分布, 他可以购买部分赔付的保险, 其中保费为 85, 赔付额为 $\max(0, X - 20)$. 已知决策者的初始财富值为 250, 采用效用函数 $u(x) = x^{2/3}$, $x > 0$ 进行决策.

(a) 证明决策者为风险厌恶者;

(b) 决策者愿意购买该保险吗?

3. 保险人能提供承保随机损失 X 的全额赔付保险, 其中 $X \sim N(10^6, 10^8)$. 若保险人采用效用函数 $u(x) = -\exp\{-0.002x\}$ 进行决策, 求他所能接受的最小保费.

4. 某投资者采用效用函数 $u(x) = \sqrt{x}$, $x > 0$ 进行股票投资决策. 若其投入资金 A 到股票 i 中, 则一年后财富将累积到 AX_i, 其中 X_i 服从参数为 μ_i 和 σ_i 的对数正态分布. 假设投资者只能投资股票 1 或股票 2.

(a) 证明投资者关于投资股票 1 或股票 2 的决策结果与 A 值无关;

(b) 假设对于股票 1, $\mu_1 = 0.09$, $\sigma_1 = 0.02$; 对于股票 2, $\mu_2 = 0.08$. 问 σ_2 取何值时投资者会投资股票 2 ?

(c) 假设对于每种股票, 投资者的年末累积财富的期望值相同, 但投资股票 1 后的年末累积财富的方差更小. 证明投资者会投资股票 1, 并作出解释.

5. 保险人为某一个体承保随机风险 X, 其中 X 服从混合分布, 其分布函数为

$$F(x) = \begin{cases} 0, & x < 0, \\ 1 - 0.2e^{-0.01x}, & x \geqslant 0. \end{cases}$$

已知该保险只赔付损失中超过 20 的部分. 若保险人采用效用函数 $u(x) = -\exp\{-0.005x\}$ 进行决策, 求他所能接受的最小保费.

6. 某决策者计划要到一个十分遥远的海外小岛上度假, 该岛上没有医院但可以提供私人救护飞机送达内地医院. 该决策者用一个混合随机变量 X 来模拟度假期间的潜在医疗费用, 其中 $\Pr(X = 0) = 0.99$, 且对于 $10000 \leqslant x \leqslant 12000$,

$$\Pr(X \leqslant x) = 0.99 + \frac{x - 10000}{200000}.$$

该决策者接洽了一个保险公司, 该公司可以为他提供以下两种保险:

- 保费为 120 的全额赔付保险;
- 保费为 115 的部分赔付保险, 其中保险公司只赔付损失中超过 1000 的部分.

已知决策者的财富值为 10^6, 采用对数效用函数 $u(x) = k \log x$ 进行决策. 假设住院后假期就会立即结束, 则决策者愿意购买哪一种保险?

第 3 章　保费计算准则

3.1　引　　言

虽然我们已经使用了保费这一术语, 但并没有正式地定义它. 保费是指投保人为规避风险而购买全额赔付或部分赔付的保险所需支付的费用. 在本章我们仅从数学的角度介绍几种保费计算方法. 在实务中, 保险人不仅要考虑所承保风险的特征, 还要考虑许多其他因素, 例如同业竞争者所收取的保费.

我们将保险人承保风险 X 所收取的保费记作 Π_X. 当提及风险 X 时, 指的是该风险的索赔额与随机变量 X 具有相同的分布. 保费 Π_X 为 X 的函数, 而保费计算准则是指对 Π_X 进行赋值的准则, 因此, 保费准则的具体形式为 $\Pi_X = \phi(X)$, 其中 ϕ 为某一函数. 本章我们首先描述保费计算准则的一些优良性质, 再列举若干保费计算准则以及它们所满足的性质.

3.2　保费准则的性质

保费计算准则有许多优良性质. 以下虽然没有全部列举, 但包括了大部分保费准则的基本性质.

(1) 非负负荷. 该性质要求 $\Pi_X \geqslant E[X]$, 即保费不能低于索赔额的期望值. 在第 7 章的破产理论中我们将会看到这个性质的重要性.

(2) 可加性. 对于独立的风险变量 X_1 和 X_2, 有 $\Pi_{X_1+X_2} = \Pi_{X_1} + \Pi_{X_2}$. 当该性质成立时, 由于将独立的风险集中在一起或分散开来都不会影响总保费, 因此被保险人与保险人进行风险组合或分割没有意义.

(3) 尺度不变性. 对于 $a > 0$, 如果 $Z = aX$, 则 $\Pi_Z = a\Pi_X$. 为了解释该性质, 假设英国的货币流通行情为 1 英镑可兑换 a 欧元. 那么在满足尺度不变性的条件下, 英国保险人收取的 100 英镑保费相当于 $100a$ 欧元.

(4) 一致性. 对于 $c > 0$, 如果 $Y = X + c$, 则 $\Pi_Y = \Pi_X + c$. 也就是说, 当 Y 的分布可由 X 的分布平移 c 单位得到时, 风险变量 Y 对应的保费应该在风险变量 X 对应的保费基础上增加 c.

(5) 无敲诈性. 若某一风险变量的最大索赔额 (有限) 为 x_m, 则 $\Pi_X \leqslant x_m$. 若保费不满足该条性质, 则对个体而言没有购买该保险的动机.

3.3 保费准则举例

3.3.1 纯保费准则

在纯保费准则下, 保费定义为

$$\Pi_X = E[X],$$

因此, 纯保费等于保险人所承保风险的期望索赔额.

从保险人的角度来看, 纯保费准则并不具有吸引力. 该保费虽然覆盖了风险的期望索赔额, 但没有考虑利润的附加费用以及违约风险的发生, 因此, 在该保费准则下, 保险公司不可能具有长久的生存能力. 在后面给出的保费准则中, 所得保费都大于纯保费, 称超出部分为负荷保费.

容易证明, 纯保费准则具有 3.2 节中所列举的五个性质.

3.3.2 期望值准则

在期望值准则下, 保费定义为

$$\Pi_X = (1 + \theta)E[X],$$

其中 $\theta > 0$ 为保费负荷因子, 因此, 负荷保费为 $\theta E[X]$.

期望值准则十分简单, 但它的主要缺点在于均值相同的风险变量所对应的保费也相同. 而从直观上看, 均值相同的风险变量若方差不同, 保费也应该不同.

由于 $(1 + \theta)E[X] \geqslant E[X]$, 因此期望值准则具有非负负荷. (严格意义上要求 $E[X] \geqslant 0$, 但在实务中这是显然成立的.) 类似地, 该准则具有可加性, 这是因为

$$(1 + \theta)E[X_1 + X_2] = (1 + \theta)E[X_1] + (1 + \theta)E[X_2].$$

对于 $Z = aX$, 有

$$\begin{aligned}
\Pi_Z &= (1 + \theta)E[Z] \\
&= a(1 + \theta)E[X] \\
&= a\Pi_X,
\end{aligned}$$

因此, 该准则也具有尺度不变性. 期望值准则不具有一致性, 因为对于 $Y = X + c$, 有

$$\Pi_Y = (1 + \theta)(E[X] + c) > \Pi_X + c.$$

构造反例是证明保费准则不具有某一性质的另一种方法. 为了证明期望值准则不具有无敲诈性, 我们可以令 $\Pr(X = b) = 1$, 其中 $b > 0$. 此时对于 $\theta > 0$, 有 $\Pi_X = (1 + \theta)b > b$.

3.3.3　方差准则

期望值准则只考虑了索赔额的期望, 而在方差准则下, 保费定义为

$$\Pi_X = E[X] + \alpha V[X],$$

其中 $\alpha > 0$, 即负荷保费与 $V[X]$ 成正比.

由于 $\alpha > 0$, 显然方差准则具有非负负荷. 该准则具有可加性, 这是因为当 X_1 和 X_2 相互独立时, $V[X_1 + X_2] = V[X_1] + V[X_2]$, 从而

$$\begin{aligned}
\Pi_{X_1+X_2} &= E[X_1 + X_2] + \alpha V[X_1 + X_2] \\
&= E[X_1] + E[X_2] + \alpha V[X_1] + \alpha V[X_2] \\
&= \Pi_{X_1} + \Pi_{X_2}.
\end{aligned}$$

对于 $Y = X + c$, 有 $V[Y] = V[X]$, 从而得到

$$\begin{aligned}
\Pi_Y &= E[Y] + \alpha V[Y] \\
&= E[X] + c + \alpha V[X] \\
&= \Pi_X + c,
\end{aligned}$$

因此, 该准则具有一致性.

方差准则不具有尺度不变性, 这是因为对于 $Z = aX$, 有

$$\begin{aligned}
\Pi_Z &= E[Z] + \alpha V[Z] \\
&= aE[X] + \alpha a^2 V[X] \\
&\neq a\Pi_X.
\end{aligned}$$

该准则也不具有无敲诈性. 为了证明这一点, 我们令

$$\Pr(X = 8) = \Pr(X = 12) = 0.5,$$

则有 $E[X] = 10$, $V[X] = 4$. 因此当 $\alpha > 0.5$ 时, $\Pi_X = 10 + 4\alpha$ 会大于 12.

3.3.4　标准差准则

在标准差准则下, 保费定义为

$$\Pi_X = E[X] + \alpha V[X]^{1/2},$$

其中 $\alpha > 0$. 在该准则下, 负荷保费与 X 的标准差成正比. 虽然该准则与方差准则的原理相同, 但两者的性质不完全相同.

与方差准则一样, 由于 $\alpha > 0$, 标准差准则具有非负负荷. 该准则具有一致性, 这是因为对于 $Y = X + c$,

$$
\begin{aligned}
\Pi_Y &= E\left[Y\right] + \alpha V\left[Y\right]^{1/2} \\
&= E\left[X\right] + c + \alpha V\left[X\right]^{1/2} \\
&= \Pi_X + c.
\end{aligned}
$$

由于当 $Z = aX$ 时, 有

$$
\begin{aligned}
\Pi_Z &= E\left[Z\right] + \alpha V\left[Z\right]^{1/2} \\
&= aE\left[X\right] + \alpha a V\left[X\right]^{1/2} \\
&= a\Pi_X,
\end{aligned}
$$

故该准则也具有尺度不变性.

因为标准差不具有可加性, 所以标准差准则也不具有可加性. 另外, 由 3.3.3 小节最后讨论的例子可知, 该准则也不具有无敲诈性.

3.3.5 零效用准则

假设保险人的效用函数为 $u(x)$, 且满足条件 $u'(x) > 0$, $u''(x) < 0$. 在零效用准则下, 保费 Π_X 满足方程

$$
u(W) = E[u(W + \Pi_X - X)], \tag{3.1}
$$

其中 W 为保险人的资金, 因此, 保费通常与保险人的资金有关. 对于指数效用函数, 即 $u(x) = -\exp\{-\beta x\}$, $\beta > 0$, 由方程 (3.1) 可得

$$
\Pi_X = \beta^{-1} \log E[\exp\{\beta X\}], \tag{3.2}
$$

此时称该保费准则为指数准则.

指数准则是以 X 的矩母函数为基础的, 从而它比之前讨论的准则包含更多关于变量 X 的信息, 因此该准则对决策者而言更具有吸引力.

零效用准则具有非负负荷, 这是因为

$$
u(W) = E[u(W + \Pi_X - X)] \leqslant u(W + \Pi_X - E[X]),
$$

其中第二步利用了 Jensen 不等式. 又因为 $u'(x) > 0$, 所以 $\Pi_X \geqslant E[X]$. 该准则也具有一致性, 可如下验证. 对于 $Y = X + c$, 由 Π_Y 满足方程

$$
u(W) = E[u(W + \Pi_Y - Y)],
$$

并利用

$$E[u(W + \Pi_Y - Y)] = E[u(W + \Pi_Y - c - X)]$$

可得 $\Pi_Y - c = \Pi_X$. 该准则也具有无敲诈性, 可如下验证. 因为

$$W + \Pi_X - X \geqslant W + \Pi_X - x_m,$$

所以

$$u(W) = E[u(W + \Pi_X - X)] \geqslant E[u(W + \Pi_X - x_m)] = u(W + \Pi_X - x_m).$$

由 $u'(x) > 0$, 可得 $\Pi_X - x_m \leqslant 0$.

通常来说, 除指数准则外, 零效用准则不具有可加性 (见习题 3). 对于指数准则, 由公式 (3.2) 可知

$$\begin{aligned}
\Pi_{X_1+X_2} &= \beta^{-1} \log E[\exp\{\beta (X_1 + X_2)\}] \\
&= \beta^{-1} \log E[\exp\{\beta X_1\}] E[\exp\{\beta X_2\}] \\
&= \beta^{-1} \log E[\exp\{\beta X_1\}] + \beta^{-1} \log E[\exp\{\beta X_2\}] \\
&= \Pi_{X_1} + \Pi_{X_2},
\end{aligned}$$

其中第二步利用了 X_1 和 X_2 相互独立这一假设.

零效用准则不具有尺度不变性, 这可以通过下面的例子验证. 假设 $u(x) = -\exp\{-\beta x\}$, $X \sim N(\mu, \sigma^2)$, 并且设 $Y = \alpha X$, $\alpha > 0$, 则有

$$\Pi_X = \beta^{-1} \log E[\exp\{\beta X\}] = \mu + \frac{1}{2}\sigma^2\beta,$$

从而

$$\Pi_Y = \mu\alpha + \frac{1}{2}\sigma^2\beta\alpha^2 \neq \alpha\Pi_X.$$

3.3.6　Esscher 保费准则

在 Esscher 保费准则下, 保费定义为

$$\Pi_X = \frac{E[Xe^{hX}]}{E[e^{hX}]},$$

其中 $h > 0$.

我们可以将 Esscher 保费看作是与 X 有关的风险变量 $\tilde{X}$ 的纯保费. 假定 X 是一个 $(0, \infty)$ 上的连续型随机变量, 密度函数为 f, 并且定义函数 g 如下:

$$g(x) = \frac{e^{hx}f(x)}{\int_0^\infty e^{hy}f(y)dy}. \tag{3.3}$$

易知 g 是某一随机变量 $\tilde{X}$ 的密度函数, 其分布函数为

$$G(x) = \frac{\int_0^x e^{hy} f(y) dy}{M_X(h)},$$

我们称 G 为函数 F 在参数 h 下的 Esscher 变换. 由于

$$M_{\tilde{X}}(t) = \int_0^\infty e^{tx} g(x) \, dx,$$

则由公式 (3.3) 得

$$M_{\tilde{X}}(t) = \frac{M_X(t+h)}{M_X(h)}.$$

例 3.1 令 $F(x) = 1 - \exp\{-\lambda x\}$, $x \geqslant 0$, 求 F 在参数 h 下的 Esscher 变换, 其中 $h < \lambda$.

解 3.1 当 $X \sim F$ 时, $M_X(t) = \lambda/(\lambda - t)$, 因此

$$M_{\tilde{X}}(t) = \frac{M_X(t+h)}{M_X(h)} = \frac{\lambda - h}{\lambda - h - t},$$

从而 F 的 Esscher 变换为 $G(x) = 1 - \exp\{-(\lambda - h)x\}$.

根据公式 (3.3), 可以将密度函数 g 写为

$$g(x) = w(x)f(x), \quad \text{其中} \, w(x) = e^{hx}/M_X(h),$$

因此 g 为密度函数 f 的加权. 因为 $h > 0, w'(x) > 0$, 所以权重随着 x 的增大而增大. 由例 3.1 可知, 当参数 $h = 0.2$ 时, 密度函数 $f(x) = e^{-x}$ 的 Esscher 变换为 $g(x) = 0.8e^{-0.8x}$, 两函数曲线如图 3.1 所示. 我们可以看出开始时密度函数 g 位于 f 的下方, 但在尾部时结论恰恰相反. 因此, Esscher 变换可以产生肥尾的密度函数.

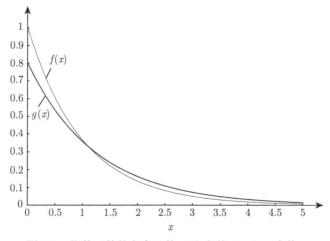

图 3.1 指数函数的密度函数 f 和它的 Esscher 变换 g

在 Esscher 保费计算过程中, 关系式

$$M_{\tilde{X}}(t) = \frac{M_X(t+h)}{M_X(h)}$$

十分重要, 这是因为

$$E[\tilde{X}] = \frac{\displaystyle\int_0^\infty xe^{hx}f(x)dx}{\displaystyle\int_0^\infty e^{hx}f(x)dx} = \frac{E[Xe^{hX}]}{E[e^{hX}]} = \Pi_X,$$

即 $\tilde{X}$ 的均值就是 Esscher 保费 Π_X.

例 3.2　设 X 服从均值为 1 的指数分布, 求 Esscher 保费准则下的 Π_X, 其中参数 $h < 1$.

解 3.2　由例 3.1 可知, 该指数分布的 Esscher 变换是参数为 $1-h$ 的指数分布, 又因为 Esscher 保费等于该变换后的分布函数的均值, 所以

$$\Pi_X = \frac{1}{1-h}.$$

Esscher 保费准则具有非负负荷性质. 首先可以看出, 当 $h = 0$ 时, $M_{\tilde{X}}(t) = M_X(t)$, 因此有 $E[\tilde{X}] = \Pi_X = E[X]$. 接下来, 对于 $h \geqslant 0$, 有

$$\begin{aligned}
E[\tilde{X}^r] &= \frac{d^r}{dt^r} M_{\tilde{X}}(t)\Big|_{t=0} \\
&= \frac{d^r}{dt^r} \frac{M_X(t+h)}{M_X(h)}\Big|_{t=0} \\
&= \frac{M_X^{(r)}(h)}{M_X(h)},
\end{aligned}$$

由此得

$$\begin{aligned}
\frac{d}{dh}\Pi_X &= \frac{d}{dh}E[\tilde{X}] \\
&= \frac{d}{dh}\frac{M_X'(h)}{M_X(h)} \\
&= \frac{1}{M_X(h)^2}\left(M_X^{(2)}(h)M_X(h) - M_X'(h)^2\right) \\
&= E[\tilde{X}^2] - E[\tilde{X}]^2 \geqslant 0,
\end{aligned}$$

从而 Π_X 为 h 的非递减函数, 因此对于任意的 $h \geqslant 0$, 都有 $\Pi_X \geqslant E[X]$. 例 3.2 也说明了这点.

Esscher 保费准则具有一致性, 这是因为对于 $Y = X + c$, 有

$$
\begin{aligned}
\Pi_Y &= \frac{E\left[Ye^{hY}\right]}{E\left[e^{hY}\right]} \\
&= \frac{E\left[(X+c)e^{h(X+c)}\right]}{E\left[e^{h(X+c)}\right]} \\
&= \frac{E\left[Xe^{hX}\right]e^{hc} + cE\left[e^{hX}\right]e^{hc}}{E\left[e^{hX}\right]e^{hc}} \\
&= \frac{E\left[Xe^{hX}\right]}{E\left[e^{hX}\right]} + c \\
&= \Pi_X + c.
\end{aligned}
$$

因为

$$
\begin{aligned}
\Pi_{X_1+X_2} &= \frac{E\left[(X_1+X_2)e^{h(X_1+X_2)}\right]}{E\left[e^{h(X_1+X_2)}\right]} \\
&= \frac{E\left[X_1e^{hX_1}\right]E\left[e^{hX_2}\right] + E\left[e^{hX_1}\right]E\left[X_2e^{hX_2}\right]}{E\left[e^{hX_1}\right]E\left[e^{hX_2}\right]} \\
&= \frac{E\left[X_1e^{hX_1}\right]}{E\left[e^{hX_1}\right]} + \frac{E\left[X_2e^{hX_2}\right]}{E\left[e^{hX_2}\right]} \\
&= \Pi_{X_1} + \Pi_{X_2},
\end{aligned}
$$

所以该准则也具有可加性. 此外, 该准则也具有无敲诈性, 可如下验证. 假设 x_m 为索赔额的最大值, 则 $\Pr(X \leqslant x_m) = 1$, 从而有

$$
Xe^{hX} \leqslant x_m e^{hX},
$$

因此

$$
\Pi_X = \frac{E\left[Xe^{hX}\right]}{E\left[e^{hX}\right]} \leqslant \frac{E\left[x_m e^{hX}\right]}{E\left[e^{hX}\right]} = x_m.
$$

Esscher 保费准则不具有尺度不变性. 为了证明该结论, 我们令风险变量 X 在参数 h 下的 Esscher 保费为 $\Pi_X(h)$. 若 $Z = aX$, 则 Z 的 Esscher 保费为 $\Pi_Z(h)$, 并且

$$
\Pi_Z(h) = \frac{E[Ze^{hZ}]}{E[e^{hZ}]} = \frac{aE[Xe^{ahX}]}{E[e^{ahX}]} = a\Pi_X(ah) \neq a\Pi_X(h),
$$

除非 $a = 1$.

3.3.7 风险调节保费准则

令 X 为非负随机变量且分布函数为 F. 在风险调节保费准则下, 保费定义为

$$
\Pi_X = \int_0^\infty [\Pr(X > x)]^{1/\rho} dx = \int_0^\infty [1 - F(x)]^{1/\rho} dx,
$$

其中 $\rho \geqslant 1$ 为风险指数.

该准则的原理与 Esscher 保费准则相似. Esscher 变换相当于对 X 的分布加权, 它给 (右侧) 尾概率增加了权重, 而风险调节保费也可以通过引入一个变换来计算. 令 X^* 为一个非负随机变量, 其分布函数满足

$$1 - H(x) = [1 - F(x)]^{1/\rho}.$$

由于

$$E[X^*] = \int_0^\infty [1 - H(x)]dx,$$

从而 $\Pi_X = E[X^*]$.

例 3.3　设 X 服从均值为 $1/\lambda$ 的指数分布, 求风险调节保费 Π_X.

解 3.3　我们有

$$1 - F(x) = e^{-\lambda x},$$

从而

$$1 - H(x) = e^{-\lambda x/\rho}.$$

因此, X^* 服从均值为 ρ/λ 的指数分布, 由此知 $\Pi_X = \rho/\lambda$.

例 3.4　设 $X \sim Pa(\alpha, \lambda)$, 求风险调节保费 Π_X.

解 3.4　我们有

$$1 - F(x) = \left(\frac{\lambda}{\lambda + x}\right)^\alpha,$$

从而

$$1 - H(x) = \left(\frac{\lambda}{\lambda + x}\right)^{\alpha/\rho}.$$

因此, $X^* \sim Pa(\alpha/\rho, \lambda)$, 由此知当 $\rho < \alpha$ 时, $\Pi_X = \rho\lambda/(\alpha - \rho)$.

若 X 为连续型随机变量且密度函数为 f, 则 X^* 的密度函数 h 为

$$h(x) = \frac{1}{\rho}[1 - F(x)]^{(1/\rho)-1}f(x), \tag{3.4}$$

因此 X^* 的密度函数只是在 X 的密度函数基础上进行加权. 附加在 f 上的权重随 x 的增大而增大——见习题 7. 图 3.2 展示了例 3.4 中密度函数 f 和 h 的曲线, 其中 $\alpha = 2, \lambda = 1, \rho = 1.5$. 由图像可以看出, 起初密度函数 h 位于 f 的下方, 但与 Esscher 变换一样, 随着 x 的增大, 变换后的密度函数具有肥尾特征.

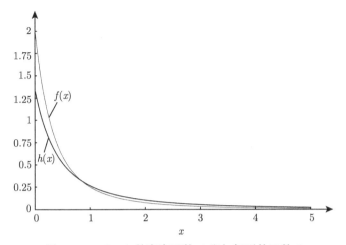

图 3.2 $Pa(2,1)$ 的密度函数 f 和加权后的函数 h

风险调节保费准则具有 3.2 节中除可加性之外的所有性质. 为了证明 $\Pi_X \geqslant E[X]$, 由 $\rho \geqslant 1$ 可知对于任意的 $x > 0$,

$$1 - F(x) \leqslant [1 - F(x)]^{1/\rho},$$

又因为

$$E[X] = \int_0^\infty [1 - F(x)]dx,$$

从而 $\Pi_X \geqslant E[X]$. 下面证明一致性. 令 $Y = X + c$, 则

$$\Pr(Y > x) = \begin{cases} 1, & x < c, \\ 1 - F(x - c), & x \geqslant c, \end{cases}$$

因此

$$
\begin{aligned}
\Pi_Y &= \int_0^\infty [\Pr(Y > x)]^{1/\rho}\, dx \\
&= \int_0^c dx + \int_c^\infty [1 - F(x - c)]^{1/\rho} dx \\
&= c + \int_0^\infty [1 - F(y)]^{1/\rho} dy \\
&= c + \Pi_X.
\end{aligned}
$$

尺度不变性的证明如下. 令 $Z = aX$, 则

$$\Pr(Z > x) = \Pr(X > x/a),$$

因此

$$\begin{aligned}
\Pi_Z &= \int_0^\infty \left[\Pr\left(Z > x\right)\right]^{1/\rho} dx \\
&= \int_0^\infty \left[\Pr\left(X > x/a\right)\right]^{1/\rho} dx \\
&= a \int_0^\infty \left[\Pr\left(X > y\right)\right]^{1/\rho} dy \\
&= a\Pi_X.
\end{aligned}$$

最后证明无敲诈性. 若 x_m 满足 $F(x_m) = 1$, 则

$$\Pi_X = \int_0^{x_m} [1 - F(x)]^{1/\rho} dx \leqslant \int_0^{x_m} dx = x_m.$$

我们可以通过举例证明可加性不成立. 设 X_1 和 X_2 为独立同分布的风险变量, 且

$$\Pr(X_1 = 0) = \Pr(X_1 = 1) = 0.5.$$

令风险指数 $\rho = 2$, 则 $\Pi_{X_1} = \Pi_{X_2} = 0.5^{1/2}$, $\Pi_{X_1+X_2} = 0.5(1 + 3^{1/2})$. 通过简单计算可知 $\Pi_{X_1} + \Pi_{X_2} > \Pi_{X_1+X_2}$.

3.4　注释与参考文献

保险人应该使用哪一种保费准则? 目前为止我们还没有对此作答, 这是因为该问题没有正确答案. 通过前面章节的讨论, 我们发现有些保费准则要比其他保费准则具有更多的优良性质. 虽然不能单从数学角度来确定保险公司承保风险所收取的保费, 但对于公司而言, 根据给定的风险变量来判断其性质, 再选择满足这些性质的计算准则是合理的.

许多有关精算的文献, 尤其是 Goovaerts 等 (1984), 都提到了保费准则及其性质. Bühlmann (1980) 运用经济学方法推导了 Esscher 保费准则, 而 Gerber (1979) 详细讨论了指数准则的性质, 特别地, 他证明了零效用准则具有可加性当且仅当它为净保费准则或指数准则. 另外, Wang (1995) 详细讨论了风险调节保费准则的性质.

3.5　习　　题

1. 对于风险变量 X_1 和 X_2 (可能相依), 若 $\Pi_{X_1+X_2} \leqslant \Pi_{X_1} + \Pi_{X_2}$, 则称该保费准则具有次可加性. 在什么条件下方差准则具有次可加性?

2. 对于风险变量 X, 均值保费准则定义如下:

$$\Pi_X = v^{-1}\left(E[v(X)]\right),$$

其中对于 $x > 0$, 函数 v 满足条件 $v'(x) > 0$, $v''(x) \geqslant 0$.

(a) 当 $v(x) = x^2$ 且 $X \sim \gamma(2, 2)$ 时, 计算 Π_X;

(b) 举一反例说明该准则不具有一致性.

3. 设 X_1 的分布律为

$$\Pr(X_1 = 80) = 0.5 = 1 - \Pr(X_1 = 120),$$

X_2 的分布律为

$$\Pr(X_2 = 90) = 0.6 = 1 - \Pr(X_2 = 120).$$

当保险人的当前财富值为 300 时, 利用零效用准则计算保费, 其中效用函数为

$$u(x) = x - 0.001x^2, \quad x < 500.$$

计算 Π_{X_1}, Π_{X_2} 和 $\Pi_{X_1+X_2}$, 并由此验证零效用准则不具有可加性.

4. 设 F 为服从泊松分布 $P(\lambda)$ 的随机变量的分布函数, 求 F 在参数 h 下的 Esscher 变换.

5. 设随机变量 $X \sim \gamma(2, 0.01)$. 若已知 $\Pi_X = 250$ 且 Π_X 是根据参数为 h 的 Esscher 保费准则计算的, 求 h.

6. 设随机变量 X 服从 $(5, 15)$ 上的均匀分布, 根据风险调节保费准则计算 Π_X, 其中风险调节指数为 1.2.

7. 考虑风险调节保费准则和公式 (3.4), 证明当 $\rho > 1$ 时, 附加在 f 上的权重是 x 的增函数.

8. 设随机变量 Y 服从平移帕累托分布, 其分布函数为

$$F(x) = 1 - \frac{10^4}{x^2}, \quad x > 100.$$

若该风险变量的风险调节保费为 400, 求 ρ 的值.

9. 利用参数为 β 的指数准则计算风险变量 X 的保费, 并将其记为 $\Pi_X(\beta)$.

(a) 证明 $\lim\limits_{\beta \to 0^+} \Pi_X'(\beta) = \frac{1}{2}V[X]$;

(b) 证明 $(\beta^2\Pi_X'(\beta))' > 0$, 并由此推断 $\Pi_X(\beta)$ 为 β 的增函数. (提示: 运用 Esscher 变换中的结论.)

第4章 聚合风险模型

4.1 引　言

本章我们考虑一般保险风险在短期 (时间通常为一年) 内引起的累积索赔. 我们用 "风险" 来描述一组同类保单, 尽管该术语也可以用于单个保单. 正如第 1 章所指出的, 在保单签发初期保险人不知道将会发生多少次索赔以及每次索赔的金额, 因此, 有必要构建一个考虑这两种变量的模型. 为了便于陈述, 下面只考虑时间区间为一年的索赔情况, 但也可以使用任意的时间单位.

在 4.2 节中我们首先用随机变量 S 对累积索赔进行建模, 并推导 S 的分布函数和矩, 然后考虑 S 服从复合泊松分布这一重要特例, 并给出独立的复合泊松随机变量的和的重要结论. 在 4.4 节中, 我们分别从保险人和再保险人的角度考虑再保险对累积索赔的影响.

本章剩余部分介绍了一个重要的现实问题, 即累积索赔分布的计算. 在 4.5 节中, 我们介绍了索赔次数所属的几种计数分布类, 其重要性体现在当假定某风险下的单个索赔额为离散型随机变量时, 可以递推计算累积索赔的分布律. 最后, 本章介绍了累积索赔分布的两种近似计算方法.

4.2 模　型

我们定义随机变量 S 为某一风险一年内发生的累积索赔额 (即总索赔额). 令随机变量 N 表示这一年内该风险下发生索赔的次数, 随机变量 X_i 表示第 i 次索赔额. 累积索赔额即为单个索赔额之和, 记为

$$S = \sum_{i=1}^{N} X_i,$$

其中当 $N = 0$ 时, $S = 0$ (若没有索赔发生, 累积索赔额显然为 0). 在本章中, 我们将用均值大于零的非负随机变量对单个索赔额进行建模.

该模型有两个重要假设. 第一, 假设 $\{X_i\}_{i=1}^{\infty}$ 是一个独立同分布的随机变量序列; 第二, 假设随机变量 N 独立于 $\{X_i\}_{i=1}^{\infty}$. 这两个假设表明任一索赔额都不依赖于其他索赔额, 并且索赔额的分布在这一年内不会发生改变, 它们也说明索赔次数不会影响索赔额.

通常而言, 风险是一类保单的投资组合, 当把风险看成一个整体时, 可以将其称为聚合风险模型. 特别地, 我们将根据保单组合来计算索赔次数, 而不是单个保单.

4.2.1 S 的分布

首先介绍一些符号. 令 $G(x) = \Pr(S \leqslant x)$ 表示累积索赔的分布函数, $F(x) = \Pr(X_1 \leqslant x)$ 表示单个索赔额的分布函数. 令 $p_n = \Pr(N = n)$, 则 $\{p_n\}_{n=0}^{\infty}$ 表示索赔次数的分布律.

若发生 n 次索赔且 n 次索赔总额不超过 x, 其中 $n = 0, 1, 2, \cdots$, 则事件 $\{S \leqslant x\}$ 发生, 由此可推导出 S 的分布函数. 事件 $\{S \leqslant x\}$ 可表示为互斥事件 $\{S \leqslant x$ 且 $N = n\}$ 的并, 即

$$\{S \leqslant x\} = \bigcup_{n=0}^{\infty} \{S \leqslant x \text{ 且 } N = n\},$$

由此得

$$G(x) = \Pr(S \leqslant x) = \sum_{n=0}^{\infty} \Pr\left(S \leqslant x \text{ 且 } N = n\right).$$

又因为

$$\Pr\left(S \leqslant x \text{ 且 } N = n\right) = \Pr\left(S \leqslant x \,|\, N = n\right) \Pr(N = n)$$

和

$$\Pr\left(S \leqslant x \,|\, N = n\right) = \Pr\left(\sum_{i=1}^{n} X_i \leqslant x\right) = F^{n*}(x),$$

所以, 对于 $x \geqslant 0$,

$$G(x) = \sum_{n=0}^{\infty} p_n F^{n*}(x). \tag{4.1}$$

由第 1 章可知, 当 $x \geqslant 0$ 时, $F^{0*}(x)$ 为 1, 否则为 0.

原则上, 等式 (4.1) 提供了一种计算累积索赔分布的方法. 然而在实务中, 很多单个索赔额分布, 例如帕累托分布和对数正态分布, 其卷积 F^{n*} 的闭合表达式是不存在的. 即使闭合表达式存在, 等式 (4.1) 中的分布函数仍然为一个无穷项求和.

运用类似的讨论, 假设单个索赔额分布为正整数, 其分布律为

$$f_j = F(j) - F(j-1), \quad j = 1, 2, 3, \cdots,$$

则 S 的分布律 $\{g_x\}_{x=0}^{\infty}$ 可表示为 $g_0 = p_0$,

$$g_x = \sum_{n=1}^{\infty} p_n \, f_x^{n*}, \quad x = 1, 2, 3, \cdots, \tag{4.2}$$

其中 $f_x^{n*} = \Pr\left(\sum_{i=1}^{n} X_i = x\right)$. 公式 (4.2) 并不比公式 (4.1) 更实用. 当 N 服从某些特定分布时, 将 g_0 作为初值, 可利用递推公式计算 g_x, 其中 $x = 1, 2, 3, \cdots$. 在 4.5 节 ~ 4.7 节中, 我们将对该方法进行详细讨论.

4.2.2　S 的矩

S 的矩和矩母函数可以利用条件期望的相关结论来进行计算. 对于任意的两个随机变量 Y 和 Z, 假设它们的矩存在, 则

$$E[Y] = E[E(Y|Z)], \tag{4.3}$$

$$V[Y] = E[V(Y|Z)] + V[E(Y|Z)]. \tag{4.4}$$

由公式 (4.3) 得

$$E[S] = E[E(S|N)].$$

记 $m_k = E[X_1^k]$, 其中 $k = 1, 2, 3, \cdots$. 我们有

$$E[S|N=n] = E\left[\sum_{i=1}^{n} X_i\right] = \sum_{i=1}^{n} E[X_i] = nm_1.$$

由于上述等式对于 $n = 0, 1, 2, \cdots$ 都成立, 因此 $E[S|N] = Nm_1$, 且

$$E[S] = E[Nm_1] = E[N]m_1. \tag{4.5}$$

这个结论非常重要, 因为它将累积索赔额的期望表示为索赔次数的期望和单个索赔额的期望的乘积.

类似地, 根据 $\{X_i\}_{i=1}^{\infty}$ 的独立性, 有

$$V[S|N=n] = V\left[\sum_{i=1}^{n} X_i\right] = \sum_{i=1}^{n} V[X_i] = n\left(m_2 - m_1^2\right),$$

因此 $V[S|N] = N\left(m_2 - m_1^2\right)$. 利用公式 (4.4) 可得

$$
\begin{aligned}
V[S] &= E[V(S|N)] + V[E(S|N)] \\
&= E\left[N\left(m_2 - m_1^2\right)\right] + V[Nm_1] \\
&= E[N]\left(m_2 - m_1^2\right) + V[N]m_1^2.
\end{aligned} \tag{4.6}
$$

虽然公式 (4.6) 不像公式 (4.5) 那样有通俗的解释, 但它表明 S 的方差可以由索赔次数分布和单个索赔额分布的均值和方差来表示.

同理, 根据 $\{X_i\}_{i=1}^{\infty}$ 的独立性, 可得 S 的矩母函数. 我们有

$$M_S(t) = E[e^{tS}] = E[E(e^{tS}|N)]$$

和

$$E\left[e^{tS}\,|\,N=n\right] = E\left[\exp\left\{t\sum_{i=1}^{n}X_i\right\}\right] = \prod_{i=1}^{n}E\left[\exp\left\{tX_i\right\}\right].$$

进一步, 当 $\{X_i\}_{i=1}^{\infty}$ 同分布时, 有

$$E\left[e^{tS}|N=n\right] = M_X(t)^n,$$

其中 $M_X(t) = E\left[\exp\left\{tX_1\right\}\right]$. 因此

$$\begin{aligned}
M_S(t) &= E\left[M_X(t)^N\right] \\
&= E\left[\exp\left\{\log M_X(t)^N\right\}\right] \\
&= E\left[\exp\left\{N\log M_X(t)\right\}\right] \\
&= M_N\left[\log M_X(t)\right],
\end{aligned} \tag{4.7}$$

即 M_S 可由 M_N 和 M_X 来表示.

类似地, 设 X_1 是分布在非负整数上且概率母函数为 P_X 的离散型随机变量, 由以上论述可得

$$P_S(r) = P_N[P_X(r)],$$

其中 P_S 和 P_N 分别表示 S 和 N 的概率母函数.

在得到上述结论的过程中, 我们假设所有相关的特征量都是存在的, 然而, 从第 1 章中可知矩和矩母函数只在某些特定条件下存在. 例如, 当 X_1 的二阶矩不存在时, S 的二阶矩也不存在.

4.3 复合泊松分布

当 N 服从参数为 λ 的泊松分布时, 称 S 服从参数为 λ 和 F 的复合泊松分布, 并且当索赔次数服从其他分布时也可以运用类似的术语定义. 由于 $P(\lambda)$ 分布的均值和方差都为 λ, 因此由公式 (4.5) 和 (4.6) 可知, 当 S 服从复合泊松分布时,

$$E[S] = \lambda m_1, \quad V[S] = \lambda m_2,$$

三阶中心矩为

$$E\left[(S - \lambda m_1)^3\right] = \lambda m_3. \tag{4.8}$$

为了推导公式 (4.8), 先利用公式 (1.1) 和 (4.7) 得到 S 的矩母函数

$$M_S(t) = \exp\left\{\lambda\left(M_X(t) - 1\right)\right\}.$$

然后对上式两边同时关于 t 求导得

$$M_S'(t) = \lambda M_X'(t) M_S(t),$$

$$M_S''(t) = \lambda M_X''(t) M_S(t) + \lambda M_X'(t) M_S'(t)$$

和

$$M_S'''(t) = \lambda M_X'''(t) M_S(t) + 2\lambda M_X''(t) M_S'(t) + \lambda M_X'(t) M_S''(t). \tag{4.9}$$

在公式 (4.9) 中令 $t = 0$, 可得

$$
\begin{aligned}
E\left[S^3\right] &= \lambda m_3 + 2\lambda m_2 E[S] + \lambda m_1 E[S^2] \\
&= \lambda m_3 + 2V[S]E[S] + E[S]E[S^2] \\
&= \lambda m_3 + 3E[S]E[S^2] - 2E[S]^3,
\end{aligned}
$$

由此易得公式 (4.8).

在 4.8 节关于近似方法的讨论中, 将用到关于复合泊松分布的一个重要知识点: 当 $\Pr(X_1 < 0) = 0$ 且 $m_1 > 0$ 时 (此时 $m_k > 0$, $k = 2, 3, 4, \cdots$),

$$Sk[S] = \frac{E\left[(S - \lambda m_1)^3\right]}{V[S]^{3/2}} = \frac{\lambda m_3}{(\lambda m_2)^{3/2}} > 0,$$

即偏度系数是正的.

例 4.1　设 S 服从泊松参数为 100 的复合泊松分布, 并且设单个索赔额的分布为 $Pa(4, 1500)$. 计算 $E[S]$, $V[S]$ 和 $Sk[S]$.

解 4.1　根据第 1 章中的内容 (1.3.3 小节和习题 5), 我们知道当 $X \sim Pa(\alpha, \beta)$ 时, $E[X] = \beta/(\alpha - 1)$, $E[X^2] = 2\beta^2/(\alpha - 1)(\alpha - 2)$ 以及 $E[X^3] = 6\beta^3/(\alpha - 1)(\alpha - 2)(\alpha - 3)$. 因此

$$E[S] = 100 \times \frac{1500}{3} = 50000,$$

$$V[S] = 100 \times \frac{2 \times 1500^2}{6} = 7.5 \times 10^7$$

和

$$E\left[(S - E[S])^3\right] = 100 \times 1500^3 = 1.5^3 \times 10^{11}.$$

由此可得

$$Sk[S] = \frac{1.5^3 \times 10^{11}}{(7.5 \times 10^7)^{3/2}} = 0.5196.$$

复合泊松随机变量的一个重要性质是: 独立但不同分布的复合泊松随机变量之和仍然是一个复合泊松随机变量. 例如, 设 $\{S_i\}_{i=1}^n$ 为一组独立的复合泊松随机变量, 它们的参数分别为 λ_i 和 F_i, 并且记 $\mathcal{S} = \sum_{i=1}^n S_i$, 则 $\mathcal{S}$ 服从参数为 Λ 和 $\mathcal{F}$ 的复合泊松分布, 其中 $\Lambda = \sum_{i=1}^n \lambda_i$,

$$\mathcal{F}(x) = \frac{1}{\Lambda} \sum_{i=1}^n \lambda_i F_i(x). \tag{4.10}$$

为了证明这一点, 利用 $\mathcal{S}$ 的矩母函数及 $\{S_i\}_{i=1}^n$ 的独立性可得

$$E\left[\exp\{t\mathcal{S}\}\right] = E\left[\exp\{t(S_1 + \cdots + S_n)\}\right] = \prod_{i=1}^n E\left[\exp\{tS_i\}\right].$$

设具有分布函数 F_i 的随机变量的矩母函数为 M_i, 由于 S_i 服从复合泊松分布, 则有

$$E\left[\exp\{tS_i\}\right] = \exp\{\lambda_i\left(M_i(t) - 1\right)\},$$

从而

$$
\begin{aligned}
E\left[\exp\{t\mathcal{S}\}\right] &= \prod_{i=1}^n \exp\{\lambda_i\left(M_i(t) - 1\right)\} \\
&= \exp\left\{\sum_{i=1}^n \lambda_i\left(M_i(t) - 1\right)\right\} \\
&= \exp\left\{\Lambda\left(\sum_{i=1}^n \frac{\lambda_i M_i(t)}{\Lambda} - 1\right)\right\}.
\end{aligned}
$$

根据矩母函数的唯一性和分布函数 $\mathcal{F}$ 对应的矩母函数, 可得

$$\int_0^\infty e^{tx} d\mathcal{F}(x) = \frac{1}{\Lambda} \sum_{i=1}^n \lambda_i \int_0^\infty e^{tx} dF_i(x) = \sum_{i=1}^n \frac{\lambda_i M_i(t)}{\Lambda}.$$

综上即得结论.

上述结论十分重要, 它不仅适用于聚合风险模型, 也适用于第 5 章中的个体风险模型.

例 4.2 设 S_1 服从参数为 $\lambda_1 = 10$ 的复合泊松分布, 且单个索赔额的分布函数为 F_1, 其中 $F_1(x) = 1 - e^{-x}$, $x \geqslant 0$. 设 S_2 服从参数为 $\lambda_2 = 15$ 的复合泊松分布, 且单个索赔额的分布函数为 F_2, 其中 $F_2(x) = 1 - e^{-x}(1+x)$, $x \geqslant 0$. 假设 S_1 和 S_2 相互独立, 求 $S_1 + S_2$ 的分布.

解 4.2   由上述结论可知 $S_1 + S_2$ 服从复合泊松分布, 其泊松参数为 $\lambda_1 + \lambda_2 = 25$. 根据公式 (4.10) 可知单个索赔额的分布函数为

$$
\begin{aligned}
\mathcal{F}(x) &= \frac{\lambda_1}{\lambda_1 + \lambda_2} F_1(x) + \frac{\lambda_2}{\lambda_1 + \lambda_2} F_2(x) \\
&= \frac{2}{5} \left(1 - e^{-x} \right) + \frac{3}{5} \left(1 - e^{-x}(1+x) \right) \\
&= 1 - e^{-x} \left(1 + \frac{3}{5}x \right).
\end{aligned}
$$

4.4   再保险的影响

在第 1 章中, 我们已经介绍了比例再保险与超额赔款再保险, 而在本节我们讨论这样的再保险协议对累积索赔的影响. 注意到对于所有的再保险协议, 累积索赔都是由保险人与再保险人共同承担的, 因此可以将 S 写为 $S_I + S_R$, 其中 S_I 表示保险人的累积赔付额, 即扣除再保险之后的赔付总额, 而 S_R 表示再保险人的累积赔付额.

4.4.1   比例再保险

在自留比例为 a 的比例再保险合同下, 保险人赔付比例为 a, 因此, 保险人的净累积赔付额为

$$
S_I = \sum_{i=1}^{N} a X_i = aS.
$$

当 $S = 0$ 时, 有 $S_I = 0$. 类似地, $S_R = (1-a)S$.

例 4.3   某风险下的累积索赔额服从泊松参数为 100 的复合泊松分布, 其中单个索赔额服从均值为 1000 的指数分布. 保险人购买了自留比例为 0.8 的比例再保险. 求 S_R 的分布.

解 4.3   由于再保险人承担每次索赔的 20%, 所以 S_R 服从参数为 100 的复合泊松分布, 其中单个索赔额服从均值为 200 的指数分布.

例 4.4   某一风险下的累积索赔额的均值为 μ, 标准差为 σ. 在该风险下保险人购买了自留比例为 a 的比例再保险. 求 $Cov(S_I, S_R)$.

解 4.4   因为 $E[S_I] = a\mu$, $E[S_R] = (1-a)\mu$, 由定义可知

$$
Cov(S_I, S_R) = E\left[(S_I - a\mu)(S_R - (1-a)\mu) \right].
$$

又因为 $S_I = aS$, $S_R = (1-a)S$, 则有

$$Cov(S_I, S_R) = E\left[a(S-\mu)(1-a)(S-\mu)\right]$$
$$= a(1-a)E\left[(S-\mu)^2\right]$$
$$= a(1-a)\sigma^2.$$

4.4.2 超额赔款再保险

假定针对某一聚合风险 S, 保险人购买了自留额为 M 的超额赔款再保险, 则

$$S_I = \sum_{i=1}^{N} \min(X_i, M),$$

其中当 $N = 0$ 时, $S_I = 0$. 同时, 我们有

$$S_R = \sum_{i=1}^{N} \max(0, X_i - M), \tag{4.11}$$

其中当 $N = 0$ 时, $S_R = 0$.

值得注意的是即使 N 大于 0, S_R 也可能等于 0. 该情况的出现是由于当 $n > 0$ 次索赔发生且 n 次索赔中的每次索赔额都小于 M 时, 保险人每次都要进行全额赔付. 因此, 有两种方法可以用来研究再保险人的累积赔付额. 第一种方法是根据公式 (4.11), 该情况可以解释为当保险人发生赔付时, 再保险人也发生赔付, 其中将 0 也看成一种可能的赔付额. 第二种方法是只计算赔付额超出 M 的索赔 (对保险人而言), 因为只有这些索赔才会引起再保险人的非零赔付. 因此, S_R 的另一种写法为

$$S_R = \sum_{i=1}^{N_R} \hat{X}_i,$$

其中当 $N_R = 0$ 时, $S_R = 0$. 上式中, N_R 表示再保险人进行非零赔付的次数, $\hat{X}_i$ 表示再保险人的第 i 次赔付额, 并且根据公式 (1.13) 有

$$\Pr\left(\hat{X}_i \leqslant x\right) = \frac{F(x+M) - F(M)}{1 - F(M)}.$$

为了寻找 N_R 的分布, 我们引入独立同分布的示性随机变量序列 $\{I_j\}_{j=1}^{\infty}$, 其中当 $X_j > M$ 时, $I_j = 1$, 此时再保险人存在非零赔付, 否则 I_j 取值为 0. 由定义知

$$\Pr(I_j = 1) = \Pr(X_j > M) = 1 - F(M) \overset{def}{=} \pi_M$$

且

$$N_R = \sum_{i=1}^{N} I_j,$$

其中当 $N = 0$ 时, $N_R = 0$. 由于 N_R 服从一个复合分布, 则其概率母函数为

$$P_{N_R}(r) = P_N \left[P_I(r) \right],$$

其中 P_I 为示性变量的概率母函数, 且

$$P_I(r) = 1 - \pi_M + \pi_M r.$$

例 4.5   设 $N \sim P(\lambda)$, 求 N_R 的分布.

解 4.5   由于

$$P_N(r) = \exp \left\{ \lambda \left(r - 1 \right) \right\},$$

则

$$P_{N_R}(r) = \exp \left\{ \lambda \left(1 - \pi_M + \pi_M r - 1 \right) \right\}$$
$$= \exp \left\{ \lambda \pi_M \left(r - 1 \right) \right\}.$$

因此根据概率母函数的唯一性可知 $N_R \sim P(\lambda \pi_M)$.

例 4.6   设 $N \sim NB(k, p)$, 求 N_R 的分布.

解 4.6   由于

$$P_N(r) = \left(\frac{p}{1 - qr} \right)^k,$$

其中 $q = 1 - p$, 则

$$P_{N_R}(r) = \left(\frac{p}{1 - q \left(1 - \pi_M + \pi_M r \right)} \right)^k$$
$$= \left(\frac{p}{p + q\pi_M - q\pi_M r} \right)^k. \tag{4.12}$$

记 $p^* = p/(p + q\pi_M)$, $q^* = q\pi_M/(p + q\pi_M) = 1 - p^*$. 将公式 (4.12) 中的分子分母同时除以 $p + q\pi_M$ 得

$$P_{N_R}(r) = \left(\frac{p^*}{1 - q^* r} \right)^k,$$

由此知 $N_R \sim NB(k, p^*)$.

例 4.7   某风险下的累积索赔额服从泊松参数为 200 的复合泊松分布, 其中单个索赔额的分布为 $Pa(3, 300)$, 即

$$F(x) = 1 - \left(\frac{300}{300 + x} \right)^3, \quad x \geqslant 0.$$

在该风险下保险人购买了自留额为 300 的超额赔款再保险. 请用两种方法计算再保险人的累积赔付额的均值和方差.

解 4.7 在第一种方法中, S_R 服从泊松参数为 200 的复合泊松分布, 且单个赔付额与随机变量 $\max(0, X - 300)$ 同分布, 其中 $X \sim F$. 首先有

$$
\begin{aligned}
E[S_R] &= 200 E[\max(0, X - 300)] \\
&= 200 \int_{300}^{\infty} (x - 300) \frac{3 \times 300^3}{(300 + x)^4} dx \\
&= 200 \int_0^{\infty} y \frac{3 \times 300^3}{(y + 600)^4} dy \\
&= \frac{200}{8} \int_0^{\infty} y \frac{3 \times 600^3}{(y + 600)^4} dy \\
&= 7500.
\end{aligned}
$$

由于上式的最后一个积分是 $Pa(3, 600)$ 分布的均值的表达式, 因此该积分为 300. 其次,

$$
\begin{aligned}
V[S_R] &= 200 E[\max(0, X - 300)^2] \\
&= 200 \int_{300}^{\infty} (x - 300)^2 \frac{3 \times 300^3}{(300 + x)^4} dx \\
&= \frac{200}{8} \int_0^{\infty} y^2 \frac{3 \times 600^3}{(y + 600)^4} dy \\
&= 9 \times 10^6.
\end{aligned}
$$

在第二种方法中, S_R 也服从一个复合泊松分布, 其泊松参数为

$$
200(1 - F(300)) = 200 \left(\frac{1}{2} \right)^3 = 25,
$$

且单个赔付额的分布与 $\hat{X}$ 相同, 其中

$$
\Pr(\hat{X} \leqslant x) = \frac{F(x + 300) - F(300)}{1 - F(300)} = 1 - \left(\frac{600}{600 + x} \right)^3,
$$

即 $\hat{X} \sim Pa(3, 600)$. 易得

$$
E[S_R] = 25 E[\hat{X}] = 25 \times 300 = 7500
$$

和

$$
V[S_R] = 25 E[\hat{X}^2] = 25 \times 600^2 = 9 \times 10^6.
$$

4.5 累积索赔分布的递推计算

本节中, 我们将推导 Panjer 递推公式. 当单个索赔额在非负整数上取值且索赔次数的分布属于 $(a, b, 0)$ 类时, 可以利用该公式递推计算累积索赔分布. 首先通过定义这种分布类来引出本节内容.

4.5.1 $(a, b, 0)$ 类

称一计数分布属于 $(a, b, 0)$ 类, 如果它的分布律 $\{p_n\}_{n=0}^{\infty}$ 可由以下公式递推计算:

$$p_n = \left(a + \frac{b}{n}\right) p_{n-1}, \quad n = 1, 2, 3, \cdots, \tag{4.13}$$

其中 a 和 b 均为常数. 在该定义中, 递推计算的初值为 p_0, 且假定它大于 0, 而 $(a, b, 0)$ 类中的术语 "0" 即表示递推计算的起点.

在 $(a, b, 0)$ 类中有三种非平凡分布, 即泊松分布、二项分布和负二项分布. 为了说明这点, 注意到公式 (4.13) 中的递推算法从下式开始,

$$p_1 = (a + b) p_0,$$

因此要求 $a + b \geqslant 0$, 否则 p_1 将取负值. $(a, b, 0)$ 类中的分布可以通过考虑 a 和 b 的取值来进行判别, 具体过程如下.

首先, 假设 $a + b = 0$. 当 $n = 1, 2, 3, \cdots$ 时, 有 $p_n = 0$, 又因为 $\sum_{n=0}^{\infty} p_n = 1$, 所以 p_0 必为 1, 从而分布在 0 处退化.

其次, 我们考虑 $a = 0$ 的情况. 当 $n = 1, 2, 3, \cdots$ 时, $p_n = (b/n) p_{n-1}$, 因此

$$p_n = \frac{b}{n} \frac{b}{n-1} \cdots \frac{b}{2} b p_0 = \frac{b^n}{n!} p_0.$$

注意到 $\sum_{n=0}^{\infty} p_n = 1$, 并利用

$$\sum_{n=0}^{\infty} p_n = p_0 \sum_{n=0}^{\infty} \frac{b^n}{n!} = p_0 e^b,$$

可得 $p_0 = e^{-b}$. 因此, 当 $a = 0$ 时, 所得分布是均值为 b 的泊松分布.

接下来, 我们考虑 $a > 0$ 且 $a \neq -b$ 的情况, 此时 $a + b > 0$. 通过重复利用公式 (4.13), 有

$$
\begin{aligned}
p_n &= \left(a + \frac{b}{n}\right) \left(a + \frac{b}{n-1}\right) \cdots \left(a + \frac{b}{2}\right) (a + b) p_0 \\
&= \frac{(an + b)(a(n-1) + b) \cdots (2a + b)(a + b)}{n(n-1) \cdots 2} p_0 \\
&= \frac{a^n}{n!} \left(n + \frac{b}{a}\right) \left(n - 1 + \frac{b}{a}\right) \cdots \left(2 + \frac{b}{a}\right) \left(1 + \frac{b}{a}\right) p_0.
\end{aligned}
$$

将 $1 + b/a$ 记为 α, 则有

$$p_n = \frac{a^n}{n!} (n - 1 + \alpha)(n - 2 + \alpha) \cdots (1 + \alpha)\alpha p_0$$

$$= \binom{\alpha + n - 1}{n} a^n p_0. \tag{4.14}$$

为了识别某一分布, 注意到 $p_0 > 0$ 时要求 $\sum_{n=1}^{\infty} p_n < 1$. 通过比例判别法知, 若

$$\lim_{n \to \infty} \left| \frac{p_n}{p_{n-1}} \right| < 1,$$

则序列绝对收敛. 如果 $|a| < 1$ (又由假设 $a > 0$ 知, 该条件退化为 $a < 1$), 则由 $p_n = (a + b/n)p_{n-1}$ 知序列是绝对收敛的, 因此

$$p_0 + p_0 \sum_{n=1}^{\infty} \binom{\alpha + n - 1}{n} a^n = 1.$$

根据 1.2.3 小节中的公式 (1.3), $NB(k, p)$ 的分布律可以表示为

$$p^k \sum_{n=1}^{\infty} \binom{k + n - 1}{n} q^n = 1 - p^k,$$

其中 $p + q = 1$. 从而, $p_0 = (1 - a)^\alpha$, NB 是参数为 $1 - a$ 的负二项分布, 其中 $0 < a < 1$, $\alpha = 1 + b/a$.

最后我们考虑 $a + b > 0$ 且 $a < 0$ 的情形. 由于 $a < 0$, 则一定存在某一正整数 κ 满足

$$a + \frac{b}{\kappa + 1} = 0,$$

由此可知当 $n = \kappa + 1, \kappa + 2, \cdots$ 时, $p_n = 0$. 如果该结果不成立, 则由 $a < 0$ 和 $b > 0$ 知, 存在最小的 n 使得 $a + b/n$ 小于 0, 从而 p_n 为负. 类似上述的第三种情形, 推导可得

$$p_n = \frac{a^n}{n!} \left(n + \frac{b}{a}\right) \left(n - 1 + \frac{b}{a}\right) \cdots \left(2 + \frac{b}{a}\right) \left(1 + \frac{b}{a}\right) p_0,$$

由于 $\kappa = -(1 + b/a)$, 可将上式写为

$$p_n = \frac{a^n}{n!} (-\kappa + n - 1)(-\kappa + n - 2) \cdots (-\kappa + 1)(-\kappa) p_0$$

$$= (-1)^n \frac{a^n}{n!} (\kappa - n + 1)(\kappa - n + 2) \cdots (\kappa - 1)\kappa p_0$$

$$= (-1)^n \frac{a^n}{n!} \frac{\kappa!}{(\kappa - n)!} p_0$$

$$= (-a)^n \binom{\kappa}{n} p_0.$$

又因为 $a < 0$, 因此令 $A = -a > 0$ 可得

$$p_0 + p_0 \sum_{n=1}^{\kappa} \binom{\kappa}{n} A^n = p_0 \sum_{n=0}^{\kappa} \binom{\kappa}{n} A^n = 1.$$

为了得到 p_0, 我们记 $A = p/(1-p)$, 其等价于 $p = A/(1+A) = a/(a-1)$, 从而 $0 < p < 1$. 此时由

$$p_0 \sum_{n=0}^{\kappa} \binom{\kappa}{n} p^n (1-p)^{-n} = 1$$

可得 $p_0 = (1-p)^{\kappa}$, 因此 N 服从参数为 κ 和 $a/(a-1)$ 的二项分布.

表 4.1 给出了 1.2 节中各分布参数化后对应的 a 和 b 的值.

表 4.1　泊松、二项、负二项分布对应的 a 和 b 值

	a	b
$P(\lambda)$	0	λ
$B(n,q)$	$-q/(1-q)$	$(n+1)q/(1-q)$
$NB(k,p)$	$1-p$	$(1-p)(k-1)$

在结束 $(a,b,0)$ 类的讨论前, 我们考虑该分布类下的概率母函数, 所得结论将在 4.5.2 小节中用到. 令

$$P_N(r) = p_0 + \sum_{n=1}^{\infty} r^n p_n.$$

对上式求导得

$$\begin{aligned}
P_N'(r) &= \sum_{n=1}^{\infty} n r^{n-1} p_n \\
&= \sum_{n=1}^{\infty} n r^{n-1} \left(a + \frac{b}{n} \right) p_{n-1} \\
&= a \sum_{n=1}^{\infty} n r^{n-1} p_{n-1} + b \sum_{n=1}^{\infty} r^{n-1} p_{n-1} \\
&= a \sum_{n=1}^{\infty} n r^{n-1} p_{n-1} + b P_N(r).
\end{aligned}$$

利用等式 $n = n - 1 + 1$, 有

$$\begin{aligned}
a \sum_{n=1}^{\infty} n r^{n-1} p_{n-1} &= a \sum_{n=1}^{\infty} (n-1) r^{n-1} p_{n-1} + a \sum_{n=1}^{\infty} r^{n-1} p_{n-1} \\
&= ar \sum_{n=2}^{\infty} (n-1) r^{n-2} p_{n-1} + a P_N(r) \\
&= ar P_N'(r) + a P_N(r),
\end{aligned}$$

因此

$$P'_N(r) = arP'_N(r) + (a + b) P_N(r). \tag{4.15}$$

该微分方程是可解的, 但在下文中并没有用到它的解, 因此我们略去该细节.

4.5.2 Panjer 递推公式

Panjer 递推公式是风险理论中的一个十分重要的结论, 它不仅可以用于计算累积索赔分布, 而且在第 7 章破产理论中也有应用. 当计数分布属于 $(a, b, 0)$ 类时, 若单个索赔额分布是离散型的且分布律为 $\{f_j\}_{j=0}^\infty$, 则利用该递推公式可以计算累积索赔额的分布律. 到目前为止, 我们已假定单个索赔额服从某一连续型分布, 例如对数正态或帕累托分布. 确实, 我们还未用离散分布对单个索赔额进行建模, 关于该问题将在 4.7 节进行讨论. 此时先简要指出 $f_0 > 0$ 这个条件是有用的, 因为即使是在单个索赔中, 索赔额为零的情况在实务中并不构成索赔, 而在 4.7 节和 7.9.1 小节中我们将解释为什么这个看似人为的条件是有用的.

由于假设单个索赔额是分布在非负整数上的, 因此 S 也是分布在非负整数上的. 另外, 由于 $S = \sum_{i=1}^N X_i$, 从而 $S = 0$ 当且仅当 $N = 0$ 或当 $N = n$ 时 $\sum_{i=1}^n X_i = 0$. 又因为 $\sum_{i=1}^n X_i = 0$ 当且仅当每个 $X_i = 0$, 因此根据独立性得

$$\Pr\left(\sum_{i=1}^n X_i = 0\right) = f_0^n.$$

由 4.2.1 小节中的结论可知

$$g_0 = p_0 + \sum_{n=1}^\infty p_n f_0^n = P_N(f_0). \tag{4.16}$$

由 4.2.2 小节可知, S 的概率母函数可表示为

$$P_S(r) = P_N[P_X(r)], \tag{4.17}$$

上式两边同时关于 r 求导可得

$$P'_S(r) = P'_N[P_X(r)] P'_X(r). \tag{4.18}$$

将公式 (4.15) 中的 r 用 $P_X(r)$ 替代, 并将结果代入到上式可得

$$P'_S(r) = (aP_X(r)P'_N[P_X(r)] + (a + b)P_N[P_X(r)]) P'_X(r),$$

再利用公式 (4.17) 和 (4.18) 得

$$P'_S(r) = aP_X(r)P'_S(r) + (a + b)P_S(r)P'_X(r). \tag{4.19}$$

P_S 和 P_X 都为概率母函数, 且具有如下表达式:

$$P_S(r) = \sum_{j=0}^{\infty} r^j g_j, \quad P_X(r) = \sum_{k=0}^{\infty} r^k f_k,$$

因此

$$P_S'(r) = \sum_{j=0}^{\infty} j\, r^{j-1} g_j, \quad P_X'(r) = \sum_{k=0}^{\infty} k\, r^{k-1} f_k.$$

利用等式 (4.19) 可得

$$\sum_{j=0}^{\infty} j\, r^{j-1} g_j = a \left(\sum_{k=0}^{\infty} r^k f_k \right) \left(\sum_{j=0}^{\infty} j\, r^{j-1} g_j \right) + (a+b) \left(\sum_{j=0}^{\infty} r^j g_j \right) \left(\sum_{k=0}^{\infty} k\, r^{k-1} f_k \right).$$

上式两边同时乘以 r 得

$$\sum_{j=0}^{\infty} j\, r^{j} g_j = a \left(\sum_{k=0}^{\infty} r^k f_k \right) \left(\sum_{j=0}^{\infty} j\, r^{j} g_j \right) + (a+b) \left(\sum_{j=0}^{\infty} r^j g_j \right) \left(\sum_{k=0}^{\infty} k\, r^{k} f_k \right).$$

$$(4.20)$$

为了从等式 (4.20) 中得到 g_x, $x = 1, 2, 3, \cdots$ 的表达式, 我们只需要比较等式两边 r 的幂系数. 等式左边 r^x 的系数为 $x g_x$. 对于等式右边的第一项, 将第一个和式中 r^k 的系数与第二个和式中 r^{x-k} 的系数相乘可以得到 r^x 的系数, 其中 $k = 0, 1, 2, \cdots, x$. 因此, 第一项中 r^x 的系数为

$$a \sum_{k=0}^{x} f_k (x-k) g_{x-k}.$$

类似地, 等式右边第二项中 r^x 的系数为

$$(a+b) \sum_{k=0}^{x} k f_k g_{x-k}.$$

因此

$$x g_x = a \sum_{k=0}^{x} f_k (x-k) g_{x-k} + (a+b) \sum_{k=0}^{x} k f_k g_{x-k}$$

$$= a f_0 x g_x + a \sum_{k=1}^{x} f_k (x-k) g_{x-k} + (a+b) \sum_{k=1}^{x} k f_k g_{x-k},$$

从而

$$(1 - a f_0) x g_x = \sum_{k=1}^{x} (a(x-k) + (a+b)k) f_k g_{x-k}$$

或

$$g_x = \frac{1}{1 - af_0} \sum_{k=1}^{x} \left(a + \frac{bk}{x} \right) f_k g_{x-k}. \tag{4.21}$$

公式 (4.21) 即为 Panjer 递推公式, 其中初值 g_0 可由公式 (4.16) 计算得到. 它表明 g_x 可由 $g_0, g_1, \cdots, g_{x-1}$ 表示, 从而分布律可以通过递推方法计算. 在实务中应用该公式时, 计算需要通过计算机进行. 然而, 相对于公式 (4.2) 中计算 g_x 的方法, Panjer 递推公式的优点在于它避免了卷积的计算, 因此从计算角度而言, 后者更加有效.

例 4.8 设 $N \sim P(2)$, 且 $f_j = 0.6(0.4^{j-1})$, 其中 $j = 1, 2, 3, \cdots$. 计算 g_x, 其中 $x = 0, 1, 2, 3$.

解 4.8 由于 $f_0 = 0$, 我们有 $g_0 = p_0$. 另外, 因为 $a = 0, b = 2$, 所以

$$g_x = \frac{2}{x} \sum_{k=1}^{x} k f_k g_{x-k}.$$

因此

$$g_0 = e^{-2} = 0.1353,$$
$$g_1 = 2 f_1 g_0 = 0.1624,$$
$$g_2 = f_1 g_1 + 2 f_2 g_0 = 0.1624,$$
$$g_3 = \frac{2}{3} \left(f_1 g_2 + 2 f_2 g_1 + 3 f_3 g_0 \right) = 0.1429.$$

一般来说, S 的分布函数的递推公式不存在. 一个例外是 N 服从 $p_n = pq^n$, $n = 0, 1, 2, \cdots$ 的几何分布, 此时, $a = q, b = 0$, 且有

$$g_x = \frac{q}{1 - qf_0} \sum_{k=1}^{x} f_k g_{x-k}.$$

对于 $y = 1, 2, 3, \cdots$, 有

$$\begin{aligned} G(y) = \sum_{x=0}^{y} g_x &= g_0 + \sum_{x=1}^{y} \frac{q}{1 - qf_0} \sum_{k=1}^{x} f_k g_{x-k} \\ &= g_0 + \frac{q}{1 - qf_0} \sum_{k=1}^{y} f_k \sum_{x=k}^{y} g_{x-k} \\ &= g_0 + \frac{q}{1 - qf_0} \sum_{k=1}^{y} f_k G(y - k), \end{aligned} \tag{4.22}$$

因此在这种特例下, S 的分布函数仍然可以进行递推计算. 我们将在第 7 章中看到该结论的重要性.

另外, S 的矩也可以通过 Panjer 递推公式进行递推计算. 对于 $r = 1, 2, 3, \cdots$, 我们有

$$
\begin{aligned}
E\left[S^r\right] &= \sum_{x=0}^{\infty} x^r g_x \\
&= \frac{1}{1 - a f_0} \sum_{x=1}^{\infty} x^r \sum_{k=1}^{x} \left(a + \frac{bk}{x}\right) f_k g_{x-k} \\
&= \frac{1}{1 - a f_0} \sum_{k=1}^{\infty} \sum_{x=k}^{\infty} \left(a x^r + bk x^{r-1}\right) f_k g_{x-k} \\
&= \frac{1}{1 - a f_0} \sum_{k=1}^{\infty} f_k \sum_{t=0}^{\infty} \left(a(t+k)^r + bk(t+k)^{r-1}\right) g_t.
\end{aligned}
$$

利用二项展开, 有

$$
\begin{aligned}
\sum_{t=0}^{\infty} (t+k)^r g_t &= \sum_{t=0}^{\infty} \sum_{i=0}^{r} \binom{r}{i} t^i k^{r-i} g_t \\
&= \sum_{i=0}^{r} \binom{r}{i} k^{r-i} \sum_{t=0}^{\infty} t^i g_t \\
&= \sum_{i=0}^{r} \binom{r}{i} k^{r-i} E\left[S^i\right],
\end{aligned}
$$

因此

$$
\begin{aligned}
E\left[S^r\right] &= \frac{1}{1 - a f_0} \sum_{k=1}^{\infty} f_k \left[a \sum_{i=0}^{r} \binom{r}{i} k^{r-i} E\left[S^i\right] + bk \sum_{i=0}^{r-1} \binom{r-1}{i} k^{r-1-i} E\left[S^i\right] \right] \\
&= \frac{1}{1 - a f_0} \left[a \sum_{i=0}^{r} \binom{r}{i} E\left[S^i\right] \sum_{k=1}^{\infty} k^{r-i} f_k + b \sum_{i=0}^{r-1} \binom{r-1}{i} E\left[S^i\right] \sum_{k=1}^{\infty} k^{r-i} f_k \right] \\
&= \frac{1}{1 - a f_0} \left[\sum_{i=0}^{r-1} \left[a \binom{r}{i} + b \binom{r-1}{i} \right] E\left[S^i\right] E\left[X_1^{r-i}\right] + a E\left[S^r\right] \sum_{k=1}^{\infty} f_k \right].
\end{aligned}
$$

由于 $\sum_{k=1}^{\infty} f_k = 1 - f_0$, 对上述等式进行整理可得

$$
E\left[S^r\right] = \frac{1}{1-a} \sum_{i=0}^{r-1} \left[a \binom{r}{i} + b \binom{r-1}{i} \right] E\left[S^i\right] E\left[X_1^{r-i}\right]. \tag{4.23}
$$

例 4.9 利用公式 (4.23) 求泊松参数为 λ 的复合泊松分布的前三阶矩, 其中单个索赔额分布在非负整数上.

解 4.9 对于 $P(\lambda)$, 有 $a = 0$, $b = \lambda$, 因此公式 (4.23) 可化简为

$$E[S^r] = \lambda \sum_{i=0}^{r-1} \binom{r-1}{i} E[S^i] E\left[X_1^{r-i}\right].$$

当 $r = 1$ 时, $E[S] = \lambda E[X_1]$. 当 $r = 2$ 时,

$$\begin{aligned} E[S^2] &= \lambda \left(E[X_1^2] + E[S]E[X_1]\right) \\ &= \lambda E[X_1^2] + E[S]^2. \end{aligned}$$

因此 $V[S] = \lambda E[X_1^2]$. 当 $r = 3$ 时,

$$\begin{aligned} E\left[S^3\right] &= \lambda \left(E\left[X_1^3\right] + 2E[S]E[X_1^2] + E[S^2]E[X_1]\right) \\ &= \lambda E\left[X_1^3\right] + 2E[S]V[S] + E[S^2]E[S] \\ &= \lambda E\left[X_1^3\right] + 3E[S]E[S^2] - 2E[S]^3. \end{aligned}$$

我们发现这些结果与 4.3 节中的结论是一致的. 此外, 三阶矩还可以改写为

$$\begin{aligned} \lambda E\left[X_1^3\right] &= E\left[S^3\right] - 3E[S]E[S^2] + 2E[S]^3 \\ &= E\left[(S - E[S])^3\right]. \end{aligned}$$

4.6 Panjer 递推公式的推广

4.6.1 $(a, b, 1)$ 类

称一个计数分布属于 $(a, b, 1)$ 类, 如果它的分布律可通过以下公式计算得到,

$$q_n = \left(a + \frac{b}{n}\right) q_{n-1}, \quad n = 2, 3, 4, \cdots, \tag{4.24}$$

其中 a 和 b 均为常数. 该类别不同于 $(a, b, 0)$ 类, 因为该递推计算的初值为 q_1 且假定其大于 0, 而 $(a, b, 1)$ 类中的术语 "1" 即表示该递推过程的初始点. 由于 $(a, b, 1)$ 类的递推公式与 $(a, b, 0)$ 类的类似, 因此通过修正 $(a, b, 0)$ 类中的分布在 0 点处的概率质量可以构建 $(a, b, 1)$ 类的分布, 这里介绍两种修正方法. 第一种修正方法称为零点截断法. 设某 $(a, b, 0)$ 类的分布律为 $\{p_n\}_{n=0}^{\infty}$, 其对应的零点截断分布为

$$q_n = \frac{p_n}{1 - p_0}, \quad n = 1, 2, 3, \cdots.$$

例如, 对于参数为 λ 的泊松分布, 其零点截断后的分布律为

$$q_n = \frac{e^{-\lambda}}{1 - e^{-\lambda}} \frac{\lambda^n}{n!}, \quad n = 1, 2, 3, \cdots.$$

第二种修正方法称为零点修正法. 若 $\{p_n\}_{n=0}^{\infty}$ 为 $(a,b,0)$ 类的分布律, 则其对应的零点修正分布为 $q_0 = \alpha$, 其中 $0 < \alpha < 1$, 且

$$q_n = \frac{1-\alpha}{1-p_0}p_n, \quad n = 1,2,3,\cdots.$$

此时, $(a,b,0)$ 类分布律中的 p_0 被概率 α 替代, 其余的概率 $\{p_n\}_{n=1}^{\infty}$ 都通过尺度变换进行了调整. 例如, 对于分布律为 $p_n = pq^n$, $n = 0,1,2,\cdots$ 的几何分布, 其零点修正分布为 $q_0 = \alpha$,

$$q_n = \frac{1-\alpha}{1-p}pq^n = (1-\alpha)pq^{n-1}, \quad n = 1,2,3,\cdots.$$

$(a,b,1)$ 类中包括四种其他分布, 其中两种为第 1 章中习题 1 介绍的对数分布和扩展的截断负二项分布, 后者可表示为

$$q_n = \binom{-r}{n}\frac{(-\theta)^n}{(1-\theta)^{-r}-1}, \quad n = 1,2,3,\cdots,$$

其中 $r > -1$, $0 < \theta < 1$. 由于所有的分布都是定义在正整数上的, 因此可以对上述两种 $(a,b,1)$ 类的分布进行零点修正, 从而得到该类中的另外两种分布.

当计数分布属于 $(a,b,1)$ 类且单个索赔额分布在非负整数上时, 我们可以运用 4.5 节的方法推导累积索赔额的分布律满足的递推计算公式. 设

$$Q_N(r) = \sum_{n=0}^{\infty} r^n q_n.$$

利用 4.5.1 小节中的论述可得

$$Q_N'(r) = [q_1 - (a+b)q_0] + arQ_N'(r) + (a+b)Q_N(r).$$

类似地, 利用 4.5.2 小节中的论述, 有 $P_S(r) = Q_N[P_X(r)]$. 因此

$$P_S'(r) = [q_1 - (a+b)q_0]P_X'(r) + aP_X(r)P_S'(r) + (a+b)P_S(r)P_X'(r),$$

由此可得

$$g_x = \frac{1}{1-af_0}\left(\sum_{j=1}^{x}\left(a+\frac{bj}{x}\right)f_j g_{x-j} + (q_1 - (a+b)q_0)f_x\right), \tag{4.25}$$

其中 $x = 1,2,3,\cdots$. 当 $f_0 > 0$ 时, 递推公式的初值为

$$g_0 = \sum_{n=0}^{\infty} q_n f_0^n = Q_N(f_0). \tag{4.26}$$

当 $f_0 = 0$, $q_0 > 0$ 时, 初值为 $g_0 = q_0$. 当 q_0 和 f_0 都等于 0 时, 初值为

$$g_1 = \Pr(N=1)\Pr(X_1=1) = q_1 f_1.$$

例 4.10 设 N 服从参数为 $\theta = 0.5$ 的对数分布, $f_j = 0.2(0.8^j)$, 其中 $j = 0, 1, 2, \cdots$. 计算 $\Pr(S \leqslant 3)$.

解 4.10 对数分布的分布律为

$$q_n = \frac{-1}{\log 0.5} \frac{0.5^n}{n}, \quad n = 1, 2, 3, \cdots,$$

因此 $q_1 = 0.7213$, 且公式 (4.24) 中的参数为 $a = 0.5, b = -0.5$. 根据第 1 章中的习题 1, 易得

$$Q_N(r) = \frac{\log(1 - 0.5r)}{\log(1 - 0.5)},$$

进而利用公式 (4.26) 可得递推公式的初值 $g_0 = Q_N(0.2) = 0.1520$. 运用公式 (4.25), 有

$$g_x = \frac{10}{9} \left(\frac{1}{2} \sum_{j=1}^{x} \left(1 - \frac{j}{x} \right) f_j g_{x-j} + q_1 f_x \right),$$

从而得到

$$g_1 = \frac{10}{9} q_1 f_1 = 0.1282,$$

$$g_2 = \frac{10}{9} \left(\frac{1}{4} f_1 g_1 + q_1 f_2 \right) = 0.1083,$$

$$g_3 = \frac{10}{9} \left(\frac{1}{2} \left(\frac{2}{3} f_1 g_2 + \frac{1}{3} f_2 g_1 \right) + q_1 f_3 \right) = 0.0915,$$

由此即得 $\Pr(S \leqslant 3) = 0.4801$. (该结果是一个四舍五入值.)

4.6.2 其他分布类

称一分布属于 Schröter 分布类, 如果它的分布律 $\{p_n\}_{n=0}^{\infty}$ 可以通过以下公式递推计算:

$$p_n = \left(a + \frac{b}{n} \right) p_{n-1} + \frac{c}{n} p_{n-2}, \quad n = 1, 2, 3, \cdots, \tag{4.27}$$

其中 a, b 和 c 均为常数且 p_{-1} 定义为零.

当计数分布属于 Schröter 类且单个索赔额分布在非负整数上时, 可以再利用 4.5 节中的技巧推导累积索赔额的分布律满足的递推计算公式. 将公式 (4.27) 代入下式

$$P_N(r) = \sum_{n=0}^{\infty} r^n p_n,$$

且经过简单计算后可得

$$P_N'(r) = ar P_N'(r) + (a + b + cr) P_N(r). \tag{4.28}$$

类似地, 对等式 $P_S(r) = P_N[P_X(r)]$ 求导, 有

$$P'_S(r) = aP_X(r)P'_S(r) + (a + b + cP_X(r))P_S(r)P'_X(r). \tag{4.29}$$

在之前递推公式的推导过程中, 需要将概率母函数和它们的导数写成和式的形式, 但在这里并不立即进行该操作. 首先注意到如果将随机变量 Y 定义为 $Y = X_1 + X_2$, 则 $P_Y(r) = P_X(r)^2$, 因此

$$P'_Y(r) = 2P_X(r)P'_X(r).$$

另外, 对于 $j = 0, 1, 2, \cdots, \Pr(Y = j) = \Pr(X_1 + X_2 = j) = f_j^{2*}$, 从而有

$$P'_Y(r) = \sum_{j=0}^{\infty} jr^{j-1}f_j^{2*}.$$

因此等式 (4.29) 可写为

$$P'_S(r) = aP_X(r)P'_S(r) + (a + b)P_S(r)P'_X(r) + \frac{c}{2}P_S(r)P'_Y(r),$$

或者写成和式的形式

$$\sum_{j=0}^{\infty} j\ r^{j-1}g_j = a\left(\sum_{k=0}^{\infty} r^k f_k\right)\left(\sum_{j=0}^{\infty} j\ r^{j-1}g_j\right)$$

$$+ (a + b)\left(\sum_{j=0}^{\infty} r^j g_j\right)\left(\sum_{k=0}^{\infty} k\ r^{k-1}f_k\right)$$

$$+ \frac{c}{2}\left(\sum_{j=0}^{\infty} r^j g_j\right)\left(\sum_{k=0}^{\infty} k\ r^{k-1}f_k^{2*}\right).$$

上式两边同时乘以 r 后, 再比较等式两边 r 的幂系数可得

$$g_x = \frac{1}{1 - af_0}\sum_{j=1}^{x}\left[\left(a + \frac{bj}{x}\right)f_j + \frac{cj}{2x}f_j^{2*}\right]g_{x-j}, \quad x = 1, 2, 3, \cdots, \tag{4.30}$$

其中递推公式的初值为 $g_0 = P_N(f_0)$.

公式 (4.30) 作为递推公式存在一个严重缺点, 即为了用它来计算 g_x, 必须先计算 $\{f_j^{2*}\}_{j=1}^{x}$. 因此, 与索赔次数分布属于 $(a, b, 0)$ 类和 $(a, b, 1)$ 类的情形不同, 这里得到 g_x 的过程并没有避免卷积的计算.

对于公式 (4.27) 中参数 a, b 和 c 取值范围的讨论已超出本书范围. 然而, 我们注意到当 $N_3 = N_1 + N_2$, 且 N_1 和 N_2 相互独立时, 若 N_1 的分布属于 $(a, b, 0)$ 类, N_2 服从泊松分布, 则 N_3 的分布属于 Schröter 类. 当分布属于 $(a, b, 0)$ 类的随机变量 N_1 具有参数 $a = \alpha, b = \beta$ 时, 由等式 (4.15) 可得

$$\frac{P'_{N_1}(r)}{P_{N_1}(r)} = \frac{\alpha + \beta}{1 - \alpha r},$$

同时注意到

$$\frac{P'_{N_1}(r)}{P_{N_1}(r)} = \frac{d}{dr} \log P_{N_1}(r).$$

类似地, 对于 $N_2 \sim P(\lambda)$, 有

$$\frac{P'_{N_2}(r)}{P_{N_2}(r)} = \lambda = \frac{d}{dr} \log P_{N_2}(r).$$

对于 $N_3 = N_1 + N_2$, 有

$$P_{N_3}(r) = P_{N_1}(r) P_{N_2}(r),$$

取对数可得

$$\log P_{N_3}(r) = \log P_{N_1}(r) + \log P_{N_2}(r),$$

因此

$$\begin{aligned}
\frac{P'_{N_3}(r)}{P_{N_3}(r)} &= \frac{P'_{N_1}(r)}{P_{N_1}(r)} + \frac{P'_{N_2}(r)}{P_{N_2}(r)} \\
&= \frac{\alpha + \beta}{1 - \alpha r} + \lambda \\
&= \frac{\alpha + \beta + \lambda - \lambda \alpha r}{1 - \alpha r}.
\end{aligned}$$

注意对于分布属于 Schröter 类的随机变量 N, 等式 (4.28) 可以写为

$$\frac{P'_N(r)}{P_N(r)} = \frac{a + b + cr}{1 - ar}.$$

因此, N_3 的分布属于 Schröter 类, 其参数为 $a = \alpha$, $b = \beta + \lambda$, $c = -\lambda \alpha$.

例 4.11 风险 1 下的累积索赔额 S_1 服从泊松参数为 $\lambda = 2$ 的复合泊松分布, 风险 2 下的累积索赔额 S_2 服从负二项参数为 $k = 2$ 和 $p = 0.5$ 的复合负二项分布. 对于每一个风险, 单个索赔额的分布律都为 f, 其中

$$f_1 = 0.4, \quad f_2 = 0.35, \quad f_3 = 0.25.$$

令 $S = S_1 + S_2$, 并假定 S_1 和 S_2 相互独立. 用两种方法计算 $\Pr(S = x)$, 其中 $x = 0, 1, 2, 3$.

解 4.11 由于 $S = S_1 + S_2$, 从而 S 的分布律为

$$\Pr(S = x) = \sum_{y=0}^{x} \Pr(S_1 = y) \Pr(S_2 = x - y), \quad x = 0, 1, 2, \cdots, \tag{4.31}$$

其中 S_1 和 S_2 的分布律可以分别通过 Panjer 递推公式计算, 结果如表 4.2 所示. 表 4.2 也列出了利用公式 (4.31) 计算出的 S 的分布律.

表 4.2 S_1, S_2 和 S 的分布律

x	$\Pr(S_1 = x)$	$\Pr(S_2 = x)$	$\Pr(S = x)$
0	0.1353	0.2500	0.0338
1	0.1083	0.1000	0.0406
2	0.1380	0.1175	0.0612
3	0.1550	0.1230	0.0819

对于第二种方法, 注意到 S 表示的是风险 1 和 2 下的累积索赔额, 因此这两个风险下索赔次数的分布应属于 Schröter 类. 为了运用公式 (4.30), 需要先计算

$$f_1^{2*} = 0, \quad f_2^{2*} = f_1^2 = 0.16, \quad f_3^{2*} = 2f_1f_2 = 0.28.$$

由 $a = 0.5$, $b = 2.5$ 以及 $c = -1$ 可得. 递推公式的初值为 $g_0 = 0.25e^{-2} = 0.0338$, 而根据公式 (4.30) 可得

$$g_1 = 3f_1g_0 = 0.0406,$$
$$g_2 = \frac{7}{4}f_1g_1 + \left(3f_2 - \frac{1}{2}f_2^{2*}\right)g_0 = 0.0612,$$
$$g_3 = \frac{4}{3}f_1g_2 + \left(\frac{13}{6}f_2 - \frac{1}{3}f_2^{2*}\right)g_1 + \left(3f_3 - \frac{1}{2}f_3^{2*}\right)g_0 = 0.0819.$$

在上述解答中, 我们利用了组合风险中的计数变量是泊松和负二项随机变量之和这个事实. 另外, 若已知 a, b 和 c 的值, 则可以通过计算 p_0 的值来得到 g_0 的值. 由递推公式 (4.27) 可知, 每个 p_n 的值都为 p_0 的倍数. 不失一般性, 将公式 (4.27) 中的初值设为 1, 并利用例 4.11 中的参数值 $a = 0.5$, $b = 2.5$ 以及 $c = -1$, 通过一个简单的计算程序可得

$$\sum_{n=0}^{10000} p_n = 29.5562.$$

因此, 为了使得 $\sum_{n=0}^{10000} p_n = 1$, 需假定公式 (4.27) 中的 $p_0 = 29.5562^{-1} = 0.0338$. 在运用该方法时必须小心, 而增大求和上限是一个比较直接的检验方法.

计数分布中的 Schröter 类属于一个更大的分布类, 即 $\mathcal{R}_k$ 类. 我们称一个分布属于 $\mathcal{R}_k$ 类, 如果它的分布律 $\{p_n\}_{n=0}^{\infty}$ 可通过以下公式计算:

$$p_n = \sum_{i=1}^{k} \left(a_i + \frac{b_i}{n}\right) p_{n-i},$$

其中 k 为正整数, $\{a_i\}_{i=1}^{k}$, $\{b_i\}_{i=1}^{k}$ 均为常数, 且当 $n < 0$ 时, 定义 p_n 为零. 因此, Schröter 类为 $\mathcal{R}_2$ 类的子集. 由于处理 $\mathcal{R}_k$ 类的方法与处理 Schröter 类的方法相同, 因此我们不再深入讨论, 但在习题 13 中会介绍部分细节.

4.7 递推公式的应用

4.7.1 离散化方法

为了得到 S 的分布律的递推公式, 我们假定单个索赔额分布在非负整数上. 然而, 在实务中常用连续分布来对单个索赔额进行建模, 例如帕累托分布或对数正态分布. 为了能将递推公式运用到这种情形, 我们用一个定义在非负整数上的离散分布来代替连续分布, 并称该过程为分布的离散化.

对于 $F(0) = 0$ 的连续分布 F, 它的离散化方法有很多, 其中一种就是匹配概率法. 离散分布的分布律 $\{h_j\}_{j=1}^{\infty}$ 可通过下式构造,

$$h_j = F(j) - F(j - 1). \tag{4.32}$$

这种近似方法的基本原理就是对于 $x = 0, 1, 2, \cdots$, 分布函数的值是相等的, 即

$$H(x) = \sum_{j=1}^{x} h_j = F(x).$$

对于非整数的 $x > 0$, $H(x) < F(x)$, 因此, H 是 F 的下界.

类似地, 可以构造一个离散型分布 $\tilde{H}$ 作为 F 的上界, 其分布律为 $\{\tilde{h}_j\}_{j=0}^{\infty}$, 其中 $\tilde{h}_0 = F(1)$,

$$\tilde{h}_j = F(j + 1) - F(j), \quad j = 1, 2, 3, \cdots,$$

因此

$$\tilde{H}(x) = \sum_{j=0}^{x} \tilde{h}_j = F(x + 1), \quad x = 0, 1, 2, \cdots.$$

故对于任意的 $x \geqslant 0$, $H(x) \leqslant F(x) \leqslant \tilde{H}(x)$, 该结论将会应用到第 7 章.

另一种离散化方法是将离散分布和连续分布的矩进行匹配. 例如, 定义分布律 $\{\hat{h}_j\}_{j=0}^{\infty}$, 其分布函数 $\hat{H}$ 为

$$\hat{H}(x) = \sum_{j=0}^{x} \hat{h}_j = \int_{x}^{x+1} F(y) dy, \quad x = 0, 1, 2, \cdots. \tag{4.33}$$

若 $X \sim F, Y \sim \hat{H}$, 则

$$\begin{aligned}
E[Y] &= \sum_{x=0}^{\infty} \left(1 - \hat{H}(x)\right) \\
&= \sum_{x=0}^{\infty} \int_{x}^{x+1} (1 - F(y)) \, dy \\
&= \int_{0}^{\infty} (1 - F(y)) \, dy \\
&= E[X],
\end{aligned}$$

因此, 该离散化过程中均值保持不变.

虽然离散化过程是在整数上进行的, 但该方法也适用于 $0, z, 2z, \cdots$ 上的离散化, 其中 z 为任意正数. 为了解释这点, 假设 X 服从均值为 100 的指数分布, 随机变量 Y 的分布为该指数分布在 $0, 1, 2, \cdots$ 上的离散化形式. 若将 X 和 Y 都进行除以 100 的尺度变换, 则 $X/100$ 服从均值为 1 的指数分布, $Y/100$ 服从 $0, 1/100, 2/100, \cdots$ 上的离散分布, 其中 $\Pr(Y/100 = j/100) = \Pr(Y = j)$. 可以认为, 随着离散化分布的均值逐渐减小, 离散化的效果将越来越好. 图 4.1 和图 4.2 展示了均值为 1 的指数分布根据公式 (4.32) 计算的离散分布以及原始的指数分布. 图 4.1 中的离散化是建立在原均值的 1/10 分割上的, 而图 4.2 中的离散化是建立在原均值的 1/20 分割上的. 显然, 图 4.2 的近似效果要更好些, 并且若画出建立在原均值的 1/100 分割上的离散分布, 将很难区分离散分布与连续分布.

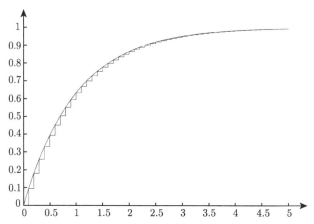

图 4.1   基于均值的 1/10 分割的指数分布 (均值为 1) 离散化

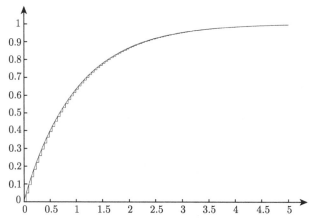

图 4.2   基于均值的 1/20 分割的指数分布 (均值为 1) 离散化

现在考虑累积索赔分布的计算, 假设当单个索赔额具有连续分布函数时, 我们需要计算 $\Pr(S \leqslant x)$. 特别地, 假定 S 服从泊松参数为 λ 的复合泊松分布, 且单个索赔额的分布为 $Pa(\alpha, \alpha - 1)$, 其中该分布满足 $m_1 = 1$. 对于任意的正数 k, kS 服从泊松参数为 λ 的复合泊松分布, 其中单个索赔额的分布为 $Pa(\alpha, k(\alpha - 1))$ (证明由 4.4.1 小节给出). 定义一个随机变量 S_d, 它服从泊松参数为 λ 的复合泊松分布, 其中单个索赔额的分布为 $Pa(\alpha, k(\alpha - 1))$ 分布的离散化形式. S_d 为一个离散型随机变量, 它的分布律可以由 Panjer 递推公式计算得出, 从而可以得到 S 的近似分布, 这是因为

$$\Pr(S \leqslant x) = \Pr(kS \leqslant kx) \approx \Pr(S_d \leqslant kx).$$

近似效果取决于尺度缩放因子 k. 一般而言, k 值越大, 近似效果越好. 在 4.8 节的例题中, 令单个索赔额的均值为 1 且令尺度缩放因子 $k = 20$, 容易发现基于均值的 1/20 的分割步长进行的离散化是有效的. 在实际应用中要适当设定尺度缩放水平, 注意到缩放因子太大, 如 $k = 100$, 会显著增加计算机的运行时间.

当 S 服从泊松参数为 20 且个体索赔额分布为 $Pa(2, 1)$ 的复合泊松分布时, 表 4.3 给出了 $\Pr(S \leqslant x)$ 的近似值. 此处利用了公式 (4.33) 对帕累托分布进行离散化, 并且使用了 20, 50 和 100 三个缩放因子. 从表中可以看出, 缩放因子的增大对近似结果没有很大的影响, 尤其是在大概率情况下.

表 4.3 $\Pr(S \leqslant x)$ 的近似值

x	$\Pr(S \leqslant x)$, $k = 20$	$\Pr(S \leqslant x)$, $k = 50$	$\Pr(S \leqslant x)$, $k = 100$
5	0.0091	0.0090	0.0090
10	0.1322	0.1315	0.1313
15	0.3869	0.3861	0.3858
20	0.6258	0.6252	0.6250
25	0.7838	0.7834	0.7833
30	0.8741	0.8739	0.8739
35	0.9237	0.9236	0.9236
40	0.9513	0.9512	0.9512
45	0.9672	0.9671	0.9671
50	0.9768	0.9767	0.9767
55	0.9828	0.9828	0.9828
60	0.9869	0.9869	0.9869
65	0.9897	0.9897	0.9897
70	0.9917	0.9917	0.9917
75	0.9932	0.9932	0.9932
80	0.9943	0.9943	0.9943

4.7.2 数值计算中的问题

我们用计算过程中可能出现的两个问题来结束本节的讨论. 第一个问题是并不是所有的递推算法都是稳定的. 这意味着递推公式起初会产生合理的结果, 但最终得到的结果却是明显错误的. 例如, 当索赔次数分布为二项分布时, Panjer 递推公

式就是不稳定的. 在这种情况下, 该算法的不稳定性体现在计算 S 的分布律时可能产生位于区间 $[0,1]$ 以外的值. 然而, Panjer 递推公式在索赔次数分布为泊松分布或负二项分布时是稳定的. 因此, 不稳定并不代表递推算法没用, 只是说明我们在分析计算结果时需要更加小心.

第二个问题是数值下溢. 当递推计算初值很小以至于计算机直接将其储存为零时, 就会发生这种问题. 例如, 当我们运用 Panjer 递推公式计算复合泊松分布的分布律且泊松参数很大时, 计算机会将 g_0 储存为零, 因此递推时会得到 $g_1 = 0$, 进而 $g_2 = 0$, 以此类推. 解决该问题的方法是设 g_0 为一任意值, 如设为 1, 然后进行递推计算, 最后通过适当的缩放, 就可以从计算结果中获取所需的值, 例如将每个计算结果乘以 n 次 $g_0^{1/n}$. 在计算过程中, 为了防止数值下溢, 也可能需要在中间环节进行缩放操作.

4.8　累积索赔分布的近似计算

前面章节中, 我们已经发现在许多情形下可以精确计算累积索赔分布, 然而, 递推方法的问题在于即使利用现代的计算工具, 它的计算强度仍然很大. 因此, 近似计算十分有用, 尤其是当它计算速度很快的时候. 本节介绍两种近似计算累积索赔分布的方法, 它们都可以用电子表格等基本软件轻松实现.

4.8.1　正态近似

正态近似的原理十分简单. 若已知 S 的均值和方差, 可以将 S 的分布近似为具有相同均值和方差的正态分布. 该方法的理论依据是: S 表示很多 (随机) 独立同分布随机变量的和, 随着求和中的随机变量个数的增加, 根据中心极限定理, 随机变量和的分布趋近于正态分布. 应用此论述时需要注意的是我们目前处理的是随机和, 但当索赔次数的期望较大时, 运用正态分布来近似 S 的实际分布是非常合理的.

例 4.12　设 S 服从泊松参数为 λ 的复合泊松分布, 且单个索赔额服从均值为 1, 方差为 1.5 的对数正态分布. 利用正态近似, 求满足 $\Pr(S \leqslant x) = 0.95$ 的 x.
(a) $\lambda = 10$; (b) $\lambda = 100$.

解 4.12　由于 $E[S] = \lambda$, $V[S] = 2.5\lambda$, 则 S 的近似分布为 $N(\lambda, 2.5\lambda)$. 因此

$$\Pr(S \leqslant x) \approx \Pr\left(Z \leqslant \frac{x - \lambda}{\sqrt{2.5\lambda}}\right),$$

其中 $Z \sim N(0, 1)$. 由标准正态分布表可知 $\Pr(Z \leqslant 1.645) = 0.95$, 因此

$$x = \lambda + 1.645\sqrt{2.5\lambda}.$$

经计算, 当 $\lambda = 10$ 时, $x = 18.23$; 当 $\lambda = 100$ 时, $x = 126.0$.

图 4.3 展示了例 4.12 中 $\lambda = 10$ 时的真实密度函数曲线和近似密度函数曲线, 图 4.4 展示了 $\lambda = 100$ 时的情形. 从图 4.3 可以看出近似效果不是很好. 在这幅图中要注意两点: 第一, S 的实际分布是正偏的, 而正态分布是对称的; 第二, 实际分布中, $\Pr(S < 0) = 0$, 这在正态分布下显然是不成立的. 而图 4.4 的情况却不同, S 的实际分布仍然是正偏的, 但是偏度系数要小得多 (0.395 与 $\lambda = 10$ 情形下的 1.25 相比). 另外, 正态近似下 $\Pr(S < 0)$ 的近似值为 0 (紧跟小数点后有许多零). 图 4.3 和图 4.4 的共同特征是正态近似低估了尾概率, 即 $\Pr(S > x)$ 的值, 而这些值通常是保险人最感兴趣的. 例如, 利用 Panjer 递推公式并且基于个体索赔额的均值的 1/20 的倍数点进行离散化时, 例 4.12 对应的解答为: 当 $\lambda = 10$ 时, $x = 19.15$; 当 $\lambda = 100$ 时, $x = 127.5$. 显然在每种情形下, 正态近似都低估了分布的 95% 分位数.

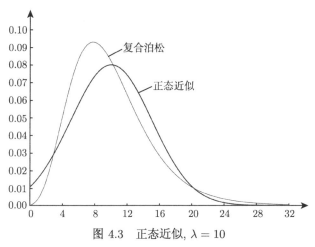

图 4.3　正态近似, $\lambda = 10$

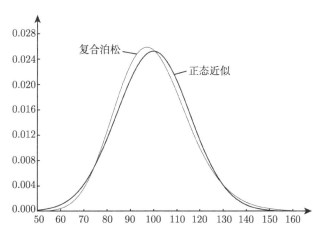

图 4.4 正态近似, $\lambda = 100$

总之, 正态近似的优点在于只需要很少的信息 (仅需要 S 的均值和方差), 使用十分简单, 并且当索赔次数的期望较大时, 它能够得到合理的近似结果. 它的主要缺点是对 $\Pr(S < 0)$ 的近似值都是非零的, 近似分布是对称的而实际分布通常是正偏的, 且近似分布往往会低估尾部概率.

4.8.2 平移伽马近似

正态近似的缺点在于它是基于 S 的一、二阶矩构建的, 近似结果并不能刻画实际分布的偏度特征, 而平移伽马近似通过利用 S 的前三阶矩来克服该缺点. 平移伽马近似的主要思想是用 $Y + k$ 的分布来近似 S 的分布, 其中 $Y \sim \gamma(\alpha, \beta)$, k 为常数. 近似分布中的参数 α, β 和 k 可以通过匹配两分布的均值、方差和偏度系数得到. 平移伽马近似并没有太强的理论依据, 然而, 由于近似分布与 S 有相同的前三阶矩, 因此可以预期该近似要优于正态近似.

在 1.3.1 小节中, 我们知道服从 $\gamma(\alpha, \beta)$ 分布的随机变量的偏度系数为 $2/\sqrt{\alpha}$, 并且注意到将任意变量平移 k 个单位并不会改变偏度系数. 因此, 参数 α, β 和 k 的值可由下式得到:

$$Sk[S] = \frac{2}{\sqrt{\alpha}}, \tag{4.34}$$

$$V[S] = \frac{\alpha}{\beta^2}, \tag{4.35}$$

$$E[S] = \frac{\alpha}{\beta} + k. \tag{4.36}$$

例 4.13 设 S 服从例 4.12 中的复合泊松分布. 利用平移伽马近似, 分别在下面两种情况下求满足 $\Pr(S \leqslant x) = 0.95$ 的 x. (a) $\lambda = 10$; (b) $\lambda = 100$.

解 4.13 首先, 为了计算近似分布的参数, 需要计算对数正态分布的前三阶矩. 由

$$m_1 = 1 = \exp\{\mu + \sigma^2/2\}$$

和

$$m_2 = 2.5 = \exp\{2\mu + 2\sigma^2\}$$

可得 $\mu = -0.4581$ 和 $\sigma = 0.9572$, 因此

$$m_3 = \exp\{3\mu + 9\sigma^2/2\} = 15.625.$$

由等式 (4.34) 得

$$\frac{\lambda m_3}{(\lambda m_2)^{3/2}} = \frac{2}{\sqrt{\alpha}},$$

从而得出

$$\alpha = \frac{4\lambda m_2^3}{m_3^2}.$$

接下来, 由等式 (4.35) 可知

$$\lambda m_2 = \frac{\alpha}{\beta^2},$$

由此可得

$$\beta = \frac{2m_2}{m_3}.$$

最后由等式 (4.36) 得

$$\lambda m_1 = \frac{\alpha}{\beta} + k,$$

因此

$$k = \lambda m_1 - \frac{\alpha}{\beta} = \lambda \left(m_1 - \frac{2m_2^2}{m_3} \right).$$

当 $\lambda = 10$ 时, 计算可得 $\alpha = 2.560$, $\beta = 0.3200$, $k = 2.000$. 令 $S = Y + k$, 其中 $Y \sim \gamma(\alpha, \beta)$, 有

$$\Pr(S \leqslant x) \approx \Pr(Y \leqslant x - k).$$

利用软件 (例如, 大部分电子表格计算程序都提供了辅助程序来寻找伽马分布的逆) 得

$$\Pr(Y \leqslant 17.59) = 0.95,$$

因此满足条件的 x 为 19.59.

当 $\lambda = 100$ 时, 我们得到 $\alpha = 25.60$, $\beta = 0.3200$, $k = 20.00$. 当 $Y \sim \gamma(\alpha, \beta)$ 时,

$$\Pr(Y \leqslant 107.7) = 0.95,$$

因此满足条件的 x 为 127.7.

图 4.5 展示了例 4.13 中 $\lambda = 10$ 时的真实密度函数曲线和近似密度函数曲线, 而图 4.6 展示了 $\lambda = 100$ 时的情形. 注意在图 4.5 中, 近似密度函数曲线与真实密度函数曲线形状相同, 且与正态近似相反, 近似密度函数曲线的右侧尾部位于真实密度函数曲线的上方. 图 4.6 中的近似效果更好, 在该图中很难区分两条密度函数曲线. 注意到例 4.12 后的讨论, 例 4.13 中的答案为: 当 $\lambda = 10$ 时, $x = 19.15$; 当 $\lambda = 100$ 时, $x = 127.5$. 因此, 例 4.13 中的近似效果确实非常好.

平移伽马近似优于正态近似主要体现在它考虑了 S 分布的偏度系数, 然而, 在运用该近似方法时需要多获取一条信息. 在例 4.13 中的每种情形下的 k 值都为正, 但这并不代表一般情况, 因此, 平移伽马近似可以对非零甚至等于零的概率 $\Pr(S < 0)$ 进行近似. 无论如何, 平移伽马近似是一种简单且易于实现的方法, 并且能产生较好的近似效果.

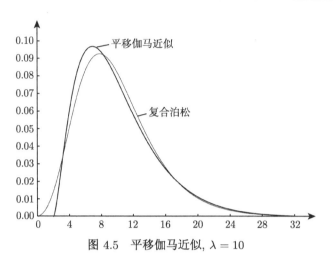

图 4.5 平移伽马近似, $\lambda = 10$

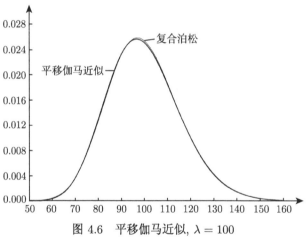

图 4.6 平移伽马近似, $\lambda = 100$

4.9 注释与参考文献

本章所涉及的大部分知识的详细介绍可以参考 Klugman 等 (1998) 的综合教材. 有关 Panjer 递推公式的原始文献可以参考 Panjer (1981), 有关 $(a, b, 1)$ 类的内容可以参考 Sundt 和 Jewell (1981), 有关 Schröter 分布类的内容可以参考 Schröter (1991), 有关 $\mathcal{R}_k$ 分布类的内容可以参考 Sundt (1992). Panjer 和 Lutek (1983) 的文章对离散化方法进行了讨论, 而 De Vylder 和 Goovaerts (1988) 提出了离散化公式 (4.33). Panjer 和 Willmot (1986) 以及 Panjer 和 Wang (1993) 的文章都对递推计算的数值问题进行了讨论, 也处理了下溢/上溢问题以及递推公式的稳定性问题.

4.10 习　　题

1. 设某一风险下的累积索赔 S 服从参数为 $k = 80$ 和 $p = 0.4$ 的复合负二项分布. 若单个索赔额服从均值为 1, 方差为 2 的对数正态分布, 计算 $E[S]$ 和 $V[S]$.

2. 设某一风险下的累积索赔服从泊松参数为 100 的复合泊松分布, 且单个索赔额分布为 $\gamma(2, 0.001)$. 利用参数为 0.0001 的指数准则计算该风险的保费.

3. 设某一风险下的累积索赔服从泊松参数为 200 的复合泊松分布, 且单个索赔额服从均值为 100 的指数分布. 利用参数为 0.001 的 Esscher 保费准则计算该风险的保费.

4. 设风险 1 下的累积索赔 S_1 服从泊松参数为 $\lambda_1 = 20$ 的复合泊松分布, 且单个索赔额与随机变量 X 同分布, 其中

$$\Pr(X = 10) = 0.25, \quad \Pr(X = 20) = 0.5, \quad \Pr(X = 30) = 0.25.$$

设风险 2 下的累积索赔 S_2 服从泊松参数为 $\lambda_2 = 30$ 的复合泊松分布, 并设单个索赔额与随机变量 Y 同分布, 其中

$$\Pr(Y = 20) = 0.3, \quad \Pr(Y = 30) = 0.4, \quad \Pr(Y = 40) = 0.3.$$

假定风险相互独立, 求 $S_1 + S_2$ 的分布.

5. 利用 4.4.2 小节中的记号, 证明当 N 服从二项分布时, N_R 也服从二项分布.

6. 利用 4.4.2 小节中的记号, 当 N 服从参数为 θ 的对数分布时, 求 N_R 的分布.

7. 设某一风险下的累积索赔服从参数为 $k = 100$ 和 $p = 0.5$ 的复合负二项分布, 且单个索赔额服从参数为 $\alpha = 3$ 和 $\lambda = 400$ 的帕累托分布. 假定该风险的保险人向再保险公司 A 购买自留额为 400 的超额赔款再保险.

(a) 证明再保险公司 A 的非零赔付次数服从参数为 100 和 8/9 的负二项分布;

(b) 证明再保险公司 A 的单个赔付额服从参数为 3 和 800 的帕累托分布;

(c) 假设再保险公司 A 向再保险公司 B 购买了一份比例再保险, 每次索赔的自留比例为 70%. 设 S_A 和 S_B 分别表示再保险公司 A 和 B 支付的累积赔付额, 计算 $Cov(S_A, S_B)$.

8. 设某一风险下的累积索赔服从泊松参数为 10 的复合泊松分布, 且单个索赔额的分布服从均值为 100 的指数分布. 保险人为承保该风险所收取的保费为 1100, 并购买了自留额为 M 的超额赔款再保险. 定义随机变量 S_R 为再保险人支付的累积赔付额, 且再保险保费为 $E[S_R] + 0.001V[S_R]$.

(a) 证明再保险保费为 M 的函数;

(b) 设 $g(M)$ 为 M 的函数, 其表示保险人每年的净收益. 证明 $E[g(M)]$ 为 M 的增函数, 并讨论 M 为何值时, $E[g(M)]$ 大于零;

(c) 证明 $V[g(M)]$ 为 M 的增函数.

9. 设 $X \sim F, Y \sim \hat{H}$, 其中 $\hat{H}$ 为根据公式 (4.33) 计算得到的 F 在非负整数上的离散型分布. 设 M 为一正整数, 证明 $E[\min(Y, M)] = E[\min(X, M)]$.

10. 设某风险下的累积索赔 S 服从参数为 $n = 10$ 和 $q = 0.6$ 的复合二项分布, 且单个索赔额的分布律为

$$f_1 = 0.4, \quad f_2 = 0.35, \quad f_3 = 0.25.$$

计算 $\Pr(S \leqslant 5)$.

11. 设某风险下的累积索赔服从复合负二项分布, 索赔次数的分布为 $NB(10, 0.5)$, 单个索赔额的分布律为

$$f_x = 0.2(0.8)^{x-1},$$

其中 $x = 1, 2, 3, \cdots$. 若保险人购买了自留额为 4 的超额赔款再保险, 求再保险人的累积赔付额小于 3 的概率.

12. 若某风险下的索赔次数 N 服从零点截断后的几何分布, 其分布律为 $p_n = \alpha p_{n-1}$, 其中 $n = 2, 3, 4, \cdots$, 而单个索赔额 X 的分布律为 $\{f_x\}_{x=0}^{\infty}$. 令 $\{g_x\}_{x=0}^{\infty}$ 为累积索赔额 S 的分布律.

(a) 证明

$$P_N'(r) = 1 - \alpha + \alpha r P_N'(r) + \alpha P_N(r);$$

(b) 根据 $P_S(r) = P_N[P_X(r)]$, 证明

$$P_S'(r) = (1 - \alpha) P_X'(r) + \alpha \left(P_X(r) P_S'(r) + P_S(r) P_X'(r) \right);$$

(c) 推导 $g_x, x = 1, 2, 3, \cdots$ 的递推公式并证明 $g_0 = (1 - \alpha)f_0/(1 - \alpha f_0)$;

(d) 利用 (c) 中的结果证明

$$E[S^r] = E[X^r] + \frac{\alpha}{1 - \alpha} \sum_{j=0}^{r-1} \binom{r}{j} E[S^j] E[X^{r-j}].$$

13. 若某风险下的索赔次数 N 的分布律 $\{p_n\}_{n=0}^{\infty}$ 满足递推公式

$$p_n = \sum_{i=1}^{k} \left(a_i + \frac{b_i}{n} \right) p_{n-i}, \tag{4.37}$$

其中当 $n < 0$ 时, $p_n = 0$, 且 $\{a_i\}_{i=1}^{k}$ 和 $\{b_i\}_{i=1}^{k}$ 为常数. 单个索赔额 $\{X_i\}_{i=1}^{\infty}$ 的分布律为 $\{f_x\}_{x=0}^{\infty}$, 并且 S 的分布律为 $\{g_x\}_{x=0}^{\infty}$.

(a) 证明

$$P'_N(r) = \sum_{i=1}^{k} \left[a_i r^i P'_N(r) + (ia_i + b_i) r^{i-1} P_N(r) \right];$$

(b) 设 $Y_i = \sum_{j=1}^{i} X_j$, 其中 $i = 1, 2, \cdots, k$. 求 $P'_{Y_i}(r)$ 关于 $P_{X_1}(r)$ 和 $P'_{X_1}(r)$ 的表达式;

(c) 证明

$$P'_S(r) = \sum_{i=1}^{k} a_i P_{Y_i}(r) P'_S(r) + \sum_{i=1}^{k} \left(a_i + \frac{b_i}{i} \right) P'_{Y_i}(r) P_S(r);$$

(d) 证明对于 $x = 1, 2, 3, \cdots$,

$$g_x = \frac{1}{1 - \displaystyle\sum_{i=1}^{k} a_i f_0^i} \sum_{j=1}^{x} g_{x-j} \sum_{i=1}^{k} \left(a_i + \frac{b_i j}{ix} \right) f_j^{i*}, \tag{4.38}$$

且该递推公式的初值为 $g_0 = P_N(f_0)$;

(e) 使用公式 (4.38) 的主要问题是什么?

14. 若某风险下的累积索赔 S 服从泊松参数为 50 的复合泊松分布, 且单个索赔额服从混合指数分布, 其分布函数为

$$F(x) = 1 - 0.4e^{-0.01x} - 0.6e^{-0.02x}, \quad x \geqslant 0.$$

分别利用 (a) 正态近似; (b) 平移伽马近似计算 $\Pr(S \leqslant 4500)$ 的值.

15. 一保险公司销售旅游保险保单, 其中该保单发生一次索赔的概率为 q 且每次索赔额服从均值为 1000 的指数分布. 设每份保单的保费为 100, 且该保费是基于以下假设条件计算的:

(a) 保险公司卖出 10000 份保单;

(b) 这些保单的累积索赔分布可以用正态分布进行近似;

(c) 保险公司能够从该项目中盈利的概率为 0.95.

求 q 的值.

第 5 章　个体风险模型

5.1　引　　言

在第 4 章中我们讨论了聚合风险模型, 该模型考虑的是某一风险组合下发生索赔的次数, 而不是该风险组合内单个保单的索赔次数. 在考虑某一风险组合的累积索赔时, 也可以将其视为构成该风险组合的单个保单引起的索赔额的总和, 这就引出了本章将要讨论的个体风险模型. 在 5.2 节我们将重点介绍模型假设, 并在接下来的章节中讨论几种计算累积索赔分布的方法. 最后, 5.6 节将给出一个关于这些方法的数值实例.

5.2　模　　型

考虑一个包含 n 份独立保单的风险组合. 对于 $i = 1, 2, \cdots, n$, 假设第 i 份保单下的索赔次数为 0 或 1, 对应的概率分别为 $1 - q_i$ 和 q_i. 与第 4 章一样, 我们用 S 表示累积索赔, 并将其记为

$$S = \sum_{i=1}^{n} S_i,$$

其中 S_i 表示第 i 份保单下支付的索赔额. 值得注意的是, 单个保单下支付的索赔额可以为 0 (在实际生活中经常发生). 我们注意到以下公式显然成立

$$E[S] = \sum_{i=1}^{n} E[S_i], \quad V[S] = \sum_{i=1}^{n} V[S_i], \tag{5.1}$$

其中第二个等式是根据独立性得到的.

现在我们进一步引入一些记号. 假定第 i 份保单发生一次索赔, 且该次索赔的金额可以用服从分布 F_i 的随机变量进行模拟, 其中 $F_i(0) = 0$, 索赔额均值为 μ_i, 方差为 σ_i^2. 由于第 i 份保单的索赔次数的分布为 $B(1, q_i)$, 则 S_i 服从复合二项分布, 因此, 根据 4.2.2 小节中的公式 (4.5) 和 (4.6) 可得

$$E[S_i] = q_i \mu_i, \quad V[S_i] = q_i \sigma_i^2 + q_i(1 - q_i)\mu_i^2. \tag{5.2}$$

对于大部分形式的一般保险, 单份保单下的索赔次数为 0 或 1 的假设是不合理的, 然而它在人寿保险中却有很好的解释. 为了便于陈述, 在本章余下的章节中

我们都使用人寿保险中的术语, 将 q_i 视为第 i 份保单持有人的死亡概率. 另外, 独立性假设表示该风险组合中有 n 个不同个体. 在接下来的两节中, 我们假定人寿保险下的保额是固定的而不是随机的, 因此, μ_i 表示第 i 份保单下的保额, 且对于所有的 i, $\sigma_i^2 = 0$. 在人寿保险的框架内, 我们的目标仍然是寻找能够计算累积索赔分布的公式, 这也是个体风险模型最重要的应用. 然而, 值得注意的是以下章节所介绍的思想原理都容易扩展到保额是随机的而不是固定的情形中. 另外, 在 5.5 节近似计算累积索赔分布时, 我们会考虑 $\sigma_i^2 > 0$ 的情况.

在介绍方法之前, 我们注意到可以通过 $\{S_i\}_{i=1}^n$ 的卷积来得到 S 的分布. 然而, 在大多数的实际应用中, n 的值都很大, 因此该方法并不是特别有效, 从而我们需要寻找计算量较小的方法.

5.3 De Pril 递推公式

De Pril 递推公式提供了一种计算个体风险模型中的累积索赔分布的方法, 本节将对该递推公式进行推导并介绍它的一种变形形式. 这些公式的运用将会在 5.6 节展示, 在那里我们也会比较不同方法下计算累积索赔分布的数值结果.

根据死亡概率和保额来细分风险组合十分便捷. 我们假设风险组合中的保额都为整数, 即 $1, 2, \cdots, I$, 且每个保单持有人的死亡概率属于 J 种死亡概率中的一种. 对于 $j = 1, 2, \cdots, J$ 和 $i = 1, 2, \cdots, I$, 令 n_{ij} 表示死亡概率为 q_j 且保额为 i 的保单持有人的数量. 对于 $x = 0, 1, 2, \cdots$, 令 $g_x = \Pr(S = x)$.

对于一个死亡概率为 q_j 且保额为 i 的保单持有人, 其索赔额的概率母函数为

$$P_{ij}(r) = 1 - q_j + q_j r^i.$$

因此, 由保单持有人之间的独立性可知, S 的概率母函数为

$$P_S(r) = \prod_{i=1}^{I} \prod_{j=1}^{J} \left(1 - q_j + q_j r^i\right)^{n_{ij}} = \sum_{x=0}^{\infty} r^x g_x,$$

从而

$$\log P_S(r) = \sum_{i=1}^{I} \sum_{j=1}^{J} n_{ij} \log(1 - q_j + q_j r^i). \tag{5.3}$$

我们的思路是先建立一个由概率母函数 P_S 和它的导数表示的等式, 再将该等式表示为 r 的幂级数的形式, 然后利用 r 的幂系数相等的技巧建立 g_x 的计算公式. 对等式 (5.3) 求导, 可得

$$\frac{d}{dr} \log P_S(r) = \frac{P_S'(r)}{P_S(r)} = \sum_{i=1}^{I} \sum_{j=1}^{J} n_{ij} \frac{q_j i r^{i-1}}{1 - q_j + q_j r^i},$$

因此

$$rP_S'(r) = P_S(r) \sum_{i=1}^{I} \sum_{j=1}^{J} n_{ij} i \frac{q_j r^i}{1 - q_j + q_j r^i}$$

$$= P_S(r) \sum_{i=1}^{I} \sum_{j=1}^{J} n_{ij} i \frac{q_j r^i}{1 - q_j} \left(1 + \frac{q_j r^i}{1 - q_j}\right)^{-1}$$

$$= P_S(r) \sum_{i=1}^{I} \sum_{j=1}^{J} n_{ij} i \frac{q_j r^i}{1 - q_j} \sum_{k=1}^{\infty} (-1)^{k-1} \left(\frac{q_j r^i}{1 - q_j}\right)^{k-1},$$

其中最后一步成立的条件是对任意的 i 和 j, 都有

$$\left| \frac{q_j r^i}{1 - q_j} \right| < 1.$$

在大部分实际应用中, q_j 的值都很小, 因此该条件在实际应用中通常都能满足. 进一步整理可得

$$rP_S'(r) = P_S(r) \sum_{i=1}^{I} \sum_{j=1}^{J} n_{ij} i \sum_{k=1}^{\infty} (-1)^{k-1} \left(\frac{q_j}{1 - q_j}\right)^k r^{ik}. \tag{5.4}$$

现在定义

$$h(i, k) = \begin{cases} i(-1)^{k-1} \sum_{j=1}^{J} n_{ij} \left(\dfrac{q_j}{1 - q_j}\right)^k, & i = 1, 2, \cdots, I, \\ 0, & \text{其他}, \end{cases}$$

则等式 (5.4) 变为

$$rP_S'(r) = P_S(r) \sum_{i=1}^{I} \sum_{k=1}^{\infty} r^{ik} h(i, k). \tag{5.5}$$

若将等式 (5.5) 中的 $P_S(r)$ 和 $P_S'(r)$ 写成和式的形式, 则有

$$\sum_{x=1}^{\infty} x r^x g_x = \sum_{x=0}^{\infty} r^x g_x \sum_{i=1}^{I} \sum_{k=1}^{\infty} r^{ik} h(i, k). \tag{5.6}$$

对于 $x = 1, 2, 3, \cdots$, 等式 (5.6) 左边 r^x 的系数为 $x g_x$, 等式右边 r^x 的系数可以通过考虑所有满足 $1 \leqslant ik \leqslant x$ 的 i 和 k, 将 $g_{x-ik} h(i, k)$ 进行累加得到. 令 $[x/i]$ 为 x/i 的整数部分, 则有

$$x g_x = \sum_{i=1}^{x} \sum_{k=1}^{[x/i]} g_{x-ik} h(i, k),$$

由此可得

$$g_x = \frac{1}{x} \sum_{i=1}^{x} \sum_{k=1}^{[x/i]} g_{x-ik} h(i,k), \quad x = 1,2,3,\cdots.$$

最后, 由于当 $i > I$ 时, $h(i,k)$ 被定义为 0, 从而 g_x 的递推公式, 即 De Pril 递推公式, 可以表示为

$$g_x = \frac{1}{x} \sum_{i=1}^{\min(x,I)} \sum_{k=1}^{[x/i]} g_{x-ik} h(i,k), \quad x = 1,2,3,\cdots.$$

由于 $S = 0$ 当且仅当任一保单都没有发生索赔, 所以该递推公式的初值为

$$g_0 = \prod_{i=1}^{I} \prod_{j=1}^{J} (1 - q_j)^{n_{ij}}.$$

在实际应用中 q_j 的值很小, 这就意味着当 k 值较大时, 构成 $h(i,k)$ 的表达式的值很小且 $h(i,k)$ 自身的值也很小. 对于较大的风险组合, 运用 De Pril 递推公式计算 S 的精确分布律时计算强度可能会非常大. 缩短计算时间的一种方法就是舍弃一些较小的 $h(i,k)$ 值, 这可以通过以下方法来实现. 设 K 为一个正整数, 且定义

$$g_0^K = g_0 \tag{5.7}$$

和

$$g_x^K = \frac{1}{x} \sum_{i=1}^{\min(x,I)} \sum_{k=1}^{\min(K,[x/i])} g_{x-ik}^K h(i,k), \quad x = 1,2,3,\cdots. \tag{5.8}$$

实际应用中, 通常取 $K = 4$ 就能较好地近似 S 的分布律了. 事实上, 当每个 q_i 都小于 $1/2$ 时,

$$\sum_{x=0}^{m^*} \left| g_x - g_x^K \right| \leqslant \exp\{\delta(K)\} - 1,$$

其中

$$m^* = \sum_{i=1}^{I} \sum_{j=1}^{J} i n_{ij}$$

为累积索赔额的最大值, 且

$$\delta(K) = \frac{1}{K+1} \sum_{i=1}^{I} \sum_{j=1}^{J} n_{ij} \frac{1-q_j}{1-2q_j} \left(\frac{q_j}{1-q_j} \right)^{K+1}. \tag{5.9}$$

5.7 节给出的参考文献中有关于该结论的证明.

5.4　Kornya 方法

Kornya 方法也提供了一种近似 S 分布的方法. 我们利用 5.3 节的思路, 并采用相同的符号. 为了便于表达, 引入符号 $p_j = 1 - q_j$, 因此 S 的矩母函数可以改写为

$$P_S(r) = \prod_{i=1}^{I} \prod_{j=1}^{J} \left(p_j + q_j r^i \right)^{n_{ij}}.$$

根据 $p_j + q_j = 1$, 有

$$p_j + q_j r^i = \left(1 + \frac{q_j}{p_j} r^i \right) \left(1 + \frac{q_j}{p_j} \right)^{-1},$$

因此

$$P_S(r) = \prod_{i=1}^{I} \prod_{j=1}^{J} \left(1 + \frac{q_j}{p_j} r^i \right)^{n_{ij}} \left(1 + \frac{q_j}{p_j} \right)^{-n_{ij}}.$$

在本节的余下部分, 假设对于所有的 j, $q_j < 1/2$. 当 $|q_j r^i / p_j| < 1$ 时, 有

$$\begin{aligned}
\log P_S(r) &= \sum_{i=1}^{I} \sum_{j=1}^{J} n_{ij} \left[\log \left(1 + \frac{q_j}{p_j} r^i \right) - \log \left(1 + \frac{q_j}{p_j} \right) \right] \\
&= \sum_{i=1}^{I} \sum_{j=1}^{J} n_{ij} \sum_{k=1}^{\infty} \frac{(-1)^{k+1}}{k} \left[\left(\frac{q_j}{p_j} r^i \right)^k - \left(\frac{q_j}{p_j} \right)^k \right] \\
&= \sum_{k=1}^{\infty} \frac{(-1)^{k+1}}{k} \sum_{i=1}^{I} \sum_{j=1}^{J} n_{ij} \left[\left(\frac{q_j}{p_j} r^i \right)^k - \left(\frac{q_j}{p_j} \right)^k \right].
\end{aligned}$$

现定义 $Q_S = \log P_S$ 和

$$S_k(r) = \sum_{i=1}^{I} \sum_{j=1}^{J} n_{ij} \left[\left(\frac{q_j}{p_j} r^i \right)^k - \left(\frac{q_j}{p_j} \right)^k \right],$$

则

$$Q_S(r) = \sum_{k=1}^{\infty} \frac{(-1)^{k+1}}{k} S_k(r).$$

接下来, 定义

$$Q_K(r) = \sum_{k=1}^{K} \frac{(-1)^{k+1}}{k} S_k(r),$$

则 Q_K 包含了 Q_S 中的前 K 项.

Kornya 方法的思想如下. 注意

$$P_S(r) = \exp\{Q_S(r)\} = \sum_{x=0}^{\infty} r^x g_x,$$

因此定义

$$P_K(r) = \exp\{Q_K(r)\} = \sum_{x=0}^{\infty} r^x g_x^{(K)}. \tag{5.10}$$

我们的目的是求解 $g_x^{(K)}$ 的值并将 $\sum_{x=0}^{y} \left| g_x^{(K)} \right|$ 作为 $\sum_{x=0}^{y} g_x$ 的一个近似, 取绝对值是因为该构造过程不能确保每个 $g_x^{(K)}$ 都为正. 为了得到 $g_x^{(K)}$ 的值, 我们将 $Q_K(r)$ 写作

$$\begin{aligned} Q_K(r) &= \sum_{x=0}^{\infty} r^x b_x^{(K)} \\ &= \sum_{k=1}^{K} \frac{(-1)^{k+1}}{k} \sum_{i=1}^{I} \sum_{j=1}^{J} n_{ij} \left[\left(\frac{q_j}{p_j} r^i \right)^k - \left(\frac{q_j}{p_j} \right)^k \right], \end{aligned} \tag{5.11}$$

然后利用等式 (5.11) 中 r 的幂系数相等来求解 $b_x^{(K)}$, $x = 0, 1, 2, \cdots$.

通过 r^0 的系数相等, 有

$$b_0^{(K)} = \sum_{k=1}^{K} \frac{(-1)^k}{k} \sum_{i=1}^{I} \sum_{j=1}^{J} n_{ij} \left(\frac{q_j}{p_j} \right)^k.$$

对于 $x = 1, 2, 3, \cdots$, 为了得到等式 (5.11) 第二行中 r^x 的系数, 我们必须考虑如何使 ik 乘积等于 x, 这是因为我们需针对 k 的所有可能取值对下面的式子进行求和,

$$\frac{(-1)^{k+1}}{k} \sum_{j=1}^{J} n_{ij} \left(\frac{q_j}{p_j} \right)^k.$$

k 的限制条件如下:

(i) 显然 k 必须是 x 的约数.

(ii) 注意 i 表示保额, 且 I 为最大保额. 那么, 若 $ki = x$ 且 $i \leqslant I$, 则 $x \leqslant kI$ 或 $k \geqslant x/I$. 这就意味着求和下限必须为大于或等于 x/I 的最小整数, 并且它也是 x 的约数. 例如, 当 $x = 6$ 且 $I = 4$ 时, k 的所有可能取值只有 2, 3 和 6.

(iii) 求和上限要么为 x, 要么为 K, 取其中较小的一个. 注意当上限为 K 时, K 值是有效的当且仅当 K 为 x 的约数. 例如, 在上述条件 (ii) 的阐述中, 当 $K = 4$ 时和式的上限为 3, 这是因为 4 不是 6 的约数.

综上, 我们有

$$b_x^{(K)} = \sum_{k=\{x/I\},k|x}^{\min(K,x)} \frac{(-1)^{k+1}}{k} \sum_{j=1}^{J} n_{x/k,j} \left(\frac{q_j}{p_j}\right)^k, \tag{5.12}$$

其中 $k|x$ 表示 k 为 x 的一个约数, $\{x/I\}$ 表示大于或等于 x/I 的最小整数. 当然, 当 $x \leqslant I$ 时, 求和下限为 1.

对于 $x = 0, 1, 2, \cdots$, 根据已有公式计算出 $b_x^{(K)}$ 的值之后, 即可计算 $g_x^{(K)}$, $x = 0, 1, 2, \cdots$, 递推公式如下:

$$g_x^{(K)} = \frac{1}{x} \sum_{j=1}^{x} j b_j^{(K)} g_{x-j}^{(K)}, \quad x = 1, 2, 3, \cdots, \tag{5.13}$$

其中初值为 $g_0^{(K)} = \exp\{b_0^{(K)}\}$. 为了说明这一点, 由公式 (5.10) 可以看出

$$P_K'(r) = Q_K'(r) P_K(r),$$

或者写成和式的形式,

$$\sum_{x=1}^{\infty} x r^{x-1} g_x^{(K)} = \sum_{x=1}^{\infty} x r^{x-1} b_x^{(K)} \sum_{y=0}^{\infty} r^y g_y^{(K)}.$$

通过上式中 r 的幂系数相等即可得到等式 (5.13), 其中递推公式的初值为

$$P_K(0) = g_0^{(K)} = \exp\{Q_K(0)\} = \exp\{b_0^{(K)}\}.$$

最后, 注意到当 $x > IK$ 时, 等式 (5.12) 中的求和下限要大于其求和上限, 故当 $x > IK$ 时, $b_x^{(K)} = 0$. 因此, 对于 $x = 1, 2, 3, \cdots$, 可以通过下式计算 $g_x^{(K)}$,

$$g_x^{(K)} = \frac{1}{x} \sum_{j=1}^{\min(x,IK)} j b_j^{(K)} g_{x-j}^{(K)}.$$

Kornya 方法给出了 S 分布的一个近似. K 的值越大, 我们预期近似效果越好, 而在实际应用中, $K = 4$ 时的近似结果就已经很好了. 若对所有的 j 均有 $q_j < 1/3$, 则可以证明

$$\sup_y \left| \sum_{x=0}^{y} g_x - \sum_{x=0}^{y} \left| g_x^{(K)} \right| \right| \leqslant \exp\{\sigma(K)\} - 1,$$

其中

$$\sigma(K) = \frac{8}{3(K+1)} \sum_{i=1}^{I} \sum_{j=1}^{J} n_{ij} \left(\frac{q_j}{p_j}\right)^{K+1}. \tag{5.14}$$

5.7 节给出的参考文献中可以找到该结论的相关证明.

Kornya 方法是一种使用起来便捷有效的计算工具. 与其他方法一样, 在 5.6 节中我们将给出数值例子.

5.5 复合泊松近似

本节我们将阐述如何利用复合泊松分布来近似累积索赔分布, 并且给出该近似的误差界. 在提出思想原理时, 我们回到 5.2 节中的一般模型. 我们抛开前两节中每次索赔额固定这一假设, 因此不能像之前章节那样通过死亡概率和保额来对保单持有人进行分类.

设 G_i 为第 i 份保单下所支付的索赔额的分布函数. 正如 5.2 节所述, G_i 是一个 (非常简单的) 复合二项分布. 假设所有的索赔额都是非负的, 并再次令 $p_i = 1 - q_i$, 则对于 $x \geqslant 0$ 和 $i = 1, 2, \cdots, n$, 有

$$G_i(x) = p_i + q_i F_i(x),$$

并且 G 可以表示为

$$G(x) = G_1 * G_2 * \cdots * G_n(x) = \mathop{\ast}_{i=1}^{n} G_i(x).$$

虽然复合二项分布的卷积没有简单的表达形式, 但正如 4.3 节所述, 复合泊松分布的卷积是存在简单表达式的, 由此我们萌生了一个简单的想法: 对于任意的 $i = 1, 2, \cdots, n$, 用复合泊松分布 P_i 近似 G_i, 并且用 P 来近似 G, 其中

$$P(x) = \mathop{\ast}_{i=1}^{n} P_i(x)$$

也是一个复合泊松分布.

对于 $x \geqslant 0$ 和 $i = 1, 2, \cdots, n$, 令

$$P_i(x) = \sum_{n=0}^{\infty} e^{-\lambda_i} \frac{\lambda_i^n}{n!} F_i^{n*}(x).$$

注意 G_i 和 P_i 都为复合分布, 它们的索赔次数分布不同, 但个体索赔额的分布相同.

参数 λ_i 的选取方法有两种. 在第一种方法中, 我们可以设 $\lambda_i = q_i$, 使得精确二项计数分布和近似泊松分布下的期望索赔次数相同. 在第二种方法中, 我们可以设 $\exp\{-\lambda_i\} = p_i$, 使得每个计数分布下不发生索赔的概率相等. 实际应用中, 当 $\{q_i\}_{i=1}^n$ 很小时, 两种选取方法的区别不大. 表 5.1 给出了不同 q_i 取值下, 两种方法计算得到的 λ_i 和 $\Pr(N_i > 1)$ 的值, 其中 $N_i \sim P(\lambda_i)$. 表 5.1 给出的信息十分清楚, 如果 q_i 的值很小, 那么两种方法得到的 λ_i 的值几乎相同, 另外, 当 q_i 很小时, 两种方法都能很好地近似 $B(1, q_i)$ 分布. 在两种泊松分布近似下, 尽管索赔次数大于 1 的概率都是非零的, 但已经充分接近于零, 因此并不会造成困扰.

表 **5.1**　λ_i 选取方法的比较

	$\lambda_i = q_i$		$\exp\{-\lambda_i\} = p_i$	
q_i	λ_i	$\Pr(N_i > 1)$	λ_i	$\Pr(N_i > 1)$
0.1	0.1	0.0047	0.1054	0.0052
0.01	0.01	5×10^{-5}	0.0101	5×10^{-5}
0.001	0.001	5×10^{-7}	0.0010	5×10^{-7}
0.0001	0.0001	5×10^{-9}	0.0001	5×10^{-9}

本节的主要结论如下: 对于任意的 x,

$$\sum_{i=1}^{n} \left(p_i - e^{-\lambda_i}\right)^- \leqslant G(x) - P(x) \leqslant \sum_{i=1}^{n} \left(p_i - e^{-\lambda_i} + \left(q_i - \lambda_i e^{-\lambda_i}\right)^+\right), \qquad (5.15)$$

其中 $z^+ = \max(0, z)$, $z^- = \min(0, z)$. 为了证明该结论, 我们需要以下两个辅助结论.

(i) 设 F, G 和 H 为分布函数, 并令 a 和 b 为常数, 使得对于所有的 x 都有

$$a \leqslant F(x) - G(x) \leqslant b,$$

那么对于所有的 x, 有

$$a \leqslant F * H(x) - G * H(x) \leqslant b. \qquad (5.16)$$

(ii) 设 $\{F_i\}_{i=1}^n$ 和 $\{G_i\}_{i=1}^n$ 为分布函数, 且对所有的 x 和 $i = 1, 2, \cdots, n$, 都满足

$$a_i \leqslant F_i(x) - G_i(x) \leqslant b_i,$$

则有

$$\sum_{i=1}^{n} a_i \leqslant \mathop{*}_{i=1}^{n} F_i(x) - \mathop{*}_{i=1}^{n} G_i(x) \leqslant \sum_{i=1}^{n} b_i. \qquad (5.17)$$

为了证明不等式 (5.16), 我们注意到

$$F * H(x) = \int_{-\infty}^{\infty} F(x - y) dH(y),$$

并由此可得

$$F * H(x) - G * H(x) = \int_{-\infty}^{\infty} [F(x - y) - G(x - y)] dH(y).$$

由于 $a \leqslant F(x-y) - G(x-y) \leqslant b$, 即可得到上式积分结果的上下界.

我们利用数学归纳法证明不等式 (5.17). 根据定义, 当 $n = 1$ 时不等式 (5.17) 成立. 现假设其在 $n = k - 1$ 时成立, 从而有

$$\sum_{i=1}^{k-1} a_i \leqslant \mathop{*}_{i=1}^{k-1} F_i(x) - \mathop{*}_{i=1}^{k-1} G_i(x) \leqslant \sum_{i=1}^{k-1} b_i. \qquad (5.18)$$

由于不等式 (5.18) 中的卷积为分布函数, 因此可以将不等式 (5.16) 中的结果运用到 (5.18) 中, 从而得到

$$\sum_{i=1}^{k-1} a_i \leqslant \left(\mathop{*}_{i=1}^{k-1} F_i \right) * F_k(x) - \left(\mathop{*}_{i=1}^{k-1} G_i \right) * F_k(x) \leqslant \sum_{i=1}^{k-1} b_i. \tag{5.19}$$

同时, 由于

$$a_k \leqslant F_k(x) - G_k(x) \leqslant b_k,$$

将不等式 (5.16) 中的结论运用到该不等式可得

$$a_k \leqslant F_k * \left(\mathop{*}_{i=1}^{k-1} G_i \right)(x) - G_k * \left(\mathop{*}_{i=1}^{k-1} G_i \right)(x) \leqslant b_k. \tag{5.20}$$

将不等式 (5.19) 和不等式 (5.20) 相加, 即可得到 (5.17).

接下来我们证明不等式 (5.15). 回忆 G 和 P 的定义:

$$G(x) = \mathop{*}_{i=1}^{n} G_i(x), \quad P(x) = \mathop{*}_{i=1}^{n} P_i(x).$$

若对于 $n = 1$, 不等式 (5.15) 成立, 那么由不等式 (5.17) 可知对于任意的 n 值, 不等式 (5.15) 都成立. 因此我们只需证明当 $n = 1$ 时不等式 (5.15) 成立即可. 对于 $x \geqslant 0$, 我们有

$$G_i(x) = p_i + q_i F_i(x),$$

并且

$$P_i(x) = \sum_{n=0}^{\infty} e^{-\lambda_i} \frac{\lambda_i^n}{n!} F_i^{n*}(x),$$

因此

$$
\begin{aligned}
G_i(x) - P_i(x) &= p_i + q_i F_i(x) - \sum_{n=0}^{\infty} e^{-\lambda_i} \frac{\lambda_i^n}{n!} F_i^{n*}(x) \\
&= (p_i - e^{-\lambda_i}) + (q_i - \lambda_i e^{-\lambda_i}) F_i(x) - \sum_{n=2}^{\infty} e^{-\lambda_i} \frac{\lambda_i^n}{n!} F_i^{n*}(x) \\
&\leqslant (p_i - e^{-\lambda_i}) + (q_i - \lambda_i e^{-\lambda_i}) F_i(x) \\
&\leqslant (p_i - e^{-\lambda_i}) + (q_i - \lambda_i e^{-\lambda_i})^+.
\end{aligned}
$$

注意最后一步成立是因为当 $q_i - \lambda_i e^{-\lambda_i} < 0$ 时, $(q_i - \lambda_i e^{-\lambda_i}) F_i(x) < 0 = (q_i - \lambda_i e^{-\lambda_i})^+$; 当 $q_i - \lambda_i e^{-\lambda_i} \geqslant 0$ 时,

$$(q_i - \lambda_i e^{-\lambda_i}) F_i(x) = (q_i - \lambda_i e^{-\lambda_i})^+ F_i(x) \leqslant (q_i - \lambda_i e^{-\lambda_i})^+.$$

为了证明其下界, 利用 $F_i \geqslant F_i^{n*}$ $(n = 2, 3, 4, \cdots)$ 这一事实, 则有

$$G_i(x) - P_i(x) = p_i + q_i F_i(x) - \sum_{n=0}^{\infty} e^{-\lambda_i} \frac{\lambda_i^n}{n!} F_i^{n*}(x)$$

$$\geqslant p_i + q_i F_i(x) - e^{-\lambda_i} - \sum_{n=1}^{\infty} e^{-\lambda_i} \frac{\lambda_i^n}{n!} F_i(x)$$

$$= (p_i - e^{-\lambda_i}) + (q_i - (1 - e^{-\lambda_i})) F_i(x)$$

$$= (p_i - e^{-\lambda_i}) + (e^{-\lambda_i} - p_i) F_i(x)$$

$$\geqslant (p_i - e^{-\lambda_i}) + (e^{-\lambda_i} - p_i)^-.$$

为了完成上面推导中的最后一步, 我们要注意当 $e^{-\lambda_i} - p_i \geqslant 0$ 时, $(e^{-\lambda_i} - p_i)^- = 0$; 当 $e^{-\lambda_i} - p_i < 0$ 时,

$$(e^{-\lambda_i} - p_i) F_i(x) = (e^{-\lambda_i} - p_i)^- F_i(x) \geqslant (e^{-\lambda_i} - p_i)^-.$$

最后, 由于 $z + (-z)^- = z^-$, 则有

$$G_i(x) - P_i(x) \geqslant (p_i - e^{-\lambda_i})^-.$$

至此, 我们已经证明了当 $x \geqslant 0$ 时, 不等式 (5.15) 成立. 由于已经假设 $x < 0$ 时, $F_i(x) = 0$, 于是当 $x < 0$ 时, $G_i(x) - P_i(x) = 0$. 因此, 当 $x < 0$ 时误差界没有实际意义, 但此时不等式 (5.15) 仍然成立.

5.6　数　值　实　例

表 5.2 给出了一个假想寿险保单组合中每一年龄对应的保单持有人数量、死亡抚恤金以及死亡概率. 就每一笔死亡抚恤金而言, 这是一个相当直观的风险组合, 因为它只对应一种死亡概率. 对于该风险组合, 由公式 (5.1) 和 (5.2) 可以得到 $E[S] = 107.03$ 以及 $V[S] = 1073.16$.

表 5.2　死亡概率和保额

年龄	死亡抚恤金	死亡概率/($\times 10^3$)	保单持有人数量
45	15	1.467	600
46	14	2.064	600
47	12	2.660	400
48	11	3.003	400
49	10	3.386	400
50	8	3.813	400
51	6	4.290	400
52	4	4.821	400
53	2	5.410	400
54	1	6.065	400

根据前面几节描述的计算方法, 表 5.3 给出了 $\Pr(S \leqslant x)$ 的精确值和近似值.

表 5.3 $\Pr(S \leqslant x)$ 的精确值与近似值

x	DP	DPA	K2	K3	CP1	CP2	N
25	0.0013	0.0013	0.0013	0.0013	0.0013	0.0013	0.0061
50	0.0298	0.0298	0.0298	0.0298	0.0299	0.0296	0.0408
75	0.1690	0.1690	0.1691	0.1690	0.1694	0.1681	0.1641
100	0.4437	0.4437	0.4437	0.4437	0.4439	0.4419	0.4150
125	0.7262	0.7261	0.7262	0.7262	0.7260	0.7243	0.7083
150	0.9015	0.9014	0.9015	0.9015	0.9012	0.9003	0.9052
175	0.9736	0.9735	0.9736	0.9736	0.9734	0.9731	0.9810
200	0.9946	0.9945	0.9946	0.9946	0.9945	0.9945	0.9977
225	0.9991	0.9990	0.9991	0.9991	0.9991	0.9991	0.9998
250	0.9999	0.9998	0.9999	0.9999	0.9999	0.9999	1.0000

对表 5.3 的说明如下:

1. DP 表示利用 De Pril 递推公式计算出的精确值;

2. DPA 表示利用公式 (5.7) 和 (5.8) 给出的 De Pril 递推公式计算出的近似值, 其中 $K = 2$;

3. K2 表示根据参数 $K = 2$ 的 Kornya 方法计算的近似值;

4. K3 表示根据参数 $K = 3$ 的 Kornya 方法计算的近似值;

5. CP1 表示当每份保单的泊松参数为死亡概率时的复合泊松近似;

6. CP2 表示当每份保单的泊松参数为 $-\log(1 - q)$ 时的复合泊松近似, 其中 q 为保单持有人的死亡概率;

7. N 表示正态近似, 其中近似正态分布的均值为 107.03, 方差为 1073.16. 当保单持有人的数量很大时, 这是一个很自然的近似, 而它的理论基础是中心极限定理.

由表 5.3 可以看出 DPA, K2 和 K3 所在列的近似效果都很好. 尽管复合泊松分布近似的效果要稍微差些, 但相对而言仍然不错. 在所有近似估计中, 正态近似的效果最差, 然而, 图 5.1 给出了精确分布函数的曲线, 由此可以发现作为一个简单近似方法, 正态近似也是合理的.

就所需的计算时间而言, 所有的近似方法几乎都可以立刻得到结果, 但精确计算的速度就要慢得多. 对于用 De Pril 方法和 Kornya 方法的近似, 虽然 K 的取值都很小, 但每次近似的误差也都很小. 在用 De Pril 方法近似时, 由公式 (5.9) 可得 $\delta(2) = 0.9934 \times 10^{-4}$, 因此有

$$\sum_{x=0}^{m^*} \left| g_x - g_x^K \right| \leqslant \exp\{\delta(K)\} - 1 = 0.9934 \times 10^{-4},$$

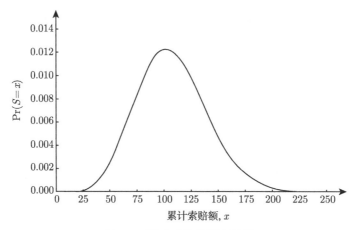

图 5.1 聚合索赔的概率函数

其中 $m^* = 39000$. 类似地, 对于参数 $K = 2$ 的 Kornya 方法, 根据公式 (5.14) 可得 $\sigma(2) = 0.000264$, 从而有

$$\sup_y \left| \sum_{x=0}^{y} g_x - \sum_{x=0}^{y} \left| g_x^{(K)} \right| \right| \leqslant 0.000264.$$

为了举例说明 5.3 节中 k 值越大, $h(i,k)$ 的绝对值越小这一结论, 对于选定的 i 值和 $k = 1, 2, 3, 4$, 表 5.4 给出了 $h(i,k)$ 的值. 由该表可以看出对于任意的 i, $h(i,k)$ 的绝对值都随着 k 值的增大而减小.

表 5.4 $h(i,k)$ 的值

i	$h(i,1)$	$h(i,2)$	$h(i,3)$	$h(i,4)$
1	2.441	-0.0149	9.088×10^{-5}	-5.546×10^{-7}
6	10.34	-0.0446	1.919×10^{-4}	-8.270×10^{-7}
10	13.59	-0.0462	1.569×10^{-4}	-5.330×10^{-7}
14	17.37	-0.0359	7.432×10^{-5}	-1.537×10^{-7}

对于复合泊松分布, 由不等式 (5.15) 我们可以发现真实分布函数与由 CP1 得到的近似分布之间的差位于区间 $(-0.0318, 0.0318)$, 而与由 CP2 得到的近似分布之间的差位于区间 $(0, 0.0319)$. 由表 5.3 我们发现精确值与复合泊松近似值之间的差确实在这些区间上. 另外, 我们还注意到对于 CP2 近似中的泊松参数选择, 其给出的近似分布函数的取值都小于真实分布函数.

最后, 我们需要说明的是实务中某一风险组合下的保险额度可能变化很大, 此时可以把保额进行四舍五入, 例如以 100 美元为近似单位进行舍入. 针对该情形, 进行精确计算既没必要也不合理.

5.7　注释与参考文献

De Pril (1986) 提出了以他的名字命名的递推公式, 并且在 De Pril (1988) 中讨论了该公式与 Kornya 方法的误差界. 在 De Pril (1989) 中, 他将递推公式推广到了索赔额为随机变量而不是固定数值的情形中——该结论的示例见习题 3. 关于 Kornya 方法的详细描述可参考 Kornya (1983). 5.5 节给出的误差界以及它们的推广可以参考 De Pril 和 Dhaene (1992). 关于本章给出的不同方法的实用综述可以参考 Kuon 等 (1987). 表 5.2 中的数据来自 Dickson 和 Waters (1999) 对多期 De Pril 递推公式的讨论.

5.8　习　　题

1. 下面的表格给出了某一寿险组合中的数据, 其中各死亡概率下的生存者是独立的.

死亡概率	保额	生存人数
0.001	1	100
0.002	1	300
0.002	2	200

(a) 计算该寿险组合下累积索赔额的均值和方差.

(b) 计算该寿险组合下累积索赔额为 2 的概率.

2. 某团体寿险保单为一个国内大学的退休金计划中一年内死亡的成员提供死亡抚恤金. 出于保险目的, 成员被分为学术型和普通型, 且假定不同死亡概率下的成员是相互独立的. 下面的表格给出了年龄为 45 岁时, 不同类型的成员人数、死亡抚恤金以及死亡概率.

类型	人数	死亡抚恤金	死亡概率
学术型	225	60	$0.95q$
普通型	300	45	q

(a) 求一年内所有生存者的累积索赔额的均值和方差, 用 q 表示.

(b) 若该保单下的累积索赔分布可以用复合泊松分布近似, 且在每个个体发生的索赔次数服从均值为个体死亡概率的泊松分布的假设下,

(i) 求该复合泊松近似分布;

(ii) 求该复合泊松分布的均值和方差, 用 q 表示;

(iii) 解释为什么 (ii) 的方差要比 (a) 中的大.

3. 考虑一个包含 n 份保单的风险组合. 对于 $i = 1, 2, \cdots, n$, 设 S_i 为保单 i 下支付的索赔额, 且对于 $x = 1, 2, 3, \cdots$, 设 $\Pr(S_i = 0) = p_i$, $\Pr(S_i = x) = q_i h_x$, 其中 $0 < p_i < 1$, $p_i + q_i = 1$, $q_i < 1/2$, 而 $\{h_x\}_{x=1}^{\infty}$ 为一分布律.

定义概率母函数

$$B(r) = \sum_{x=1}^{\infty} r^x h_x$$

和

$$C(r, n) = \sum_{x=1}^{\infty} r^x h_x^{n*} = B(r)^n.$$

令 $\{g_x\}_{x=0}^{\infty}$ 为 $S = \sum_{i=1}^{n} S_i$ 的分布律, 并设 $A(r) = E\left[r^S\right]$.

(a) 证明

$$\frac{d}{dr} A(r) = A(r) \sum_{i=1}^{n} \sum_{k=1}^{\infty} (-1)^{k-1} \left(\frac{q_i}{p_i}\right)^k \frac{1}{k} \frac{d}{dr} C(r, k),$$

其中假设

$$\left| \frac{q_i}{p_i} B(r) \right| < 1.$$

(b) 定义

$$f_x(i) = \sum_{k=1}^{\infty} \frac{(-1)^{k-1}}{k} \left(\frac{q_i}{p_i}\right)^k h_x^{k*}$$

和

$$\phi_x = \sum_{i=1}^{n} f_x(i).$$

根据 (a) 给出的表达式中 r 的幂系数相等, 证明对于 $x = 1, 2, 3, \cdots$,

$$g_x = \frac{1}{x} \sum_{i=1}^{x} i \phi_i g_{x-i},$$

并写出 g_0 的表达式.

(c) 证明 g_0 也可以表示为

$$g_0 = \exp\left(-\sum_{i=1}^{n} \sum_{k=1}^{\infty} \frac{(-1)^{k-1}}{k} \left(\frac{q_i}{p_i}\right)^k \right).$$

(d) 令 $g_x^{(m)}$ 为 g_x 的 m 阶近似, 其中对于 $x = 1, 2, 3, \cdots$,

$$g_x^{(m)} = \frac{1}{x} \sum_{i=1}^{x} i \phi_i^{(m)} g_{x-i}^{(m)},$$

$$\phi_x^{(m)} = \sum_{i=1}^{n} f_x^{(m)}(i),$$

且

$$f_x^{(m)}(i) = \sum_{k=1}^{m} \frac{(-1)^{k-1}}{k} \left(\frac{q_i}{p_i} \right)^k h_x^{k*}.$$

g_0 的 m 阶近似为

$$g_0^{(m)} = \exp \left(- \sum_{i=1}^{n} \sum_{k=1}^{m} \frac{(-1)^{k-1}}{k} \left(\frac{q_i}{p_i} \right)^k \right).$$

请验证该分布的一阶近似为一个复合泊松分布.

4. 某一寿险组合中, 保额为 $1, 2, \cdots, I$, 且对于任一给定的保额, 保单持有人的死亡概率都属于 J 种死亡概率中的一种. 对于 $j = 1, 2, \cdots, J$, 令 n_{ij} 表示保额为 i 且死亡概率为 q_j 的保单持有人的数量, 并记 $p_j = 1 - q_j$. 假设不同保单对应的索赔是相互独立的. 令 S 为该寿险组合一年内发生的累积索赔额, 对于 $k = 0, 1, 2, \cdots$, 设 $g_k = \Pr(S = k)$, 且令 $P_S(r) = E[r^S]$.

(a) 证明

$$\log P_S(r) = \log g_0 + \sum_{k=1}^{\infty} \frac{(-1)^{k+1}}{k} \sum_{i=1}^{I} \sum_{j=1}^{J} n_{ij} \left(\frac{q_j r^i}{p_j} \right)^k.$$

(b) 定义

$$S_k(r) = \sum_{i=1}^{I} \sum_{j=1}^{J} n_{ij} \left(\frac{q_j r^i}{p_j} \right)^k$$

和

$$Q_K(r) = \sum_{k=1}^{K} \frac{(-1)^{k+1}}{k} S_k(r) = \sum_{x=1}^{\infty} b_x^{(K)} r^x,$$

其中 $K \geqslant 1$. 求当 x 分别为奇数和偶数时 $b_x^{(2)}$ 的表达式, 并给出这些表达式非零时, x 的取值.

5. 编写计算机程序验证表 5.3 中的值.

第6章   破产理论简介

6.1   引　　言

破产理论来源于保险实务中的偿付能力这一概念. 偿付能力是一个相对复杂的话题, 但简单来说, 一个保险公司具有偿付能力是指它的资产足以支付它的负债. 这种说法似乎有些模糊, 实际中保险监管部门常常为保险公司设置一个偿付能力标准. 例如, 保险监管部门可以规定保险公司在一定期限内能偿还负债的概率为百分之九十九.

在破产理论中, 我们关注保险公司某个保单组合的盈余水平. 第 4 章考虑了某个保单组合在一个时段内的累积索赔额. 现在我们考虑引入索赔时间与索赔额度后盈余过程随时间的变化. 为了使数学上处理更方便, 假定保险公司有一定的初始资金, 然后收取保费并在索赔发生时进行赔付. 因此, 一个保险盈余过程由三部分组成: 初始盈余 (或零时刻的盈余)、保费收入与索赔支出. 在本章的模型中, 一旦盈余为零或为负, 我们就称破产发生.

本章主要目的是从概率的角度介绍破产理论的核心思想, 我们考虑离散时间风险模型, 而在接下来的两章里, 我们将该模型的研究思路运用到连续时间风险模型的分析中. 事实上, 在接下来的两章里, 我们会在连续时间模型下得到类似的结果. 首先在 6.2 节里我们给出模型的描述, 然后在 6.3 节中推导出终极破产概率满足的方程并给出一些特殊情况下的显式解. 在 6.4 节中我们讨论有限时间破产概率, 而在 6.5 节中我们证明一个在风险理论中非常重要的结果, 即 Lundberg 不等式.

6.2   离散时间风险模型

在本章我们讨论离散时间风险模型. 保险公司在时刻 n 的盈余 $U_d(n)$ 有如下定义:

$$U_d(n) = u + n - \sum_{i=1}^{n} Z_i, \quad n = 1, 2, 3, \cdots,$$

其中,

- $u = U_d(0)$ 是初始盈余, 或零时刻的盈余;
- Z_i 为保险公司在第 i 个时间段内的累积索赔额, 假定 $\{Z_i\}_{i=1}^{\infty}$ 是独立同分布的取值为非负整数的随机变量序列, 它们的分布律为 $\{h_k\}_{k=0}^{\infty}$, 分布函数为 H,

且 $E[Z_1] < 1$;

- 保险公司在单位时间内的保费收入为 1, 因此, 截止到时刻 n 的保费收入为 n. 称过程 $\{U_d(n)\}_{n=0}^{\infty}$ 为盈余过程, 其中下标 d 在本章表示所考虑的模型为离散时间. 从这里至本章末, 我们假定 u 取非负整数值, 因此盈余过程取整数值 (因为单位时间保费收入为 1, 索赔额也为整数).

盈余一旦为零或为负, 即称破产发生. 定义随机变量

$$T_{d,u} = \min\{n \geqslant 1 \colon U_d(n) \leqslant 0\}$$

为破产时间. 如果对于 $n = 1, 2, 3, \cdots$, 都有 $U_d(n) > 0$, 则令 $T_{d,u} = \infty$. 我们用 $\psi_d(u)$ 表示初始盈余为 u 的终极破产概率, 其定义如下:

$$\begin{aligned}\psi_d(u) &= \Pr(T_{d,u} < \infty) \\ &= \Pr\left(u + n - \sum_{i=1}^{n} Z_i \leqslant 0, \text{ 对某个 } n, \, n = 1, 2, 3, \cdots\right).\end{aligned}$$

注意在这个定义下, 如果初始时刻盈余为零, 破产并不在此时发生.

在进行数学分析之前, 我们给出这个模型的一些特征. 虽然单位时间保费收入为 1 的假设看起来不太合理, 但在实务中总可以选择一个时间区间使得单位时间保费收入为 1 (按某一货币单位, 例如 10000 \$). 在第 7 章我们将会发现, 这是一个简单合理的模型假设. 另外, $\{Z_i\}_{i=1}^{\infty}$ 的独立同分布假设意味着每个时间段内的累积索赔分布不随时间变化, 在短期内这个假设也算合理. 最后, $E[Z_1] < 1$ 意味着单位时间内的保费收入大于期望索赔额, 因此该假设可以写作 $1 = (1 + \theta)E[Z_1]$, 其中 θ 是保费负荷因子. 在第 4 章中我们发现通过适当的尺度调节, 可以应用单个索赔额是整数的模型, 同样在第 7 章中, 我们发现尺度调节方法也可以用到该离散时间模型中.

6.3 终极破产概率

在这一节, 我们导出一个终极破产概率满足的一般方程, 它可以用来计算 ψ_d. 同时, 我们也给出 $\psi_d(0)$ 的显式解, 并且证明对于某些形式的分布函数 H, ψ_d 也具有显式解.

考虑第一个时间段内的累积索赔额 Z_1. 如果 $Z_1 > u$, 则 $U_d(1) \leqslant 0$, 因此破产在时刻 1 发生; 如果 $Z_1 = j, \, j = 0, 1, 2, \cdots, u$, 则在时刻 1 的盈余是 $u + 1 - j$, 并且从这个盈余水平出发的终极破产概率是 $\psi_d(u + 1 - j)$, 这是因为 $\{Z_i\}_{i=1}^{\infty}$ 是独立同分布的随机变量序列. 如果在时刻 1 的盈余 $U_d(1) > 0$, 从这个盈余水平出发的终

极破产概率是

$$\Pr\left(U_d(1) + n - 1 - \sum_{i=2}^{n} Z_i \leqslant 0, \text{对某个 } n,\ n = 2, 3, 4, \cdots\right),$$

该表达式等于 $\psi_d(U_d(1))$.

经上述分析, 我们有

$$\psi_d(u) = \sum_{j=0}^{u} h_j \psi_d(u+1-j) + 1 - H(u), \quad u = 0, 1, 2, \cdots,$$

或等价地,

$$\psi_d(u) = \sum_{r=1}^{u+1} h_{u+1-r} \psi_d(r) + 1 - H(u). \tag{6.1}$$

由此知, 对于 $w = 0, 1, 2, \cdots,$

$$\begin{aligned}
\sum_{u=0}^{w} \psi_d(u) &= \sum_{u=0}^{w}\sum_{r=1}^{u+1} h_{u+1-r}\psi_d(r) + \sum_{u=0}^{w}[1 - H(u)] \\
&= \sum_{r=1}^{w+1} \psi_d(r) \sum_{u=r-1}^{w} h_{u+1-r} + \sum_{u=0}^{w}[1 - H(u)] \\
&= \sum_{r=1}^{w+1} \psi_d(r) H(w+1-r) + \sum_{u=0}^{w}[1 - H(u)] \\
&= \sum_{r=1}^{w} \psi_d(r) H(w+1-r) + \psi_d(w+1)h_0 + \sum_{u=0}^{w}[1 - H(u)].
\end{aligned}$$

对上式进行整理可得

$$\psi_d(w+1)h_0 = \psi_d(0) + \sum_{r=1}^{w} \psi_d(r)[1 - H(w+1-r)] - \sum_{r=0}^{w}[1 - H(r)]. \tag{6.2}$$

(对于公式 (6.2) 中 $w = 0$ 的情形, 我们约定如果 $b < a$, 则 $\sum_{j=a}^{b} = 0$, 且在本书的其他地方也采用该约定.)

由方程 (6.1) 还可以得到

$$\psi_d(w+1)h_0 = \psi_d(w) - \sum_{r=1}^{w} h_{w+1-r}\psi_d(r) - [1 - H(w)]. \tag{6.3}$$

令方程 (6.2) 和 (6.3) 左右两边相等, 可得

$$\psi_d(w) = \psi_d(0) + \sum_{r=1}^{w} \psi_d(r)[1 - H(w-r)] - \sum_{r=0}^{w-1}[1 - H(r)], \tag{6.4}$$

其中 $w = 0, 1, 2, \cdots$.

下面我们证明 $\psi_d(0) = E[Z_1]$. 首先用 $g_d(y)$ 表示从零初始盈余出发时发生破产且破产时的赤字是 y 的概率, 这里 $y = 0, 1, 2, \cdots$. (注意 " 零赤字 " 来自于 ψ_d 的定义, 尽管在字面意义上看保险人没有赤字.) 在使用函数 g_d 时, 应注意到它的另一个解释. 当 $y = 1, 2, 3, \cdots$ 且 $u > 0$ 时, $g_d(y)$ 也是盈余过程首次低于初始盈余 u 而且这时的盈余是 $u - y$ 的概率. 类似地, 当 $y = 0$ 时我们可以进行相应解释.

运用概率原理, 我们可以利用函数 g_d 得到关于 ψ_d 的表达式. 如果从初始盈余 u 出发后发生破产, 则有以下两种可能:

(i) 若在将来某个时刻盈余首次等于或低于初始水平, 并且在这个时刻的盈余是 $u - y$, $y = 0, 1, 2, \cdots, u - 1$, 则过程从盈余 $u - y$ 出发后才发生破产;

(ii) 若在将来某个时刻盈余首次等于或低于初始水平, 并且在这个时刻的盈余是零或负值, 则此时发生破产.

因此, 对于 $u = 1, 2, 3, \cdots$, 有

$$\psi_d(u) = \sum_{y=0}^{u-1} g_d(y)\psi_d(u-y) + \sum_{y=u}^{\infty} g_d(y). \tag{6.5}$$

而对于 $u = 0$,

$$\psi_d(0) = \sum_{y=0}^{\infty} g_d(y),$$

这是由于如果破产发生, 破产时的赤字取值为 $0, 1, 2, \cdots$ 中的一个. 方程 (6.5) 可以重新表示为

$$\psi_d(u) = \sum_{y=0}^{u-1} g_d(y)\psi_d(u-y) + \psi_d(0) - \sum_{y=0}^{u-1} g_d(y)$$

$$= \psi_d(0) + \sum_{y=1}^{u} g_d(u-y)\psi_d(y) - \sum_{y=0}^{u-1} g_d(y). \tag{6.6}$$

由方程 (6.4) 和 (6.6) 可得

$$g_d(y) = 1 - H(y), \quad y = 0, 1, 2, \cdots,$$

以及

$$\psi_d(0) = \sum_{y=0}^{\infty} [1 - H(y)] = E[Z_1].$$

因此方程 (6.5) 可以写为

$$\psi_d(u) = \sum_{y=0}^{u-1} [1 - H(y)]\psi_d(u-y) + \sum_{y=u}^{\infty} [1 - H(y)]. \tag{6.7}$$

例 6.1　假设 $\Pr(Z_1 = 0) = p = 1 - \Pr(Z_1 = 2)$, 其中 $0.5 < p < 1$, 那么在每一个时间段内, 盈余要么增加 1, 要么减少 1. 对于 $u = 1, 2, 3, \cdots$, 推导 $\psi_d(u)$ 的表达式.

解 6.1　令 $q = 1 - p$, 则 $E[Z_1] = 2q$, 因此 $\psi_d(0) = 2q$. 下一步, 因为 $H(0) = H(1) = p$, $H(k) = 1, k \geqslant 2$, 由公式 (6.7) 可导出

$$\psi_d(1) = q\psi_d(1) + q,$$

或等价地,

$$\psi_d(1) = q/p.$$

同理, 对于 $u = 2, 3, 4, \cdots$, 由公式 (6.7) 可得

$$\psi_d(u) = q\psi_d(u) + q\psi_d(u-1),$$

由此知

$$\psi_d(u) = (q/p)\psi_d(u-1) = (q/p)^u.$$

例 6.2　假设 $\Pr(Z_1 = 0) = p$ 和

$$\Pr(Z_1 = k) = q(1-\alpha)\alpha^{k-1}, \quad k = 1, 2, 3, \cdots,$$

其中 $0 < p < 1, p + q = 1, \alpha$ 取值确保 $E[Z_1] < 1$. 对于 $u = 0, 1, 2, \cdots$, 推导 $\psi_d(u)$ 的表达式.

解 6.2　首先, 对于 $k = 0, 1, 2, \cdots$, 容易看出

$$H(k) = 1 - q\alpha^k,$$

简单计算可得

$$E[Z_1] = \sum_{k=0}^{\infty} [1 - H(k)] = \frac{q}{1-\alpha},$$

因此 $\psi_d(0) = q/(1-\alpha)$. 把 H 的表达式代入到方程 (6.7) 可得

$$\psi_d(u) = \sum_{y=0}^{u-1} q\alpha^y \psi_d(u-y) + \sum_{y=u}^{\infty} q\alpha^y,$$

或者

$$\psi_d(u) = \sum_{y=1}^{u} q\alpha^{u-y} \psi_d(y) + \sum_{y=u}^{\infty} q\alpha^y. \tag{6.8}$$

把初始盈余增加 1, 可得

$$\psi_d(u+1) = \sum_{y=1}^{u+1} q\alpha^{u+1-y}\psi_d(y) + \sum_{y=u+1}^{\infty} q\alpha^y. \tag{6.9}$$

公式 (6.8) 两边同时乘 α 得到

$$\alpha\psi_d(u) = \sum_{y=1}^{u} q\alpha^{u+1-y}\psi_d(y) + \sum_{y=u+1}^{\infty} q\alpha^y. \tag{6.10}$$

公式 (6.9) 减去公式 (6.10) 可得

$$\psi_d(u+1) - \alpha\psi_d(u) = q\psi_d(u+1)$$

或

$$\psi_d(u+1) = \frac{\alpha}{p}\psi_d(u),$$

其中 $u = 0, 1, 2, \cdots$. 因此

$$\psi_d(u) = \psi_d(0)\left(\frac{\alpha}{p}\right)^u = \frac{q}{1-\alpha}\left(\frac{\alpha}{p}\right)^u.$$

6.4 有限时间破产概率

对于一个取整数值的 t, 我们定义有限时间破产概率如下:

$$\psi_d(u, t) = \Pr(T_{d,u} \leqslant t).$$

这里 $\psi_d(u, t)$ 表示初始盈余为 u 且破产在时刻 t 或时刻 t 前发生的概率.

$\psi_d(u, t)$ 的显式表达式一般不存在, 然而我们可以用递推算法计算这个概率. 首先考虑 $t = 1$ 的情况. 如果 $Z_1 > u$, 则破产就在时刻 1 发生, 因此

$$\psi_d(u, 1) = \sum_{k=u+1}^{\infty} h_k = 1 - H(u). \tag{6.11}$$

对于大于 1 的任意整数 t, 有

$$\psi_d(u, t) = \psi_d(u, 1) + \sum_{k=0}^{u} h_k\psi_d(u+1-k, t-1), \tag{6.12}$$

该表达式可以通过考虑第一个时间段内发生的所有事件得到. 如果破产在时刻 t 或时刻 t 前发生, 要么

(i) $Z_1 > u$, 则破产在时刻 1 发生, 要么

(ii) $Z_1 = k$, $k = 0, 1, 2, \cdots, u$, 则从时刻 1 的盈余水平 $u + 1 - k$ 开始, 破产发生在接下来的 $t - 1$ 个时间段内.

如果分布律 $\{h_k\}_{k=0}^{\infty}$ 已知, 我们就可以通过上述递推公式计算有限时间破产概率. 对于固定的 u 和 t, 假设我们要计算 $\psi_d(u, t)$. 第一步是通过公式 (6.11) 计算 $\psi_d(\omega, 1)$, $\omega = 1, 2, 3, \cdots, u + t - 1$. 第二步是通过公式 (6.12) 计算 $\psi_d(\omega, 2)$, $\omega = 1, 2, 3, \cdots, u + t - 2$. 如果我们已经计算出 $\psi_d(\omega, \tau - 1)$, $\omega = 1, 2, 3, \cdots, u + t - \tau + 1$, 利用公式 (6.12) 就可以计算 $\psi_d(\omega, \tau)$, $\omega = 1, 2, 3, \cdots, u + t - \tau$, 这样一直计算下去直至得到 $\psi_d(\omega, t - 1)$, $\omega = 1, 2, 3, \cdots, u + 1$. 最后一组数可以用来计算 $\psi_d(u, t)$.

如果 u 和 t 取很大值, 用上述步骤计算 $\psi_d(u, t)$ 相当耗时 (即使用电脑也如此). 由于上述计算中很多概率值都非常小, 因此我们可以忽略这些小概率, 从而省去很多计算. 对于一个非常小的常数 $\epsilon > 0$, 令 k_1 是使 $H(k_1) \geqslant 1 - \epsilon$ 成立的最小整数, 并定义

$$
h_k^\epsilon = \begin{cases} h_k, & k = 0, 1, 2, \cdots, k_1, \\ 0, & k = k_1 + 1, k_1 + 2, \cdots \end{cases}
$$

和

$$
\psi_d^\epsilon(u, 1) = \begin{cases} 1 - H(u), & u = 0, 1, 2, \cdots, k_1, \\ 0, & u = k_1 + 1, k_1 + 2, \cdots, \end{cases}
$$

即把那些小于 ϵ 的值设为零.

对于 $t = 2, 3, 4, \cdots$, 令

$$
\psi_d^\epsilon(u, t) = \psi_d^\epsilon(u, 1) + \sum_{k=0}^{u} h_k^\epsilon \psi_d^\epsilon(u + 1 - k, t - 1), \tag{6.13}
$$

其中 $u = 0, 1, 2, \cdots, k_t$, 而 k_t 是确保如下不等式成立的整数:

$$
\psi_d(k_t - 1, t) > \epsilon \geqslant \psi_d(k_t, t).
$$

当 $u = k_t + 1, k_t + 2, \cdots$ 时, 令 $\psi_d^\epsilon(u, t) = 0$.

我们可以用 $\psi_d^\epsilon(u, t)$ 近似 $\psi_d(u, t)$, 且有如下误差:

$$
\psi_d^\epsilon(u, t) \leqslant \psi_d(u, t) \leqslant \psi_d^\epsilon(u, t) + 3t\epsilon, \tag{6.14}
$$

其中 $t = 1, 2, 3, \cdots$. 我们不证明该结果, 只是指出用 $\psi_d^\epsilon(u, t)$ 近似 $\psi_d(u, t)$ 的几点好处. 首先, 通过适当选取 ϵ 值, 我们可以控制误差. 例如, 设 $\epsilon = 10^{-3}/(3t)$, 则近似误差不超过 10^{-3}. 其次, 公式 (6.13) 中的求和上限是 $\min(u, k_1)$, 这是由于当 $k > k_1$ 时, $h_k^\epsilon = 0$; 求和下限是 $\max(0, u + 1 - k_{t-1})$, 这是由于当 $j > k_{t-1}$ 时, $\psi_d^\epsilon(j, t-1) = 0$. 因此, 计算 $\psi_d^\epsilon(u, t)$ 的运算次数相比计算 $\psi_d(u, t)$ 而言就大为减少.

在第 8 章, 我们将给出该算法的一个应用.

6.5 Lundberg 不等式

在 6.3 节的每个例题中, 当 $u > 0$ 时, $\psi_d(u)$ 均是一个指数函数. 在本节, 我们推导著名的 Lundberg 不等式, 该不等式表明当 Z_1 的矩母函数存在时, ψ_d 有一个指数函数上界. 为了推导这一结果, 我们引入调节系数这一概念.

针对盈余过程, 定义调节系数为下面方程的唯一正根

$$E\left[\exp\{r(Z_1 - 1)\}\right] = 1,$$

并将其记作 R_d, 即 R_d 由下式给出:

$$E\left[\exp\{R_d(Z_1 - 1)\}\right] = 1.$$

我们并没有给出该定义的背后动机, 但这可以在后面的 Lundberg 不等式的证明中体会到. 为了证明调节系数的存在性, 我们考虑函数

$$g(r) = E\left[\exp\{r(Z_1 - 1)\}\right].$$

首先, 注意到当 $r > 0$ 时, $g(r) > 0$, 即该函数值为正. 同时注意到 $g(0) = 1$ 和

$$g'(r) = E\left[(Z_1 - 1)\exp\{r(Z_1 - 1)\}\right],$$

其中由后者知 $g'(0) = E[Z_1] - 1 < 0$, 这说明函数在零点递减. 其次, 函数的任何拐点必是一个极小值点, 这是因为

$$g''(r) = E\left[(Z_1 - 1)^2 \exp\{r(Z_1 - 1)\}\right] > 0.$$

由于 $\lim_{r \to \infty} g(r) = \infty$, 则该函数只有一个拐点, 其中函数在无穷远处的极限可从下式看出

$$g(r) = \sum_{k=0}^{\infty} e^{r(k-1)} h_k > \sum_{k=2}^{\infty} e^{r(k-1)} h_k > e^r \sum_{k=2}^{\infty} h_k = e^r (1 - H(1)).$$

综上分析, 函数 $g(r)$ 的曲线先从 $r = 0$ (函数取值为 1) 到拐点处下降, 然后一直上升. 从图 6.1 可看出, 存在唯一一个正数 R_d 使得 $g(R_d) = 1$.

例 6.3 假设 $\Pr(Z_1 = 0) = p = 1 - \Pr(Z_1 = 2)$, 其中 $0.5 < p < 1$ (和例 6.1一样). 求 R_d.

解 6.3 令 $q = 1 - p$, 我们有

$$E\left[\exp\{R_d(Z_1 - 1)\}\right] = p\exp\{-R_d\} + q\exp\{R_d\}, \tag{6.15}$$

令它等于 1 可得

$$q \exp\{2R_d\} - \exp\{R_d\} + p = 0.$$

该二次方程有两个根, 分别为 $\exp\{R_d\} = 1$ 和 $\exp\{R_d\} = p/q$. 进一步地, 由于 R_d 是方程 (6.15) 的正根, 故 $R_d = \log(p/q)$.

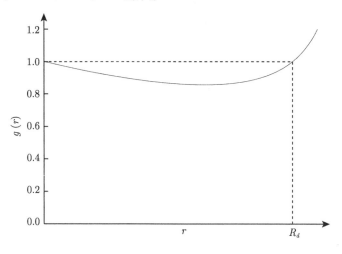

图 6.1   函数 g

称下面的不等式为 Lundberg 不等式

$$\psi_d(u) \leqslant e^{-R_d u}.$$

因为

$$\psi_d(u) = \lim_{t \to \infty} \psi_d(u, t),$$

则 Lundberg 不等式的证明可以通过证明如下不等式来完成:

$$\psi_d(u, t) \leqslant e^{-R_d u}, \quad t = 1, 2, 3, \cdots.$$

我们对变量 t 用数学归纳法来证明上述不等式. 由于

$$\psi_d(u, 1) = \sum_{k=u+1}^{\infty} h_k,$$

且当 $k = u+1, u+2, u+3, \cdots$ 时, $\exp\{-R_d(u+1-k)\} \geqslant 1$, 故利用指数函数的非

负性有

$$\psi_d(u,1) \leqslant \sum_{k=u+1}^{\infty} e^{-R_d(u+1-k)} h_k$$

$$\leqslant \sum_{k=0}^{\infty} e^{-R_d(u+1-k)} h_k$$

$$\leqslant e^{-R_d u} \sum_{k=0}^{\infty} e^{R_d(k-1)} h_k$$

$$= e^{-R_d u},$$

其中最后一步利用了如下结果:

$$\sum_{k=0}^{\infty} e^{R_d(k-1)} h_k = E\left[\exp\{R_d(Z_1-1)\}\right] = 1.$$

现在假定对于一个取值固定且大于或等于 1 的 t, $\psi_d(u,t) \leqslant e^{-R_d u}$ 成立. 由于

$$\psi_d(u,t+1) = \psi_d(u,1) + \sum_{k=0}^{u} h_k \psi_d(u+1-k,t),$$

利用归纳假设可得

$$\psi_d(u,t+1) \leqslant \sum_{k=u+1}^{\infty} h_k + \sum_{k=0}^{u} h_k e^{-R_d(u+1-k)},$$

又因为

$$\sum_{k=u+1}^{\infty} h_k \leqslant \sum_{k=u+1}^{\infty} e^{-R_d(u+1-k)} h_k,$$

故有

$$\psi_d(u,t+1) \leqslant \sum_{k=0}^{\infty} e^{-R_d(u+1-k)} h_k = e^{-R_d u}.$$

证明完毕.

例 6.4 假设 $\Pr(Z_1=0) = 0.8 = 1 - \Pr(Z_1=3)$, 计算 $\psi_d(5)$ 的上界.

解 6.4 R_d 满足如下方程:

$$0.2\exp\{3R_d\} - \exp\{R_d\} + 0.8 = 0.$$

利用数值方法 (如 Newton-Raphson 方法) 求解可得 $R_d = 0.4457$, 进一步可得上界

$$\psi_d(5) \leqslant \exp\{-5 \times 0.4457\} = 0.1077.$$

6.6　注释与参考文献

本章讨论的模型被作复合二项模型, 这是因为 $\{h_k\}_{k=0}^{\infty}$ 是复合二项分布, 其中计数分布是 $B(1, 1 - h_0)$, 单个索赔额的分布律是 $\{h_k/(1 - h_0)\}_{k=1}^{\infty}$.

例 6.1 是概率论中非常有名的问题, 它被称为赌徒的破产问题. 读者可参考 Grimmett 和 Welsh (1986).

截尾后再用递推法计算 $\psi_d(u, t)$ 的算法是在 De Vylder 和 Goovaerts (1988) 中提出的, 该文章也给出了公式 (6.14) 的证明.

熟悉鞅的读者肯定会发现过程 $\{\exp\{-R_d U(n)\}\}_{n=0}^{\infty}$ 是一个鞅过程, 而且 Lundberg 不等式可以通过鞅方法证明, 读者可参考 Gerber(1979) 或 Rolski 等 (1999). 在鞅方法中, 定义 R_d 的方程显得很自然, 这一点同样适用于第 7 章中连续时间模型中的调节系数的定义. 由于鞅方法在证明第 7 章与第 8 章中的结果不是必需的, 本书不会对该方法进行讨论.

6.7　习　　题

1. 假设 $\Pr(Z_1 = 0) = p = 1 - \Pr(Z_1 = 3) = 1 - q$ 且 $E[Z_1] < 1$.

(a) 对于 $u = 0, 1, 2$, 求 $\psi_d(u)$ 的表达式; 对于 $u = 3, 4, 5, \cdots$, 证明

$$\psi_d(u) = \frac{q}{p}\left(\psi_d(u-1) + \psi_d(u-2)\right).$$

(b) 当 $p = 0.8$ 时, 求出最小的 u 使得 $\psi_d(u) < 0.01$.

2. 假设 $\Pr(Z_1 = 0) = p$ 且当 $k = 1, 2, 3, \cdots$ 时,

$$\Pr(Z_1 = k) = q(1 - \alpha)\alpha^{k-1},$$

其中 $0 < p < 1$, $p + q = 1$, $E[Z_1] < 1$. 证明 $R_d = \log(p/\alpha)$.

3. 定义

$$G_d(u, y) = \Pr(T_{d,u} < \infty \quad 且 \quad U_d(T_{d,u}) > -y),$$

其中 $u = 0, 1, 2, \cdots$, $y = 1, 2, 3, \cdots$. 这里 $G_d(u, y)$ 是过程从初始盈余 u 出发后发生破产且破产时的赤字小于 y 的概率.

(a) 验证公式

$$G_d(0, y) = \sum_{j=0}^{y-1}[1 - H(j)].$$

(b) 解释如下公式:

$$G_d(u,y) = \sum_{j=0}^{u-1}[1-H(j)]G_d(u-j,y) + \sum_{j=u}^{u+y-1}[1-H(j)].$$

(c) 假定 Z_1 的分布由习题 2 给出, 证明

$$G_d(u,y) = (1-\alpha^y)\frac{q}{1-\alpha}\left(\frac{\alpha}{p}\right)^u,$$

其中 $u = 0,1,2,\cdots$, $y = 0,1,2,\cdots$.

(d) 假定 Z_1 的分布由习题 1 给出. 如果过程从零初始盈余出发后发生破产, 证明破产时的赤字服从 $0, 1, 2$ 上的均匀分布.

4. 假设 $\Pr(Z_1 = 0) = 0.7$, $\Pr(Z_1 = 1) = 0.2$, $\Pr(Z_1 = 2) = 0.1$, 计算 $\psi_d(0,3)$.

第 7 章　经典破产理论

7.1　引　　言

第 6 章介绍了离散时间的盈余过程. 本章将介绍一个连续时间的风险过程, 即经典风险过程. 本章主要考虑终极破产概率, 原因如下: 第一, 终极破产概率比有限时间破产概率更容易处理; 第二, 本章介绍的思路可以用来解决第 8 章中更复杂的问题.

本章将用两种方法计算终极破产概率, 首先讨论如何求得终极破产概率的显式解, 其次讨论在破产概率没有显式解的情况下如何用数值方法计算破产概率.

本章首先给出经典风险过程的定义, 然后推导 Lundberg 不等式, 最后讨论终极破产概率的计算方法.

7.2　经典风险过程

在经典风险过程中, 对于固定的时间 $t > 0$, 保险公司的盈余取决于三部分: 初始资金, 截止到时间 t 收取的保费和截止到时间 t 支付的累积索赔额. 这三者中只有累积索赔额是随机的, 所以我们首先描述累积索赔过程 $\{S(t)\}_{t \geqslant 0}$.

令 $\{N(t)\}_{t \geqslant 0}$ 表示索赔计数过程, 对于固定的时间 $t > 0$, $N(t)$ 是区间 $[0, t]$ 内发生的索赔次数. 在经典风险过程中, 假定 $\{N(t)\}_{t \geqslant 0}$ 为泊松过程, 我们将在下一节对其进行简要介绍.

令随机变量序列 $\{X_i\}_{i=1}^{\infty}$ 表示单个索赔额序列, 其中 X_i 是第 i 个索赔额. 记 $S(t)$ 为截止到时间 t 的累积索赔额, 则

$$S(t) = \sum_{i=1}^{N(t)} X_i,$$

其中当 $N(t) = 0$ 时, $S(t) = 0$. 累积索赔过程 $\{S(t)\}_{t \geqslant 0}$ 是一个复合泊松过程, 它的部分性质将在下一节介绍.

盈余过程 $\{U(t)\}_{t \geqslant 0}$ 定义如下:

$$U(t) = u + ct - S(t),$$

其中 u 是初始盈余, c 是在连续收取保费假设下单位时间的保费率. 图 7.1 给出了盈余过程的一个样本轨道.

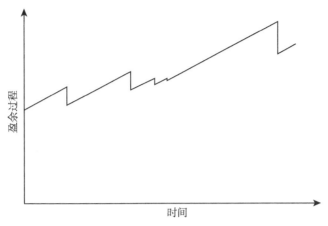

图 7.1 盈余过程的一个样本轨道

在本章中, 函数 F 表示索赔额 X_1 的分布函数, 假定 $F(0) = 0$, 这意味着所有的索赔额都是正数. 简单起见, 假定该分布是具有密度函数 f 的连续分布, 并沿用第 4 章的符号记法, 用 m_k 表示 X_1 的 k 阶原点矩. 当 X_1 的矩母函数存在时, 将它记为 M_X. 若矩母函数 M_X 存在, 则存在 γ, 其中 $0 < \gamma \leqslant \infty$, 使得当 $r < \gamma$ 时, $M_X(r)$ 是有限的, 且

$$\lim_{r \to \gamma^-} M_X(r) = \infty.$$

这个条件将在 7.5 节用到. 例如, 若 $X_1 \sim \gamma(3,3)$, 则 $M_X(r) = 27/(3-r)^3, r < 3$, 并且

$$\lim_{r \to 3^-} M_X(r) = \infty,$$

因此在该例中 γ 值为 3.

该模型是对现实的简化, 而更重要的模型简化还包括假定事故发生时立即全额支付索赔, 不考虑利息, 也不涉及费用. 尽管如此, 该模型也非常重要, 因为它能帮助我们洞察保险运营的一些特征.

7.3 泊松过程与复合泊松过程

在概率论中, 泊松过程有不同的定义方法, 为了便于理解, 本书采用下述定义. 计数过程中如果事件发生的间隔时间服从均值为 $1/\lambda$ 的指数分布, 则称该计数过程服从参数为 λ 的泊松过程. 在本书中, 事件是指索赔发生. 因此, 如果定义 A_i 为第 $(i-1)$ 次事件与第 i 次事件之间的时间间隔, A_1 为第一次事件的发生时间, 则 $\{A_i\}_{i=1}^{\infty}$ 是独立同分布的随机变量序列且服从均值为 $1/\lambda$ 的指数分布.

如果一个计数过程是泊松过程, 则截止到时间 t 发生的事件次数服从参数为 λt 的泊松分布. 根据泊松过程的定义, 对于一个固定的时间 $t > 0$, $N(t)$ 是到时间 t 为止事件发生的次数, 因此有

$$N(t) \geqslant n + 1 \Leftrightarrow \sum_{i=1}^{n+1} A_i \leqslant t, \quad n = 0, 1, 2, \cdots.$$

由于 $A_1, A_2, \cdots, A_{n+1}$ 服从均值为 $1/\lambda$ 的指数分布, 则 $\sum_{i=1}^{n+1} A_i$ 服从 $\gamma(n+1, \lambda)$ 分布. 因此

$$\Pr(N(t) \geqslant n + 1) = \Pr\left(\sum_{i=1}^{n+1} A_i \leqslant t\right) = 1 - \sum_{j=0}^{n} e^{-\lambda t} \frac{(\lambda t)^j}{j!},$$

等价地,

$$\Pr(N(t) \leqslant n) = \sum_{j=0}^{n} e^{-\lambda t} \frac{(\lambda t)^j}{j!},$$

由此得到

$$\Pr(N(t) = n) = e^{-\lambda t} \frac{(\lambda t)^n}{n!}, \quad n = 0, 1, 2, \cdots,$$

故 $N(t)$ 服从参数为 λt 的泊松分布.

假设 $\{N(t)\}_{t \geqslant 0}$ 是参数为 λ 的泊松过程, $\{X_i\}_{i=1}^{\infty}$ 是独立同分布的随机变量序列, 具有分布函数 F, 且当 $t > 0$ 时, 它们都与 $N(t)$ 独立. 随机过程 $\{S(t)\}_{t \geqslant 0}$ 定义为

$$S(t) = \sum_{i=1}^{N(t)} X_i,$$

其中如果 $N(t) = 0$, 则 $S(t) = 0$. 我们称 $\{S(t)\}_{t \geqslant 0}$ 服从泊松参数为 λ 的复合泊松过程. 对于一个固定的 $t > 0$, 随机变量 $S(t)$ 服从泊松参数为 λt 的复合泊松分布.

复合泊松过程的一个重要的性质是它具有平稳独立增量. 一般来说, 如果对于 $0 < s < t$, 随机过程 $\{Y(t)\}_{t \geqslant 0}$ 从时间 s 到时间 t 的增量 $Y(t) - Y(s)$ 的分布只与 $t - s$ 有关, 而与 s 和 t 的取值无关, 则称该过程具有平稳增量性质.

如果对于 $0 < s < t \leqslant u < v$, $Y(t) - Y(s)$ 独立于 $Y(v) - Y(u)$, 则称随机过程 $\{Y(t)\}_{t \geqslant 0}$ 具有独立增量性质. 如果一个过程具有独立增量性质, 则增量在不相交的时间区间上独立. 从概率的角度看, 一个具有平稳独立增量性质的过程, 能够从任何时间点上 "重新开始".

特别地, 由于指数分布的无记忆性, "重新开始" 这个特性对复合泊松过程也成立. 为了说明这一点, 考虑一个从固定的时间 t 到下一次事件发生的时间间隔. 令 τ 为时间 t 之前最后一次事件的发生时间, 如果时间 t 之前没有事件发生, 则 $\tau = 0$.

现在定义 A_τ 与 A_t 分别为从时间 τ 和时间 t 开始直至下一次事件发生的时间间隔. 根据定义, A_τ 服从参数为 λ 的指数分布, 因此

$$
\begin{aligned}
\Pr(A_t > s) &= \Pr(A_\tau > t - \tau + s \,|\, A_\tau > t - \tau) \\
&= \Pr(A_\tau > t - \tau + s) / \Pr(A_\tau > t - \tau) \\
&= \exp\{-\lambda(t - \tau + s)\} / \exp\{-\lambda(t - \tau)\} \\
&= \exp\{-\lambda s\}.
\end{aligned}
$$

在用复合泊松过程表示累积索赔过程时, 从任意一个固定的时间点 $t > 0$ 到下一次索赔发生的间隔时间服从参数为 λ 的指数分布, 下一次索赔额的分布函数为 F, 这和从时间 0 出发的情况完全一样. 下一章将用到一个结论, 即无穷小的时间区间内发生一次索赔的概率可近似为 λdt, 这是因为

$$
\Pr(N(dt) = 1) = \lambda dt\, e^{-\lambda dt} \approx \lambda dt(1 - \lambda dt) \approx \lambda dt.
$$

7.4 破产概率的定义

无限时间内的破产概率, 也称为终极破产概率, 定义如下:

$$
\psi(u) = \Pr(U(t) < 0, \text{对某个 } t > 0).
$$

$\psi(u)$ 是盈余在将来某个时间小于零的概率, 即累积索赔额超过初始盈余与保费收入的和. 上式是连续时间的破产概率, 下式是离散时间的破产概率

$$
\psi_r(u) = \Pr(U(t) < 0, \text{对某个 } t, \ t = r, 2r, 3r, \cdots).
$$

在该定义下, 只有在某些时间点 $r, 2r, 3r, \cdots$ 上盈余低于零, 破产才发生. 如果破产在离散时间的定义下发生, 则必在连续时间的定义下发生, 但反之不成立. 为了说明这一点, 我们考虑盈余过程的一个样本轨道, 对于某个整数 n, 有 $U(nr) > 0$ 和 $U((n+1)r) > 0$, 且对某个 $\tau \in (nr, (n+1)r)$, 有 $U(\tau) < 0$. 如果对于所有在区间 $(nr, (n+1)r)$ 外的 t, 有 $U(t) > 0$, 那么破产只在连续时间的定义下发生, 不在离散时间的定义下发生, 因此 $\psi_r(u) < \psi(u)$. 然而, 当 r 很小时, 盈余过程能被频繁观察, 则 $\psi_r(u)$ 是 $\psi(u)$ 的一个很好的近似.

有限时间破产概率 $\psi(u, t)$ 定义为

$$
\psi(u, t) = \Pr(U(s) < 0, \text{对某个 } s, 0 < s \leqslant t).
$$

由定义可知 $\psi(u, t)$ 是保险人的盈余在有限时间区间 $(0, t]$ 内小于零的概率. 同样地, 定义发生在离散时间点上的有限时间破产概率为

$$
\psi_r(u, t) = \Pr(U(s) < 0, \text{对某个 } s, s = r, 2r, 3r, \cdots, t),
$$

其中 t 是 r 的整数倍. 上述关于 $\psi_r(u) < \psi(u)$ 的解释同样适用于 $\psi_r(u,t) < \psi(u,t)$, 当 r 很小时, $\psi_r(u,t)$ 是 $\psi(u,t)$ 的一个好的近似.

本章着重讨论终极破产概率, 在 7.7 节和 7.8 节中将展示如何求解 $\psi(u)$ 的显式表达式, 在 7.9 节中将讨论 $\psi(u)$ 和 $\psi(u,t)$ 的数值计算方法. 在接下来的两节里, 首先介绍破产概率的一个上界, 即 Lundberg 不等式.

本章中, 我们假设 $c > \lambda m_1$, 即单位时间内的保费收入大于期望累积索赔额. 可以证明, 如果这个净利润条件不成立, 则对于所有的 $u \geqslant 0$, $\psi(u) = 1$. 方便起见, 记 $c = (1+\theta)\lambda m_1$, 其中 θ 为保费负荷因子.

7.5　调节系数

调节系数 R 是关于风险过程的风险度量, 它涉及盈余过程的两个部分: 累积索赔额与保费收入. 在经典风险理论中, 定义调节系数是下面方程的唯一正根,

$$\lambda M_X(r) - \lambda - cr = 0, \tag{7.1}$$

即 R 可由下面的方程求得

$$\lambda + cR = \lambda M_X(R). \tag{7.2}$$

注意到, 若将 c 写成 $(1+\theta)\lambda m_1$, 则 R 不依赖泊松参数 λ, 我们将在 7.7 节中对此做进一步的讨论. 为了证明方程 (7.1) 有唯一正根, 令

$$g(r) = \lambda M_X(r) - \lambda - cr,$$

图 7.2 给出了它的函数图像. 在证明中, 首先注意到 $g(0) = 0$, 其次注意到

$$\frac{d}{dr}g(r) = \lambda \frac{d}{dr}M_X(r) - c$$

和

$$\left.\frac{d}{dr}g(r)\right|_{r=0} = \lambda m_1 - c.$$

由于假设 $c > \lambda m_1$, 因此 g 在零点递减, 又因为

$$\frac{d^2}{dr^2}g(r) = \lambda \frac{d^2}{dr^2}M_X(r) = \lambda \int_0^\infty x^2 e^{rx}f(x)dx > 0,$$

则 g 有拐点, 且它在这一点取得极小值. 最后注意到

$$\lim_{r \to \gamma^-} g(r) = \infty, \tag{7.3}$$

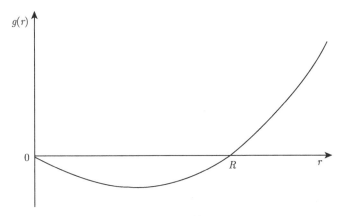

图 7.2 函数 g

(γ 的定义由 7.2 节给出), 由于 g 在零点递减, 则函数 g 一定有唯一的拐点, 因此存在唯一的正数 R, 使得 $g(R) = 0$. 为了证明极限 (7.3) 成立, 我们分别讨论 $\gamma < \infty$ 与 $\gamma = \infty$ 两种情况. 在第一种情况下, 极限 (7.3) 显然成立. 在第二种情况下, 注意到所有索赔额均为正, 则一定存在一个正数 ε 和一个概率 p 满足

$$\Pr(X_1 > \varepsilon) = p > 0,$$

由此得到

$$M_X(r) = \int_0^\infty e^{rx} f(x) dx \geqslant \int_\varepsilon^\infty e^{rx} f(x) dx \geqslant e^{r\varepsilon} p,$$

因此

$$\lim_{r \to \infty} g(r) \geqslant \lim_{r \to \infty} (\lambda e^{r\varepsilon} p - \lambda - cr) = \infty.$$

例 7.1 假设 $F(x) = 1 - \exp\{-\alpha x\}$, $x \geqslant 0$, 求 R 的表达式.

解 7.1 由于 $M_X(r) = \alpha/(\alpha - r)$, 方程 (7.2) 可化简为

$$\lambda + cR = \lambda\alpha/(\alpha - R),$$

从而

$$R^2 - (\alpha - \lambda/c)R = 0.$$

由于 R 为方程 (7.1) 的正根, 故 $R = \alpha - \lambda/c$.

例 7.2 假设单个索赔额的分布为 $\gamma(2,2)$, 保费负荷因子为 10%, 计算 R.

解 7.2 当单个索赔额的均值为 1 且 $r < 2$ 时, $M_X(r) = 4/(2-r)^2$. 因此方程 (7.2) 可化简为

$$1 + 1.1R = 4/(2 - R)^2,$$

进一步化简得

$$1.1R^3 - 3.4R^2 + 0.4R = 0,$$

该方程的三个根分别是 $R = 0$, $R = 0.1225$ 和 $R = 2.968$. 又因为调节系数为正, 且仅当 $r < 2$ 时 $M_X(r)$ 存在, 故 $R = 0.1225$.

在上述两个例子中, 可解出调节系数的精确值, 但在其他例子中必须用数值方法求解. 例如, 当 $X_1 \sim \gamma(2.5, 2.5)$ 时, 调节系数是下述方程的唯一正根

$$\lambda \left(\frac{2.5}{2.5 - r} \right)^{2.5} - cr - \lambda = 0.$$

给定 λ 与 c 的值, 该方程的解可用数学软件求得. 然而, 我们经常可以通过计算调节系数的上界来寻找其近似值, 具体方法如下. 对于 $x \geqslant 0$, 有

$$e^{Rx} \geqslant 1 + Rx + \frac{1}{2}(Rx)^2,$$

由方程 (7.2) 可得

$$\lambda + cR \geqslant \lambda \int_0^\infty \left(1 + Rx + \frac{1}{2}(Rx)^2 \right) f(x)dx.$$

由于

$$\int_0^\infty \left(1 + Rx + \frac{1}{2}(Rx)^2 \right) f(x)dx = 1 + Rm_1 + \frac{1}{2}R^2 m_2,$$

则

$$R \leqslant \frac{2(c - \lambda m_1)}{\lambda m_2},$$

这个上界通常能给出 R 的一个很好的近似.

例 7.3　假设单个索赔额的分布是 $\gamma(2.5, 2.5)$, 保费负荷因子是 5%. 计算 R 的上界, 并用数值方法求出 R 的值, 精确到小数点后四位.

解 7.3　由于 $m_1 = 1$, $m_2 = 7/5$, 则

$$R \leqslant \frac{2(1.05\lambda - \lambda)}{7\lambda/5} = \frac{1}{14} = 0.0714.$$

设初值为 0.0714, 我们可用 Newton-Raphson 方法得到 R 的数值解. 令

$$g(r) = \left(\frac{5}{5 - 2r} \right)^{5/2} - 1.05r - 1,$$

则

$$g'(r) = \left(\frac{5}{5 - 2r} \right)^{7/2} - 1.05.$$

用 Newton-Raphson 方法可以求出一个序列 $\{r_n\}$, 对 R 进行近似, 其中 $r_0 = 0.0714$, $r_{n+1} = r_n - g(r_n)/g'(r_n)$. 表 7.1 给出了 $n = 1, 2, 3, 4$ 时 r_n 的值, 由此知精确到小数点后四位的数值解是 $R = 0.0685$, 因此该上界是 R 的一个合理近似.

表 7.1 r_n 的值

n	1	2	3	4
r_n	0.06862	0.06850	0.06850	0.06850

7.6 Lundberg 不等式

前一章证明了离散时间模型下的 Lundberg 不等式. 对于经典风险模型, Lundberg 不等式为

$$\psi(u) \leqslant \exp\{-Ru\},$$

其中 R 是调节系数.

同样地, 我们可以用数学归纳法证明该不等式. 定义 $\psi_n(u)$ 为破产在第 n 次索赔时或之前发生的概率. 由于

$$\psi(u) = \lim_{n \to \infty} \psi_n(u),$$

因此只需证明

$$\psi_n(u) \leqslant \exp\{-Ru\}, \quad n = 1, 2, 3, \cdots.$$

假定对于一个固定的 $n \geqslant 1$, 有 $\psi_n(u) \leqslant \exp\{-Ru\}$. 下一步, 通过考虑第一次索赔发生的时间与额度, 对 $\psi_{n+1}(u)$ 建立表达式.

假设第一次索赔发生时间为 $t > 0$ 且该索赔额为 x. 如果破产在第 $(n+1)$ 次索赔时或之前发生, 则存在两种情况:

(i) 破产发生在第一次索赔时, 即 $x > u + ct$;

(ii) 破产在第一次索赔时没有发生, 支付索赔后的盈余 $u + ct - x$ 是非负的, 从这个盈余水平出发, 破产在接下来的 n 次索赔内发生.

由于索赔次数服从参数为 λ 的泊松过程, 第一次索赔发生的时间服从参数为 λ 的指数分布. 因此, 对第一次索赔发生的时间和索赔额的所有取值进行积分, 可得

$$\psi_{n+1}(u) = \int_0^\infty \lambda e^{-\lambda t} \int_{u+ct}^\infty f(x) dx dt$$
$$+ \int_0^\infty \lambda e^{-\lambda t} \int_0^{u+ct} f(x) \psi_n(u + ct - x) dx dt.$$

注意到第一个积分表示破产在第一次索赔时发生, 第二个积分表示破产虽然没有在第一次索赔时发生, 但在接下来的 n 次索赔内的某次发生. 又注意到盈余过程在支

付了第一次索赔后 "重新开始", 则支付了第一次索赔后破产在接下来的 n 次索赔内发生的概率为 $\psi_n(u+ct-x)$.

利用数学归纳法有

$$\psi_{n+1}(u) \leqslant \int_0^\infty \lambda e^{-\lambda t} \int_{u+ct}^\infty f(x)dxdt$$
$$+ \int_0^\infty \lambda e^{-\lambda t} \int_0^{u+ct} f(x)e^{-R(u+ct-x)}dxdt.$$

当 $x \geqslant u+ct$ 时, 利用不等式 $\exp\{-R(u+ct-x)\} \geqslant 1$ 有

$$\int_{u+ct}^\infty f(x)dx \leqslant \int_{u+ct}^\infty e^{-R(u+ct-x)}f(x)dx,$$

因此

$$\psi_{n+1}(u) \leqslant \int_0^\infty \lambda e^{-\lambda t} \int_0^\infty f(x)e^{-R(u+ct-x)}dxdt$$
$$= e^{-Ru} \int_0^\infty \lambda e^{-(\lambda+cR)t} \int_0^\infty e^{Rx}f(x)dxdt$$
$$= e^{-Ru} \int_0^\infty \lambda e^{-(\lambda+cR)t} M_X(R)dt.$$

由于 $\lambda+cR = \lambda M_X(R)$, 上述积分为 1, 则

$$\psi_{n+1}(u) \leqslant \exp\{-Ru\}.$$

最后, 还需证明不等式在 $n=1$ 时也成立. 利用同样的方法可得

$$\psi_1(u) = \int_0^\infty \lambda e^{-\lambda t} \int_{u+ct}^\infty f(x)dxdt$$
$$\leqslant \int_0^\infty \lambda e^{-\lambda t} \int_{u+ct}^\infty f(x)e^{-R(u+ct-x)}dxdt$$
$$\leqslant \int_0^\infty \lambda e^{-\lambda t} \int_0^\infty f(x)e^{-R(u+ct-x)}dxdt$$
$$= e^{-Ru}.$$

7.7 生 存 概 率

定义 $\phi(u) = 1 - \psi(u)$ 为盈余过程从初始盈余 u 出发后破产从未发生的概率, 这个概率也称为生存概率. 利用证明 Lundberg 不等式的推导方法, 可以推导 ϕ 的方程. 考虑第一次索赔的发生时间与额度, 有

$$\phi(u) = \int_0^\infty \lambda e^{-\lambda t} \int_0^{u+ct} f(x)\phi(u+ct-x)dxdt. \tag{7.4}$$

注意到如果第一次索赔在时间 t 发生, 则索赔额不能超过 $u + ct$, 否则将发生破产. 令 $s = u + ct$, 对方程 (7.4) 作变量替换可得

$$\phi(u) = \frac{1}{c} \int_u^\infty \lambda e^{-\lambda(s-u)/c} \int_0^s f(x)\phi(s-x) dx ds$$

$$= \frac{\lambda}{c} e^{\lambda u/c} \int_u^\infty e^{-\lambda s/c} \int_0^s f(x)\phi(s-x) dx ds. \qquad (7.5)$$

下面推导关于 ϕ 的一个积分–微分方程, 该方程可以用来推导 ϕ 的显式表达式. 对方程 (7.5) 两边求导可得

$$\frac{d}{du}\phi(u) = \frac{\lambda^2}{c^2} e^{\lambda u/c} \int_u^\infty e^{-\lambda s/c} \int_0^s f(x)\phi(s-x) dx ds - \frac{\lambda}{c} \int_0^u f(x)\phi(u-x) dx$$

$$= \frac{\lambda}{c}\phi(u) - \frac{\lambda}{c} \int_0^u f(x)\phi(u-x) dx. \qquad (7.6)$$

由于 ϕ 在积分式中, 因此方程 (7.6) 看起来不易简化, 然而, 去掉积分项后可以得到关于 ϕ 的微分方程, 进而可求出它的表达式.

以下将通过索赔额服从指数分布的例子说明如何求解积分–微分方程. 设 $F(x) = 1 - e^{-\alpha x}$, $x \geqslant 0$, 则有

$$\frac{d}{du}\phi(u) = \frac{\lambda}{c}\phi(u) - \frac{\lambda}{c} \int_0^u \alpha e^{-\alpha x}\phi(u-x) dx$$

$$= \frac{\lambda}{c}\phi(u) - \frac{\alpha\lambda}{c} \int_0^u e^{-\alpha(u-x)}\phi(x) dx$$

$$= \frac{\lambda}{c}\phi(u) - \frac{\alpha\lambda}{c} e^{-\alpha u} \int_0^u e^{\alpha x}\phi(x) dx, \qquad (7.7)$$

对方程 (7.7) 两边求导可得

$$\frac{d^2}{du^2}\phi(u) = \frac{\lambda}{c}\frac{d}{du}\phi(u) + \frac{\alpha^2\lambda}{c} e^{-\alpha u} \int_0^u e^{\alpha x}\phi(x) dx - \frac{\alpha\lambda}{c}\phi(u). \qquad (7.8)$$

方程 (7.8) 中的积分项是方程 (7.7) 中的积分项乘以 $-\alpha$ 得到的, 因此对方程 (7.7) 两边同时乘以 α 并与方程 (7.8) 相加可得

$$\frac{d^2}{du^2}\phi(u) + \alpha\frac{d}{du}\phi(u) = \frac{\lambda}{c}\frac{d}{du}\phi(u)$$

或

$$\frac{d^2}{du^2}\phi(u) + \left(\alpha - \frac{\lambda}{c}\right)\frac{d}{du}\phi(u) = 0.$$

这是一个二阶微分方程, 其解如下:

$$\phi(u) = a_0 + a_1 e^{-(\alpha-\lambda/c)u},$$

其中 a_0 和 a_1 是常数. 由于 Lundberg 不等式成立, 则有 $\lim_{u\to\infty} \phi(u) = 1$, 故 $a_0 = 1$, 因此 $\phi(0) = 1 + a_1$, 即 $a_1 = -\psi(0)$, 由此得

$$\phi(u) = 1 - \psi(0)e^{-(\alpha-\lambda/c)u}.$$

假设 Lundberg 不等式成立, 下求一般索赔分布下 $\psi(0)$ 的表达式. 在方程 (7.6) 中令 $\phi = 1 - \psi$, 则

$$\frac{d}{du}\psi(u) = \frac{\lambda}{c}\psi(u) - \frac{\lambda}{c}\int_0^u f(x)\psi(u-x)dx - \frac{\lambda}{c}\left(1 - F(u)\right),$$

对该方程在 $(0,\infty)$ 上积分得

$$-\psi(0) = \frac{\lambda}{c}\int_0^\infty \psi(u)du - \frac{\lambda}{c}\int_0^\infty\int_0^u f(x)\psi(u-x)dxdu$$
$$-\frac{\lambda}{c}\int_0^\infty \left(1 - F(u)\right)du. \tag{7.9}$$

交换方程 (7.9) 中的积分次序得

$$\int_0^\infty\int_0^u f(x)\psi(u-x)dxdu = \int_0^\infty\int_x^\infty \psi(u-x)duf(x)dx$$
$$= \int_0^\infty\int_0^\infty \psi(y)dyf(x)dx$$
$$= \int_0^\infty \psi(y)dy.$$

因此 (7.9) 中前两项抵消, 从而

$$\psi(0) = \frac{\lambda}{c}\int_0^\infty \left(1 - F(u)\right)du = \frac{\lambda m_1}{c}. \tag{7.10}$$

上述推导不需要假定 F 的形式, 但仍需假定 Lundberg 不等式成立, 然而, 公式 (7.10) 是广义成立的. 在 7.9 节中, 我们将重新推导上式, 但不利用 Lundberg 不等式.

综上, 如果 $F(x) = 1 - e^{-\alpha x}$, $x \geqslant 0$, 则 ϕ 有如下表达式:

$$\phi(u) = 1 - \frac{\lambda}{\alpha c}\exp\left\{-(\alpha - \lambda/c)u\right\}. \tag{7.11}$$

注意到 $R = \alpha - \lambda/c$, 则 $\psi(u) = \psi(0)\exp\{-Ru\}$, 这是例 6.2 在经典风险模型下的类比结果. 显然这种解法可以推广到其他形式的 F, 但在这里不做深入讨论. 在下一节中, 我们将用不同的方法求解方程 (7.6) 来得到 ϕ 的表达式.

在 7.5 节中, 如果将保费率记作 $c = (1 + \theta)\lambda m_1$, 则调节系数不依赖于 λ. 如果在公式 (7.11) 中对 c 用相同的记法, 则

$$\phi(u) = 1 - \frac{1}{1+\theta}\exp\left\{-\alpha\theta u/(1+\theta)\right\},$$

且该式不依赖于 λ, 这个不依赖于 λ 的结论不仅对指数索赔成立, 它对任意单个索赔额分布都成立, 我们可通过以下两个风险过程来说明这一点.

风险 I 累积索赔过程是一个复合泊松过程, 泊松参数为 120, 单个索赔额服从均值为 1 的指数分布, 单位时间的保费收入是 132.

风险 II 累积索赔过程是一个复合泊松过程, 泊松参数为 10, 单个索赔额服从均值为 1 的指数分布, 单位时间的保费收入是 11.

如果风险 II 的时间单位是月, 风险 I 的时间单位是年, 则这两个风险等价, 它们相应的破产概率没有区别. 然而, 如果风险 II 的时间单位是年, 则两个风险过程的破产时间是不同的, 在第 8 章中将对其进行讨论.

7.8 函数 ϕ 的拉普拉斯变换

拉普拉斯变换是求解微分方程与积分-微分方程的一个非常重要的工具. 为了完整起见, 在本节首先定义拉普拉斯变换并列举它的一些基本性质, 然后推导 ϕ 的拉普拉斯变换的一般表达式并通过反变换得到它的表达式.

假设 $h(y)$ 是定义在 $y \geqslant 0$ 上的一个函数, 则 h 的拉普拉斯变换定义为

$$h^*(s) = \int_0^\infty e^{-sy} h(y) dy.$$

h^* 的存在性需要一些假设条件, 但在接下来的几节中假设这些条件都成立, 这里不做更多讨论.

拉普拉斯变换的一个重要性质是函数 h 与其拉普拉斯变换是一一对应的, 这和矩母函数与其分布一一对应是一个道理. 通过 h^* 得到 h 的过程叫反变换.

在本章与下一章中, 都将用到下列拉普拉斯变换的性质.

(1) 假设 h_1 与 h_2 是两个函数且它们的拉普拉斯变换存在, 令 α_1 与 α_2 是两个常数, 则

$$\int_0^\infty e^{-sy} \left(\alpha_1 h_1(y) + \alpha_2 h_2(y) \right) dy = \alpha_1 h_1^*(s) + \alpha_2 h_2^*(s).$$

(2) 积分的拉普拉斯变换: 假设 h 是一个函数且它的拉普拉斯变换存在, 令

$$H(x) = \int_0^x h(y) dy,$$

则 $H^*(s) = h^*(s)/s$.

(3) 导数的拉普拉斯变换: 假设 h 是一个可导函数且它的拉普拉斯变换存在, 则

$$\int_0^\infty e^{-sy} \left(\frac{d}{dy} h(y) \right) dy = sh^*(s) - h(0).$$

(4) 卷积的拉普拉斯变换: 设 h_1 与 h_2 是 (1) 中的函数, 定义

$$h(x) = \int_0^x h_1(y)h_2(x-y)dy,$$

则 $h^*(s) = h_1^*(s)h_2^*(s)$.

(5) 非负随机变量的拉普拉斯变换: 令 $X \sim H$, 则

$$E[e^{-sX}] = \int_0^\infty e^{-sy}dH(y).$$

若该分布函数连续且有密度函数 h, 则

$$E[e^{-sX}] = h^*(s).$$

例 7.4   令 $h(y) = 1$, $y \geqslant 0$, 推导 $h^*(s)$.

解 7.4   从拉普拉斯变换的定义出发, 得

$$h^*(s) = \int_0^\infty e^{-sy}dy = \frac{1}{s}.$$

例 7.5   令 $h(y) = \exp\{-\alpha y\}$, $y \geqslant 0$, 推导 $h^*(s)$.

解 7.5   从拉普拉斯变换的定义出发, 得

$$h^*(s) = \int_0^\infty e^{-sy}e^{-\alpha y}dy = \frac{1}{s+\alpha}.$$

例 7.6   假设 $F(x) = 1 - pe^{-\alpha x} - qe^{-\beta x}$, $x \geqslant 0$, 是一个混合指数分布函数, 推导 $F^*(s)$.

解 7.6   利用上述两个例子中的结果, 得

$$F^*(s) = \frac{1}{s} - \frac{p}{\alpha+s} - \frac{q}{\beta+s}.$$

我们利用上述拉普拉斯变换的性质推导 ϕ 的拉普拉斯变换. 由公式 (7.6) 可得

$$\frac{d}{du}\phi(u) = \frac{\lambda}{c}\phi(u) - \frac{\lambda}{c}\int_0^u f(x)\phi(u-x)dx.$$

利用性质 (3), 等式左边的拉普拉斯变换是 $s\phi^*(s) - \phi(0)$, 再利用性质 (1) 与 (4), 等式右边第二项的拉普拉斯变换是 $-(\lambda/c)f^*(s)\phi^*(s)$, 因此

$$s\phi^*(s) - \phi(0) = \frac{\lambda}{c}\phi^*(s) - \frac{\lambda}{c}f^*(s)\phi^*(s),$$

即得

$$\phi^*(s) = \frac{c\phi(0)}{cs - \lambda(1-f^*(s))}. \tag{7.12}$$

当 f^* 是有理函数时, 如下例所示, 可以对 ϕ^* 作反变换得到 ϕ.

例 7.7 设 $f(x) = 4xe^{-2x}$, $x > 0$, $c = 1.2\lambda$. 推导 $\phi(u)$ 的表达式.

解 7.7 首先由 $m_1 = 1$ 可得 $\phi(0) = 1/6$. 其次

$$f^*(s) = 4\int_0^\infty xe^{-(2+s)x}dx = \frac{4}{(2+s)^2},$$

故

$$\phi^*(s) = \frac{0.2\lambda}{1.2\lambda s - \lambda\left(1 - 4(2+s)^{-2}\right)}$$

$$= \frac{0.2(2+s)^2}{1.2s(2+s)^2 - (2+s)^2 + 4}$$

$$= \frac{0.2(2+s)^2}{1.2s^3 + 3.8s^2 + 0.8s}$$

$$= \frac{0.2(2+s)^2}{1.2s(s+R_1)(s+R_2)}$$

$$= \frac{(1/6)(2+s)^2}{s(s+R_1)(s+R_2)}, \tag{7.13}$$

其中 $R_1 = 0.2268$, $R_2 = 2.9399$. 运用分式展开得

$$\phi^*(s) = \frac{a_0}{s} + \frac{a_1}{s+R_1} + \frac{a_2}{s+R_2}, \tag{7.14}$$

其中 a_0, a_1 和 a_2 为常数. 由方程 (7.13) 和 (7.14) 可得

$$a_0(s+R_1)(s+R_2) + a_1s(s+R_2) + a_2s(s+R_1) = \frac{1}{6}(2+s)^2. \tag{7.15}$$

比较方程 (7.15) 左右两边 s^2 的系数可得

$$a_0 + a_1 + a_2 = \frac{1}{6}.$$

同样地, 比较 s 的系数可得

$$a_0(R_1 + R_2) + a_1R_2 + a_2R_1 = \frac{2}{3}.$$

比较常数项可得

$$a_0R_1R_2 = \frac{2}{3}.$$

通过解以上三个方程可得 a_0, a_1 与 a_2, 结果如下:

$$\phi^*(s) = \frac{1}{s} - \frac{0.8518}{s+R_1} + \frac{0.0185}{s+R_2}.$$

最后, 利用反变换得

$$\phi(u) = 1 - 0.8518e^{-R_1 u} + 0.0185e^{-R_2 u}.$$

尽管手动反解拉普拉斯变换比较繁琐, 但这仍是一种非常有效的求解 ϕ 的方法. 需要说明的是, 借助数学软件, 我们很容易进行拉普拉斯反变换.

7.9　破产概率的递推计算

在本节中, 我们将用两种递推算法推导破产概率或生存概率的上下界与近似值. 我们先介绍这两种方法, 然后给出数值实例.

7.9.1　最大累积损失量的分布

首先我们证明 ϕ 是某个复合几何随机变量的分布函数, 进而运用递推公式 (4.22) 推导 ϕ 的上下界与近似值.

首先, 考虑一个新的过程 $\{L(t)\}_{t \geqslant 0}$, 称其为累积损失过程. 对 $t \geqslant 0$, 记 $L(t) = S(t) - ct$, 则 $U(t) = u - L(t)$. 其次, 我们定义随机变量 L 为累积损失过程的最大值, 则 L 与 ϕ 具有如下关系:

$$
\begin{aligned}
\phi(u) &= \Pr(U(t) \geqslant 0, \text{对于所有的 } t > 0) \\
&= \Pr(L(t) \leqslant u, \text{对于所有的 } t > 0) \\
&= \Pr(L \leqslant u),
\end{aligned}
$$

即 ϕ 是随机变量 L 的分布函数. 由于 $L(0) = 0$, 则 L 是一个非负随机变量, 又因为 $\phi(0) = \Pr(L = 0)$, 故 L 具有混合分布且在零处有概率质量.

在 7.7 节中, 假定 Lundberg 不等式成立时我们推导了 $\psi(0)$ 的表达式, 以下将证明这个表达式不需要该假设也成立. 定义 L^* 是随机变量 L 的拉普拉斯变换, 则有

$$
\begin{aligned}
L^*(s) &= E\left[e^{-sL}\right] = \int_0^\infty e^{-su} d\phi(u) \\
&= \phi(0) + \int_0^\infty e^{-su}\left(\frac{d}{du}\phi(u)\right) du.
\end{aligned}
$$

由于积分项是 ϕ 的导数的拉普拉斯变换, 故

$$
\begin{aligned}
L^*(s) &= \phi(0) + s\phi^*(s) - \phi(0) \\
&= s\phi^*(s) \\
&= \frac{cs\phi(0)}{cs - \lambda(1 - f^*(s))},
\end{aligned} \tag{7.16}
$$

其中最后一步利用了公式 (7.12). 由上式可得

$$L^*(s)|_{s=0} = E\left[e^{-sL}\right]\big|_{s=0} = 1,$$

利用洛必达法则, 由方程 (7.16) 可得 $L^*(s)|_{s=0}$ 的值, 结果如下:

$$L^*(s)|_{s=0} = \frac{c\phi(0)}{c + \lambda\,(d/ds)f^*(s)|_{s=0}}.$$

由于

$$\frac{d}{ds}f^*(s)\bigg|_{s=0} = -\int_0^\infty ye^{-sy}f(y)dy\bigg|_{s=0} = -m_1,$$

有

$$1 = \frac{c\phi(0)}{c - \lambda m_1},$$

因此

$$\phi(0) = 1 - \frac{\lambda m_1}{c}.$$

以下将推导 L 的分布. 注意到如果盈余低于初始盈余, 则累积损失过程将大于零, 且该事件发生的概率是 $\psi(0)$. 如果盈余低于初始盈余且此时盈余水平为 $u - l_1$, 则累积损失过程在这时将达到新的历史高度 l_1. 利用复合泊松过程的平稳独立增量性质, 只要未来某一时间盈余低于 $u - l_1$, 则累积损失过程达到另一个新的历史高度的概率还是 $\psi(0)$. 如果低于 $u - l_1$ 的量是 l_2, 则累积损失过程新的历史高度增加了 l_2, 从而达到新高度 $l_1 + l_2$. 以此类推, 可以得到累积损失过程有 n 个历史高度的概率为

$$\psi(0)^n\phi(0), \quad n = 0, 1, 2, \cdots, \tag{7.17}$$

这是几何分布的分布律. 另外累积损失过程的最大值即为历史新高中增量的和, 因此 L 可以表示成服从复合几何分布的随机变量, 即

$$L = \sum_{i=1}^N L_i,$$

其中 N 是累积损失过程中出现新的历史高度的次数, 它的分布律由公式 (7.17) 给出, L_i 是累积损失过程中第 i 个历史高度的增量. 每当累积损失过程达到新的历史高度, 它将 "重新开始", 因此 $\{L_i\}_{i=1}^\infty$ 是独立同分布的随机变量序列. 图 7.3 是盈余过程的一个样本轨道, 图 7.4 是相应的累积损失过程的样本轨道, 在该轨道中, 累积损失过程出现三次历史新高.

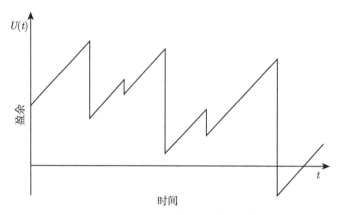

图 7.3　盈余过程的一个样本轨道

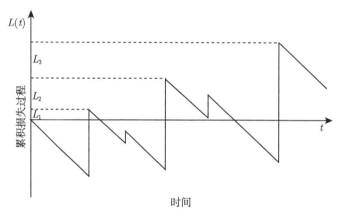

图 7.4　对应于图 7.3 的累积损失过程的样本轨道

我们需要用拉普拉斯变换得到 L_1 的分布, 在随机过程中称该分布为阶梯高度分布. 令 $K(x) = \Pr(L_1 \leqslant x)$ 为 L_1 的分布函数,k 是相应的密度函数. 运用 4.2.2 小节中的技巧得

$$E\left[e^{-sL}\right] = E\left[E\left(e^{-sL}|N\right)\right] = E\left[k^*(s)^N\right],$$

其中 $k^*(s) = E[\exp\{-sL_1\}]$. 进一步由于 N 服从几何分布, 故 L 服从复合几何分布, 它的拉普拉斯变换为

$$E\left[e^{-sL}\right] = \frac{\phi(0)}{1 - \psi(0)k^*(s)}. \tag{7.18}$$

已知

$$E\left[e^{-sL}\right] = \frac{cs\phi(0)}{cs - \lambda(1 - f^*(s))},$$

故

$$\frac{cs\phi(0)}{cs - \lambda(1 - f^*(s))} = \frac{\phi(0)}{1 - \psi(0)k^*(s)},$$

将 $\psi(0) = \lambda m_1 / c$ 代入上述方程得

$$k^*(s) = \frac{1}{m_1 s}\left(1 - f^*(s)\right).$$

运用上一节中拉普拉斯变换的性质, 对上式进行拉普拉斯反变换得

$$k(x) = \frac{1}{m_1}\left(1 - F(x)\right).$$

注意到 L_1 的分布是连续的, 如果想运用公式 (4.22) 来计算或近似 ϕ, 必须对该分布进行离散化. 虽然该方法能给出 ϕ 的合理近似, 但更好的方法是求 ϕ 的上下界. 本节的数值实例说明该方法可以得到精确到小数点后一定位数的 ϕ 的近似值. 为了得到 ϕ 的上下界, 定义如下随机变量:

$$L_\alpha = \sum_{i=1}^{N} L_{\alpha,i},$$

其中 N 在前文已定义, $\{L_{\alpha,i}\}_{i=1}^{\infty}$ 是独立同分布的随机变量序列, 有共同的分布函数 K_α 和分布律

$$k_{\alpha,x} = K(x+1) - K(x), \quad x = 0, 1, 2, \cdots.$$

对于 $x \geqslant 0$, 有 $K_\alpha(x) \geqslant K(x)$. 同样地, 定义如下随机变量:

$$L_\beta = \sum_{i=1}^{N} L_{\beta,i},$$

其中 N 在前文已定义, $\{L_{\beta,i}\}_{i=1}^{\infty}$ 是独立同分布的随机变量序列, 有共同的分布函数 K_β 和分布律

$$k_{\beta,x} = K(x) - K(x-1), \quad x = 1, 2, 3, \cdots.$$

对于 $x \geqslant 0$, 有 $K_\beta(x) \leqslant K(x)$, 且等号只在整数点成立. 综上有

$$K_\alpha(u) \geqslant K(u) \geqslant K_\beta(u),$$

且由 5.5 节可知该不等式在卷积后仍然成立, 即

$$K_\alpha^{n*}(u) \geqslant K^{n*}(u) \geqslant K_\beta^{n*}(u).$$

由于

$$\phi(u) = \phi(0) + \sum_{n=1}^{\infty} \psi(0)^n \phi(0) K^{n*}(u), \tag{7.19}$$

有

$$\Pr(L_\alpha \leqslant u) \geqslant \Pr(L \leqslant u) \geqslant \Pr(L_\beta \leqslant u) \tag{7.20}$$

和

$$\Pr(L_\alpha < u) \geqslant \Pr(L < u) \geqslant \Pr(L_\beta < u). \tag{7.21}$$

不等式 (7.20) 与 (7.21) 的关键在于, 当 $u > 0$ 时, 中间项都是 $\phi(u)$, 但由于 L_α 与 L_β 是离散型随机变量, 故有

$$\Pr(L_\alpha < u) < \Pr(L_\alpha \leqslant u), \quad \Pr(L_\beta < u) < \Pr(L_\beta \leqslant u).$$

因此当 $u > 0$ 时, $\phi(u)$ 的上下界为

$$\Pr(L_\beta \leqslant u) \leqslant \phi(u) \leqslant \Pr(L_\alpha < u).$$

上式仅对 $u > 0$ 成立, 又由于 $L_{\alpha,1}$ 与 $L_{\beta,1}$ 是离散型随机变量, 因此这些上下界可以通过公式 (4.22) 计算. 特别地, 令 $\phi_\alpha(u) = \Pr(L_\alpha \leqslant u)$, $\phi_\beta(u) = \Pr(L_\beta \leqslant u)$, 则

$$\phi_\alpha(0) = \frac{\phi(0)}{1 - \psi(0) k_{\alpha,0}}$$

且

$$\phi_\alpha(u) = \frac{1}{1 - \psi(0) k_{\alpha,0}} \left(\phi(0) + \psi(0) \sum_{j=1}^{u} k_{\alpha,j} \phi_\alpha(u-j) \right), \quad u = 1, 2, 3, \cdots.$$

同理,

$$\phi_\beta(0) = \phi(0), \quad \phi_\beta(u) = \phi(0) + \psi(0) \sum_{j=1}^{u} k_{\beta,j} \phi_\beta(u-j), \quad u = 1, 2, 3, \cdots.$$

　　我们可以用 4.7 节中给出的步骤来计算这些上下界, 并且正如 7.9.3 小节中所示, 将 4.7 节中介绍的缩放因子取较大的值可以得到更紧的上下界.

7.9.2　离散时间模型下的递推计算

　　在前一章我们描述了离散时间风险模型并给出了终极破产概率和有限时间破产概率的计算公式. 本节我们解释如何用离散时间模型下的破产概率来近似经典风险模型下的终极破产概率与有限时间破产概率.

在经典风险模型中, 定义有限时间破产概率如下:

$$\psi(u,t) = \Pr\left(u + cs - \sum_{i=1}^{N(s)} X_i < 0, \text{对某个 } s,\ 0 < s \leqslant t\right),$$

其中对于固定的 s, $N(s) \sim P(\lambda s)$. 将 c 记为 $(1+\theta)\lambda m_1$, 并且令 $\lambda = m_1 = 1$, 则此时货币单位等于期望索赔额, 并且时间单位等于一次索赔发生的期望时间. 这是对参数的简单缩放, 但并不影响我们的讨论原则.

我们通过三个步骤给出建立在该缩放基础上的近似过程.

步骤 1   对于 $i = 1, 2, 3, \cdots$, 用 $X_{1,i}$ 替换 X_i, 其中 $X_{1,i}$ 是一个在 $0, 1/\beta$, $2/\beta, \cdots$, $\beta > 0$ 上取值的离散型随机变量. 在选择 $X_{1,i}$ 的分布时, 应该使得所选分布能很好地近似 X_i 的分布 (在第 4 章中已经讨论如何选择). 定义

$$_1\psi(u,t) = \Pr\left(u + (1+\theta)s - \sum_{i=1}^{N(s)} X_{1,i} < 0, \text{对某个} s,\ 0 < s \leqslant t\right),$$

则 $_1\psi(u,t)$ 是 $\psi(u,t)$ 的一个很好的近似.

步骤 2   对 $i = 1, 2, 3, \cdots$, 定义 $X_{2,i} = \beta X_{1,i}$ 和

$$_2\psi(w,t) = \Pr\left(w + (1+\theta)\beta s - \sum_{i=1}^{N(s)} X_{2,i} < 0, \text{对某个} s,\ 0 < s \leqslant t\right),$$

故有 $_2\psi(\beta u, t) = {}_1\psi(u,t)$.

步骤 3   现在我们改变时间尺度. 特别地, 令泊松参数为 $1/(1+\theta)\beta$, 则单位时间的保费收入是 1. 定义

$$_3\psi(w,t) = \Pr\left(w + s - \sum_{i=1}^{N^*(s)} X_{2,i} < 0, \text{对某个} s,\ 0 < s \leqslant t\right), \tag{7.22}$$

其中对于固定的 s, $N^*(s)$ 服从均值为 $s/(1+\theta)\beta$ 的泊松分布. 显然有 $_3\psi(w, (1+\theta)\beta t) = {}_2\psi(w,t)$, 进而

$$\psi(u,t) \approx {}_3\psi(u\beta, (1+\theta)\beta t),$$

这里 $_3\psi(u,t)$ 是连续时间下的有限时间破产概率 (单个索赔额服从离散型分布), 该概率可以用离散模型下的破产概率来近似. 为了实现近似, 首先改写 $\psi_d(u,t)$ 的定义为

$$\psi_d(u,t) = \Pr\left(u + n - \sum_{i=1}^{n} Z_i \leqslant 0, \text{对某个} n,\ n = 1, 2, 3, \cdots, t\right), \tag{7.23}$$

其中 Z_i 是第 i 个时间段内的累积索赔额. 当 Z_i 服从泊松参数为 $1/(1+\theta)\beta$ 的复合泊松分布, 且单个索赔额与 $X_{2,i}$ 同分布时, 对应于公式 (7.22), 公式 (7.23) 给出了连续时间模型在离散时间点上的破产概率. 因此, $\psi(u,t)$ 的近似是 $\psi_d(u\beta,(1+\theta)\beta t)$, 同理, $\psi(u)$ 的近似是 $\psi_d(u\beta)$. 直观上看, 当我们用离散时间点上的破产概率来近似连续时间上的破产概率时, 观测时间的间隔越小, 近似效果越好, 而这可以通过采用较大的 β 值实现.

下一节的数值演示只考虑了终极破产概率, 而对有限时间破产概率的数值演示将在第 8 章中给出. 在 7.9.3 小节中我们利用近似公式 (6.3), 即

$$\psi_d(u+1) = h_0^{-1}\left(\psi_d(u) - \sum_{r=1}^{u} h_{u+1-r}\psi_d(r) - [1 - H(u)]\right).$$

利用该公式可以递推计算 ψ_d, 其中初值为

$$\psi_d(0) = E\left[Z_1\right] = 1/(1+\theta).$$

由于 Z_1 服从单个索赔额为离散型随机变量的复合泊松分布, 故可用 Panjer 递推公式计算 Z_1 的分布律, 进而得到 H 的值.

7.9.3 数值演示

首先讨论 $F(x) = 1 - e^{-x}$, $x \geqslant 0$ 的情况. 对于 $u \geqslant 0$, 7.7 节给出如下公式:

$$\psi(u) = \frac{1}{1+\theta} \exp\left\{-\theta u/(1+\theta)\right\},$$

因此, 该公式提供了一个参考值, 可用于比较采用前两节中的方法所求出的数值解.

为了利用 7.9.1 小节中提出的上下界方法, 首先需要注意的是, 由于 $m_1 = 1$, 则 $k(x) = f(x) = e^{-x}$, 该结果将在第 8 章讨论. 然后用缩放因子 κ 重新缩放该概率分布. 对于 $\theta = 0.1$ 和不同的 κ 值, 表 7.2 列出了不同的 u 所对应的 $\psi(u)$ 的上下界, 而表 7.3 列出了利用上下界的平均值所作的近似, 且两张表格都给出了精确值.

表 7.2 $\psi(u)$ 的界, 指数索赔分布

u	$\psi(u)$ 的下界			$\psi(u)$	$\psi(u)$ 的上界		
	$\kappa = 20$	$\kappa = 50$	$\kappa = 100$		$\kappa = 100$	$\kappa = 50$	$\kappa = 20$
5	0.57102	0.57464	0.57584	0.57703	0.57822	0.57941	0.58294
10	0.35867	0.36323	0.36475	0.36626	0.36778	0.36929	0.37381
15	0.22529	0.22960	0.23104	0.23248	0.23392	0.23537	0.23970
20	0.14151	0.14513	0.14635	0.14756	0.14879	0.15001	0.15370
25	0.08889	0.09174	0.09270	0.09366	0.09463	0.09561	0.09856
30	0.05583	0.05799	0.05872	0.05945	0.06019	0.06094	0.06320

表 **7.3** 用上下界的平均值所作的 $\psi(u)$ 的近似值, 指数索赔分布

u	$\kappa = 20$	$\kappa = 50$	$\kappa = 100$	$\psi(u)$
5	0.57698	0.57703	0.57703	0.57703
10	0.36624	0.36626	0.36626	0.36626
15	0.23250	0.23249	0.23248	0.23248
20	0.14761	0.14757	0.14757	0.14756
25	0.09373	0.09368	0.09367	0.09366
30	0.05952	0.05947	0.05946	0.05945

在表 7.2 中, 当 κ 增大时, 下界变大, 上界变小, 上下界之间的差距越来越小. 尤其是当 $\kappa = 100$ 时, 对每个 u 而言, 上下界的均值都能很好地近似 $\psi(u)$. 特别指出的是在表 7.2 中, $\psi(30)$ 的上下界在小数点后两位四舍五入后都是 0.06, 若精确到两位小数, 则 $\psi(30) = 0.06$. 通过增大 κ 的取值, 可以利用上下界值得到更精确的破产概率.

和表 7.3 一样, 表 7.4 利用 7.9.2 小节中的递推公式, 其中采用三种尺度因子 β (与上面的 κ 相对应) 计算 $\psi(u)$ 的近似值和精确值. 在运用该方法时, 我们用公式 (4.33) 给出的离散分布代替 (缩放的) 指数分布. 从表中结果可知该方法给出了很好的近似, 并且针对该单个索赔额分布, 各种近似方法得到的近似值差别很小.

表 **7.4** $\psi(u)$ 的近似值, 指数索赔分布

u	$\beta = 20$	$\beta = 50$	$\beta = 100$	$\psi(u)$
5	0.57709	0.57704	0.57704	0.57703
10	0.36633	0.36628	0.36627	0.36626
15	0.23255	0.23249	0.23248	0.23248
20	0.14762	0.14757	0.14757	0.14756
25	0.09371	0.09367	0.09367	0.09366
30	0.05948	0.05946	0.05945	0.05945

第二个数值演示中, 我们考虑单个索赔额服从 $Pa(4, 3)$ 分布的情况. 在本例中, 破产概率 ψ 没有显式表达式, 但每种数值方法都能给出非常准确的近似值. 表 7.5 给出了用 7.9.2 小节中的方法计算出的近似值, 其中 θ 以及 β 的三个取值与表 7.4 中完全一样, 并且也用到了公式 (4.33) 中的离散化方法. 可以看出, 表 7.5 与表 7.4 有一样的规律, 当 $\beta = 100$ 时, 近似值非常接近真实值. 在本例中, 用 7.9.1 小节中的方法所做的计算将在本章习题 13 中介绍.

表 7.5　$\psi(u)$ 的近似值, $Pa(4,3)$ 索赔分布

u	$\beta = 20$	$\beta = 50$	$\beta = 100$
10	0.47524	0.47520	0.47519
20	0.26617	0.26614	0.26613
30	0.15136	0.15134	0.15133
40	0.08689	0.08687	0.08687
50	0.05027	0.05026	0.05026
60	0.02930	0.02929	0.02929

7.10　破产概率的近似计算

　　文献中有很多关于终极破产概率的近似计算方法, 然而借助功能强大的现代计算机, 前几节介绍的数值方法都很容易实现, 故近年来对这些近似方法的需求在不断减少. 在这一节, 我们将介绍一个简单的近似方法, 即 De Vylder 近似法. 介绍该方法的主要原因是它不仅可以近似终极破产概率, 还可以应用到接下来两章所讨论的问题中. 在习题 9 和习题 10 中, 还介绍了两种其他近似方法.

　　De Vylder 近似法的思路很简单, 假定要计算盈余过程 $\{U(t)\}_{t \geqslant 0}$ 的终极破产概率, 我们可用另一风险盈余过程 $\{\tilde{U}(t)\}_{t \geqslant 0}$ 来近似 $\{U(t)\}_{t \geqslant 0}$, 其中该过程具有以下特征:

- $\tilde{U}(0) = u$,
- 泊松参数为 $\tilde{\lambda}$,
- 单位时间的保费收入是 $\tilde{c}$,
- 单个索赔额的分布函数是 $\tilde{F}(x) = 1 - \exp\{-\tilde{\alpha}x\}$, $x \geqslant 0$.

由于近似风险过程中的单个索赔额服从参数为 $\tilde{\alpha}$ 的指数分布, 由公式 (7.11) 可知, 风险过程 $\{\tilde{U}(t)\}_{t \geqslant 0}$ 的终极破产概率为

$$\frac{\tilde{\lambda}}{\tilde{\alpha}\tilde{c}} \exp\left\{ - \left(\tilde{\alpha} - \tilde{\lambda}/\tilde{c}\right) u \right\}.$$

对于风险过程 $\{U(t)\}_{t \geqslant 0}$ 而言, 上式为用 De Vylder 近似得到的终极破产概率, 其中参数 $\tilde{\lambda}, \tilde{c}$ 与 $\tilde{\alpha}$ 的选择要确保这两个过程有相同的矩. 首先, 令

$$E[U(t)] = E\left[\tilde{U}(t)\right]$$

可得

$$u + ct - \lambda m_1 t = u + \tilde{c}t - \tilde{\lambda}t/\tilde{\alpha}$$

或

$$\tilde{c} = c - \lambda m_1 + \tilde{\lambda}/\tilde{\alpha}. \tag{7.24}$$

其次, 令

$$E\left[(U(t) - E[U(t)])^2\right] = E\left[\left(\tilde{U}(t) - E\left[\tilde{U}(t)\right]\right)^2\right],$$

又因为

$$U(t) - E[U(t)] = -S(t) + \lambda m_1 t,$$

则上式等价于

$$V[S(t)] = V\left[\tilde{S}(t)\right].$$

(这里 $\{\tilde{S}(t)\}_{t\geqslant 0}$ 是对应于近似过程 $\{\tilde{U}(t)\}_{t\geqslant 0}$ 的累积索赔过程), 由此可得

$$\lambda m_2 = 2\tilde{\lambda}/\tilde{\alpha}^2. \tag{7.25}$$

进一步令

$$E\left[(U(t) - E[U(t)])^3\right] = E\left[\left(\tilde{U}(t) - E\left[\tilde{U}(t)\right]\right)^3\right],$$

该式等价于

$$Sk[S(t)] = Sk\left[\tilde{S}(t)\right],$$

由此可得

$$\lambda m_3 = 6\tilde{\lambda}/\tilde{\alpha}^3. \tag{7.26}$$

由方程 (7.25) 与 (7.26) 可得

$$\tilde{\alpha} = 3m_2/m_3, \tag{7.27}$$

将 $\tilde{\alpha}$ 代入到方程 (7.25) 得

$$\tilde{\lambda} = \frac{9\lambda m_2^3}{2m_3^2}. \tag{7.28}$$

最后将 $\tilde{\alpha}$ 的表达式 (7.27) 和 $\tilde{\lambda}$ 的表达式 (7.28) 代入方程 (7.24) 可得 $\tilde{c}$ 的表达式.

在 De Vylder 近似法中, 需要假定单个索赔额分布的前三阶矩均存在. 当调节系数存在且破产概率很小时, 比如小于 5%, 该方法是一个很好的近似. 对于很小的 u, 尤其是 $u = 0$ 的情况, 该方法不太准确, 但这些值对应的破产概率较大, 没有实际意义. 一般来说, 当调节系数不存在时这个近似方法不太准确.

例 7.8 令 $f(x) = 4xe^{-2x}$, $x > 0$, $c = 1.2\lambda$. 对于 $u = 0, 3, 6, \cdots, 18$, 计算 $\psi(u)$ 的 De Vylder 近似值, 并与精确值比较.

解 7.8 对于这一单个索赔额分布, 有 $m_1 = 1$, $m_2 = 3/2$ 和 $m_3 = 3$. 由方程 (7.28) 得

$$\tilde{\lambda} = \frac{9\lambda \times 1.5^3}{2 \times 9} = \frac{27\lambda}{16},$$

由方程 (7.27) 得 $\tilde{\alpha} = 3/2$, 又由方程 (7.24) 得

$$\tilde{c} = 1.2\lambda - \lambda + \frac{9\lambda}{8} = \frac{53\lambda}{40}.$$

因此, $\psi(u)$ 的近似表达式为

$$\frac{45}{53} \exp\{-12u/53\}.$$

表 7.6 给出了 $\psi(u)$ 的精确值与近似值, 其中精确值从例 7.7 中可得. 从表中可以看出该例中的近似效果很好.

表 7.6　$\psi(u)$ 的精确值与近似值, $\gamma(2, 2)$ 索赔分布

u	精确值	近似值
0	0.8333	0.8491
3	0.4314	0.4305
6	0.2185	0.2182
9	0.1107	0.1107
12	0.0560	0.0561
15	0.0284	0.0284
18	0.0144	0.0144

7.11　注释与参考文献

本章前面大部分内容和习题也在一些经典书目如 Gerber (1979) 和 Klugman 等 (1998) 中提到过. 7.9.1 小节中给出的 ϕ 的递推计算公式最初是由 Panjer (1986) 推导的, 具体算法是由 Dufresne 和 Gerber (1989) 给出的. 7.9.2 小节中的递推过程来自于 Dickson 和 Waters (1991). 虽然在 7.9.3 小节的例子中并没有证据说明该递推算法不稳定, 但 Dickson 等 (1995) 讨论了另一种稳定的算法. De Vylder (1978) 给出了用他名字命名的近似方法.

7.12　习　　题

1. 累积索赔过程 $\{S(t)\}_{t \geqslant 0}$ 是一个泊松参数为 100 的复合泊松过程, 其中单个索赔额的分布是 $Pa(4, 300)$.

(a) 计算 $S(1)$ 的期望与方差.

(b) 计算 $S(2)$ 的期望与方差.

(c) 计算 $S(2) - S(1)$ 的期望与方差.

2. 累积索赔过程是一个泊松参数为 λ 的复合泊松过程, 其中单个索赔额的分布是 $\gamma(2, 0.02)$. 当保费率为 130λ 时, 计算调节系数.

3. 当单个索赔额的分布为 $\gamma(2.5, 2.5)$ 且 $c = 1.05\lambda$ 时, 利用近似公式

$$\exp\{Rx\} \approx 1 + Rx + \frac{1}{2}R^2x^2 + \frac{1}{6}R^3x^3$$

求 R 的近似值.

4. 假定 $S(1)$ 的保费由参数为 β 的指数准则计算得到, 证明 $\beta = R$.

5. 考虑泊松参数为 $\lambda = 100$ 的经典风险模型, 其中单个索赔额的分布是均值为 1 的指数分布, 单位时间的保费收入是 125. 给定初始盈余 u, 令 $\psi_n(u)$ 表示破产在第 n 次索赔时或之前发生的概率, 其中 $n = 1, 2, \cdots$.

(a) 验证

$$\psi_1(u) = \frac{4}{9}\exp\{-u\}.$$

(b) 推导 $\psi_2(u)$ 的表达式.

6. 考虑单个索赔额的分布为混合指数分布的经典风险模型, 其中单个索赔额的密度函数为

$$f(x) = \frac{1}{2}\left(2\exp\{-2x\} + \frac{2}{3}\exp\{-2x/3\}\right), \quad x > 0,$$

保费负荷因子为 10%.

(a) 计算调节系数.

(b) 用拉普拉斯变换法求 $\phi(u)$ 的表达式.

(c) 计算 $\psi(u)$ 的 De Vylder 近似, 并计算 $u = 0, 10, 20, \cdots, 50$ 时 $\psi(u)$ 的真实值. 对近似值的精确性给予评价.

7. Cramer 渐进公式为

$$\psi(u) \sim Ce^{-Ru},$$

其中 R 是调节系数, 且

$$C = \frac{c/\lambda - m_1}{E[Xe^{RX}] - c/\lambda}.$$

(a) 如果 $F(x) = 1 - e^{-\alpha x}$, $x \geqslant 0$, 证明渐进公式即为准确公式.

(b) 重做习题 6(c), 但用 Ce^{-Ru} 近似 $\psi(u)$.

8. (a) 假定所需的矩都存在, 证明

$$E[L_1^r] = \frac{m_{r+1}}{(r+1)m_1}.$$

(b) 将 $E[L]$ 与 $E[L^2]$ 表示为 θ 和 m_k 的函数, 其中 $k = 1, 2, 3$, $c = (1 + \theta)\lambda m_1$.

9. $\psi(u)$ 的 Tijms 近似公式为

$$Ce^{-Ru} + Ae^{-Su},$$

其中 C 与 R 由 Cramer 渐进公式给出, 常数 A 确保 $\psi(0)$ 的精确值与近似值相等, S 满足等式

$$\int_0^\infty \psi(u)du = \int_0^\infty \left(Ce^{-Ru} + Ae^{-Su}\right) du. \tag{7.29}$$

(a) 等式 (7.29) 背后的依据是什么?

(b) 假设单个索赔额具有密度函数

$$f(x) = \frac{1}{6}e^{-x/2} + \frac{1}{3}e^{-x} + \frac{2}{3}e^{-2x}, \quad x > 0,$$

且假定保费负荷因子是 5%, 用 Tijms 近似值计算 $\psi(20)$.

10. 设随机变量 Y 具有分布函数 G, 其中

$$G(x) = \phi(0) + \psi(0) \int_0^x \frac{\beta^\alpha y^{\alpha-1} e^{-\beta y}}{\Gamma(\alpha)} dy.$$

在 Beekman-Bowers 近似中, $\phi(u)$ 的近似为 $G(u)$, 其中参数 α 与 β 满足 $E[Y^r] = E[L^r]$, $r = 1, 2$.

(a) 如果 $F(x) = 1 - e^{-\mu x}$, $x \geqslant 0$, 证明 $G(u) = \phi(u)$.

(b) 重做 6(c), 用 Beekman-Bowers 方法近似 $\psi(u)$.

11. 在所谓的对偶风险理论中, 保险公司的盈余过程为

$$U(t) = u - ct + S(t),$$

其中 u 是初始盈余, c 是单位时间的费用率, $\{S(t)\}_{t \geqslant 0}$ 是泊松参数为 λ 的复合泊松过程, 跳跃 (代表收入) 与 X 同分布 (在该对偶模型下, 单位时间的盈余减少率为 c, 且盈余随机增加. 这样的模型适用于具有连续研发费用支出并从发明中得到随机收入的研发公司). 假定 X 的密度函数为 $f(x)$, $x > 0$, 且 $c < \lambda E[X]$.

当初始盈余为 u 时, 定义该过程的终极破产概率为

$$\psi(u) = \Pr(U(t) \leqslant 0, \text{对某个 } t > 0).$$

(a) 在该过程中, 调节系数是下面方程的唯一正根

$$h(r) = \lambda - cr - \lambda E[e^{-rX}] = 0.$$

通过考虑 $r \geqslant 0$ 时 $h(r)$ 的性质, 证明存在唯一的正数 R 使得 $h(R) = 0$.

(b) 如果 $F(x) = 1 - \exp\{-\alpha x\}$, $x \geqslant 0$, 求 R 的表达式,

(c) 对该过程, 有

$$\psi(u) = e^{-\lambda u/c} + \int_0^{u/c} \lambda e^{-\lambda t} \int_0^\infty \psi(u - ct + x) f(x) dx dt, \qquad (7.30)$$

给出该式的一个解释.

(d) 对方程 (7.30) 右边利用代入法证明 $\psi(u) = \exp\{-Ru\}$, 其中 R 由 (a) 给出.

(e) 如果 $\lambda = 1$ 且 $F(x) = 1 - \exp\{-x\}$, $x \geqslant 0$, 求使得 $\psi(40) \leqslant 0.01$ 成立的单位时间费用率的最大值.

12. 假设单个索赔额的分布是均值为 $1/\alpha$ 的指数分布, 令 $c = (1 + \theta)\lambda/\alpha$. 运用公式 (7.19) 证明

$$\phi(u) = 1 - \frac{1}{1+\theta} \exp\left\{-\alpha\theta u/(1+\theta)\right\}.$$

13. 假设单个索赔额的分布为 $Pa(4,3)$.

(a) 求 L_1 的分布.

(b) 利用 7.9.1 小节中的方法, 取 $\theta = 0.1$ 和表 7.5 中的 u 值, 计算 $\psi(u)$ 的上下界. 计算上下界的均值并将其作为 ψ 的近似值, 然后与表 7.5 中的结果进行比较.

第 8 章　高级破产理论

8.1　引　　言

本章继续讨论经典风险模型. 首先, 我们介绍盈余过程在首次达到某个目标水平前发生破产的概率, 该结果非常有用, 我们将在 8.4 节、8.5 节和习题 10 中用到. 其次, 我们研究破产时的赤字, 并给出一种方法确定破产赤字的概率分布. 将该研究进行推广, 我们还研究了破产发生后到盈余过程重新回到水平 0 这段时间内的最大赤字. 接下来, 我们研究破产前瞬时盈余的分布.

后面也将详细讨论有限时间内的破产问题. 特别地, 我们将研究破产时间的概率分布, 介绍 Gerber-Shiu 函数并讨论它的应用, 还将推导破产时间的矩. 在本章结尾, 我们将分红引入到盈余过程中, 并讨论几个与破产有关的问题.

在本章, 我们采用和第 7 章一样的假设与符号.

8.2　一个带有吸收壁的破产问题

现在考虑如下问题: 假定一个盈余过程的初始值是 u, 那么破产发生但破产之前的盈余没有达到预定水平 $b(b > u)$ 的概率是多少? 或者该问题可以表述成在有一个吸收壁 b 的情况下, 破产概率是多少? 我们用 $\xi(u, b)$ 表示这个概率, 用 $\chi(u, b)$ 表示盈余在达到 b 之前没有发生破产的概率. 为了得到 $\xi(u, b)$ 与 $\chi(u, b)$ 的表达式, 我们考虑原始盈余过程的终极破产概率与生存概率.

首先, 如果从初始盈余 u 出发的盈余过程没有发生破产, 在条件 $c > \lambda m_1$ 下, 当 $t \to \infty$ 时, $U(t) \to \infty$, 则该过程肯定在将来某个时刻达到 b $(b > u)$. 注意到, 从盈余过程达到 b 开始直到下一次索赔发生的时间服从指数分布, 且达到 b 后的盈余过程与达到 b 之前的盈余过程无关, 因此 $\phi(u) = \chi(u, b)\phi(b)$, 或等价地,

$$\chi(u, b) = \frac{1 - \psi(u)}{1 - \psi(b)}.$$

同样, 如果初始盈余为 u 的盈余过程发生破产, 则在破产之前, 盈余可能达到 b, 也可能没有达到 b, 因此

$$\psi(u) = \xi(u, b) + \chi(u, b)\psi(b),$$

由此得

$$\xi(u,b) = \psi(u) - \frac{1-\psi(u)}{1-\psi(b)}\psi(b) = \frac{\psi(u)-\psi(b)}{1-\psi(b)}.$$

注意到 $\xi(u,b) + \chi(u,b) = 1$, 也就是说, 要么发生破产且破产之前盈余过程没有达到 b, 要么盈余过程达到 b.

8.3 破产时的赤字

在本节我们不仅讨论破产概率, 也讨论破产发生时保险人的赤字. 给定初始盈余 u, 我们用 T_u 表示破产时间, 定义如下:

$$T_u = \inf\{t : U(t) < 0\}.$$

如果对所有的 $t > 0$, 都有 $U(t) \geqslant 0$, 则令 $T_u = \infty$. 因此, $\psi(u) = \Pr(T_u < \infty)$. 现在定义

$$G(u,y) = \Pr(T_u < \infty, U(T_u) \geqslant -y)$$

为发生破产且破产时的赤字不超过 y 的概率. 由于

$$\lim_{y \to \infty} G(u,y) = \psi(u),$$

则

$$\frac{G(u,y)}{\psi(u)} = \Pr(|U(T_u)| \leqslant y \mid T_u < \infty)$$

是一个标准的分布函数. 因此, 对给定的初始盈余 u, $G(u, \cdot)$ 是一个瑕疵的分布函数且其 (瑕疵的) 密度函数为

$$g(u,y) = \frac{\partial}{\partial y} G(u,y).$$

我们可以用拉普拉斯变换的方法得到 G, 但这首先需要推导出 $g(0,y)$ 的表达式. 在 7.9.1 小节中, 我们已知累积损失过程的历史新高 (给定记录高度被打破) 有如下的密度函数:

$$k(x) = \frac{1}{m_1}\left(1 - F(x)\right), \tag{8.1}$$

且累积损失过程出现历史新高的概率是 $\psi(0)$. 由 $k(y) = g(0,y)/\psi(0)$ 可得

$$g(0,y) = \frac{\lambda}{c}\left(1 - F(y)\right).$$

为了推导 $G(u,y)$ 的表达式, 注意到如果破产发生且破产时的赤字不超过 y, 则在盈余首次低于初始水平 u 时, 存在以下两种情况:

(i) 盈余降到 $u - x \, (\geqslant 0)$, 盈余过程从该盈余水平出发后发生破产, 且破产时的赤字不超过 y;

(ii) 破产在该时刻发生且破产时的赤字不超过 y.

因此

$$G(u, y) = \int_0^u g(0, x) G(u - x, y) dx + \int_u^{u+y} g(0, x) dx \qquad (8.2)$$

$$= \psi(0) \int_0^u k(x) G(u - x, y) dx + \psi(0) \eta(u, y), \qquad (8.3)$$

其中

$$\eta(u, y) = \int_u^{u+y} k(x) dx = K(u + y) - K(u).$$

现在定义

$$G^*(s, y) = \int_0^\infty e^{-su} G(u, y) du$$

和

$$\eta^*(s, y) = \int_0^\infty e^{-su} \eta(u, y) du.$$

在方程 (8.3) 两边作拉普拉斯变换, 有

$$G^*(s, y) = \frac{\psi(0) \eta^*(s, y)}{1 - \psi(0) k^*(s)}.$$

例 8.1　令 $f(x) = \alpha e^{-\alpha x}$, $x > 0$, 证明 $G(u, y) = \psi(u)(1 - e^{-\alpha y})$.

解 8.1　由于 $k(x) = f(x)$, 则有

$$\eta(u, y) = e^{-\alpha u}(1 - e^{-\alpha y})$$

和

$$\eta^*(s, y) = \frac{1 - e^{-\alpha y}}{s + \alpha},$$

因此

$$G^*(s, y) = \frac{\psi(0)(1 - e^{-\alpha y})}{s + \alpha - \psi(0)\alpha}.$$

再由 $\psi(0) = \lambda/(\alpha c)$ 可得

$$G^*(s, y) = \frac{\lambda}{\alpha c} \frac{1 - e^{-\alpha y}}{s + \alpha - \lambda/c},$$

反变换得到

$$G(u, y) = \frac{\lambda}{\alpha c} e^{-(\alpha - \lambda/c)u}(1 - e^{-\alpha y}) = \psi(u)(1 - e^{-\alpha y}).$$

上例的结果非常有趣, 它表明如果破产发生, 则破产时的赤字与单个索赔额同分布. 在经典风险模型中, 只有单个索赔额为指数分布时才有这个结果, 这是由指数分布的无记忆性导致的, 给定在时间 T_u^- (破产前的瞬时) 的盈余是 x, 且时间 T_u 处发生的索赔额大于 x, 则

$$\Pr\left(|U(T_u)| > y \,|\, U(T_u^-) = x\right)$$

是索赔额超过 $x + y$ 的条件概率. 这个概率为

$$\frac{e^{-\alpha(x+y)}}{e^{-\alpha x}} = e^{-\alpha y},$$

由此得

$$\Pr\left(|U(T_u)| \leqslant y \,|\, U(T_u^-) = x\right) = 1 - e^{-\alpha y},$$

它与 x 无关. 在第 6 章习题 3 中, 我们已经得到了离散模型下的类似结果.

例 8.2 和例 7.7 一样, 令 $f(x) = 4xe^{-2x}$, $x > 0$, $c = 1.2\lambda$, 求 $G(u, y)$ 的表达式.

解 8.2 首先, 由 $m_1 = 1$ 得

$$k(x) = 1 - F(x) = e^{-2x}(1 + 2x)$$
$$= \frac{1}{2}\left(2e^{-2x} + 4xe^{-2x}\right)$$

和 $K(x) = 1 - e^{-2x}(1 + x)$. 其次, 有

$$\eta(u, y) = e^{-2u}(1 + u) - e^{-2(u+y)}(1 + u + y)$$
$$= e^{-2u}(1 + u)(1 - e^{-2y}) - e^{-2(u+y)}y,$$

并由此得

$$\eta^*(s, y) = (1 - e^{-2y})\left(\frac{1}{s + 2} + \frac{1}{(s + 2)^2}\right) - \frac{ye^{-2y}}{s + 2}.$$

由 $\psi(0) = 5/6$ 可得

$$G^*(s, y) = \frac{\dfrac{5}{6}\left(\left((1 - e^{-2y})(s + 3)/(s + 2)^2\right) - \left(ye^{-2y}/(s + 2)\right)\right)}{1 - \dfrac{5}{12}\left((2/(s + 2)) + (4/(s + 2)^2)\right)}$$

$$= \frac{\dfrac{5}{6}\left((1 - e^{-2y})(s + 3) - ye^{-2y}(s + 2)\right)}{(s + 2)^2 - \dfrac{5}{6}(s + 4)}$$

$$= \frac{\dfrac{5}{6}\left((1 - e^{-2y})(s + 3) - ye^{-2y}(s + 2)\right)}{(s + R_1)(s + R_2)},$$

其中, 与例 7.7 一样, $R_1 = 0.2268,\ R_2 = 2.9399.$ 因此, 我们有

$$G^*(s, y) = \frac{a_1(y)}{s + R_1} + \frac{a_2(y)}{s + R_2},$$

其中

$$a_1(y)(s + R_2) + a_2(y)(s + R_1) = \frac{5}{6}\left((1 - e^{-2y})(s + 3) - ye^{-2y}(s + 2)\right).$$

令 $s = -R_1$ 可得

$$a_1(y) = 0.8518(1 - e^{-2y}) - 0.5446ye^{-2y},$$

再令 $s = -R_2$ 可得

$$a_2(y) = -0.0185(1 - e^{-2y}) - 0.2887ye^{-2y}.$$

对 $G^*(s, y)$ 作拉普拉斯反变换得

$$\begin{aligned}
G(u, y) &= a_1(y)e^{-R_1 u} + a_2(y)e^{-R_2 u} \\
&= 0.8518e^{-R_1 u}(1 - e^{-2y}) - 0.5446ye^{-R_1 u - 2y} \\
&\quad - 0.0185e^{-R_2 u}(1 - e^{-2y}) - 0.2887ye^{-R_2 u - 2y}.
\end{aligned}$$

为了验证上述结果的正确性, 注意到

$$\lim_{y \to \infty} G(u, y) = 0.8518e^{-R_1 u} - 0.0185e^{-R_2 u},$$

由例 7.7 可知, 该式是 $\psi(u)$ 的解. 在习题 4 中, 我们将进一步讨论该例题.

由公式 (7.18) 得

$$L^*(s) = E\left[e^{-sL}\right] = \frac{\phi(0)}{1 - \psi(0)k^*(s)},$$

因此

$$G^*(s, y) = \frac{\psi(0)}{\phi(0)}\eta^*(s, y)L^*(s). \tag{8.4}$$

由于方程 (8.4) 右边是两个拉普拉斯变换的乘积, 因此它是一个卷积的拉普拉斯变换. 对 $G^*(s, y)$ 作反变换可得

$$\begin{aligned}
G(u, y) &= \frac{\psi(0)}{\phi(0)}\int_0^u \eta(u - x, y)d\phi(x) \\
&= \frac{\psi(0)}{\phi(0)}\int_0^u \left(K(u - x + y) - K(u - x)\right)d\phi(x).
\end{aligned}$$

由于分布函数 ϕ 在零点具有概率质量 $\phi(0)$, 则有

$$
\begin{aligned}
G(u,y) = {} & \psi(0)\left(K(u+y) - K(u)\right) \\
& + \frac{\psi(0)}{\phi(0)} \int_0^u \left(K(u-x+y) - K(u-x)\right)\phi'(x)dx.
\end{aligned} \tag{8.5}
$$

利用该式我们可以得到 $G(u,y)$ 的另一个表达式, 虽然不容易用它得到 $G(u,y)$ 的显式表达式, 但它的用处将在 8.5 节中得到体现. 由第 7 章可知

$$
\phi(u) = \phi(0) + \sum_{n=1}^{\infty} \psi(0)^n \phi(0) K^{n*}(u),
$$

因此, 当 $u > 0$ 时, 有

$$
\frac{d}{du}\phi(u) = \sum_{n=1}^{\infty} \psi(0)^n \phi(0) k^{n*}(u).
$$

注意到

$$
K(u-x+y) - K(u-x) = \int_{u-x}^{u-x+y} k(z)dz,
$$

公式 (8.5) 可以写为

$$
\begin{aligned}
G(u,y) = {} & \psi(0)\left(K(u+y) - K(u)\right) \\
& + \sum_{n=1}^{\infty} \psi(0)^{n+1} \int_0^u k^{n*}(x) \int_{u-x}^{u-x+y} k(z)dzdx.
\end{aligned} \tag{8.6}
$$

上式有如下解释, 在表达式

$$
\psi(0)^{n+1} k^{n*}(x) \int_{u-x}^{u-x+y} k(z)dzdx
$$

中, $\psi(0)^n k^{n*}(x)dx$ 表示盈余过程中第 n 个历史低点的盈余水平在 $u-x$ 与 $u-x+dx$ 之间的概率, 而

$$
\psi(0) \int_{u-x}^{u-x+y} k(z)dz
$$

表示下一个历史低点导致破产且破产时的赤字不超过 y 的概率.

8.4 破产后的最大赤字

现在我们对前一节的分析进行拓展. 假定破产发生后盈余过程可以继续, 我们讨论从破产发生直到盈余重新达到水平 0 这段时间内的最大赤字. 由条件 $c > \lambda m_1$ 知, 破产后盈余肯定会回到水平 0.

定义 T'_u 为破产后盈余首次回到水平 0 的时间, 并定义随机变量 M_u 如下:

$$M_u = \sup\left\{ |U(t)|, T_u \leqslant t \leqslant T'_u \right\},$$

则 M_u 表示破产后的最大赤字. 令

$$J_u(z) = \Pr(M_u \leqslant z \,|\, T_u < \infty)$$

是破产发生时 M_u 的分布函数. 如果破产发生, 破产时的赤字 $y \leqslant z$, 且盈余过程从水平 $-y$ 出发直至重返水平 0, 盈余均不低于 $-z$, 则破产后的最大赤字将不会超过 z. 运用 8.2 节中的符号, 后者的概率是 $\chi(z-y, z)$, 这是因为盈余过程从水平 $-y$ 出发直至重返水平 0 均不低于 $-z$ 这一事件等价于盈余过程从水平 $z - y$ 出发直至达到水平 z 均不低于 0. 因此, 我们有

$$\begin{aligned}
J_u(z) &= \int_0^z \frac{g(u, y)}{\psi(u)} \chi(z - y, z) dy \\
&= \frac{1}{\psi(u)\phi(z)} \int_0^z g(u, y)\phi(z - y) dy,
\end{aligned}$$

其中积分表达式可以通过下式来求得,

$$\psi(u + z) = \int_z^\infty g(u, y) dy + \int_0^z g(u, y)\psi(z - y) dy. \tag{8.7}$$

上式推理如下. 如果一个初始水平为 $u + z$ 的盈余过程发生破产, 则该过程在将来某个时刻一定会低于 z. 上式中的第一项为破产在盈余首次低于 z 时发生的概率, 第二项为破产在盈余首次低于 z 以后发生的概率, 由此即可得到关于 $\psi(u + z)$ 的公式 (8.7). 注意到 $\psi = 1 - \phi$, 公式 (8.7) 可以改写为

$$\begin{aligned}
\int_0^z g(u, y)\phi(z - y) dy &= \int_z^\infty g(u, y) dy + \int_0^z g(u, y) dy - \psi(u + z) \\
&= \psi(u) - \psi(u + z),
\end{aligned}$$

因此

$$J_u(z) = \frac{\psi(u) - \psi(u + z)}{\psi(u)\left(1 - \psi(z)\right)}.$$

例 8.3　令 $f(x) = e^{-x}$, $x > 0$, $c = (1 + \theta)\lambda$, 证明 J_u 可以表示成无穷多个指数分布的混合.

解 8.3 从 7.7 节中可知, $\psi(u) = (1-R)e^{-Ru}$, 其中 $R = \theta/(1+\theta)$, 因此

$$
\begin{aligned}
J_u(z) &= \frac{1 - e^{-Rz}}{1 - (1-R)e^{-Rz}} \\
&= \left(1 - e^{-Rz}\right) \sum_{j=0}^{\infty} (1-R)^j e^{-Rjz} \\
&= \sum_{j=0}^{\infty} (1-R)^j e^{-Rjz} - \sum_{j=0}^{\infty} (1-R)^j e^{-R(j+1)z} \\
&= 1 - \sum_{j=1}^{\infty} R(1-R)^{j-1} e^{-Rjz}.
\end{aligned}
$$

由于

$$
\sum_{j=1}^{\infty} R(1-R)^{j-1} = 1,
$$

有

$$
J_u(z) = \sum_{j=1}^{\infty} v_j \left(1 - e^{-Rjz}\right),
$$

其中 $v_j = R(1-R)^{j-1}$, 因此 J_u 是无穷多个指数分布的混合.

注意到例 8.3 中, $J_u(z)$ 不依赖于 u, 这是由于单个索赔额分布为指数分布时, 如果破产已发生, 则破产时赤字的分布不依赖于 u, 该结论在例 8.1 中给出. 对于其他单个索赔额分布, $J_u(z)$ 一般依赖于 u.

8.5 破产前的盈余

本节将讨论破产前的瞬时盈余的分布. 在 8.3 节中, 我们用 T_u^- 表示破产前的瞬时, 用 $U(T_u^-)$ 表示破产前的瞬时盈余. 一个初始值为 u 的盈余过程发生破产且破产前的瞬时盈余小于 x 的概率是

$$
W(u,x) = \Pr\left(T_u < \infty,\, U(T_u^-) < x\right).
$$

我们注意到, 根据 8.3 节中函数 G 的解释, W 是一个瑕疵的分布函数, 即 $\Pr(T_u < \infty) < 1$.

推导 W 表达式的关键点在于, 对于 $0 \leqslant u < x$, 在盈余首次低于初始值 u 时, 发生破产且破产前的瞬时盈余小于 x 和不发生破产这两个事件均有可能发生, 但对于 $u \geqslant x$, 破产发生在盈余首次低于初始值时且破产前的盈余小于 x 这一事件不可能发生. 因此, 我们必须分别讨论 $0 \leqslant u < x$ 与 $u \geqslant x$ 这两种情况.

首先, 讨论 $0 \leqslant u < x$ 的情形. 如果盈余过程从未达到 x, 则破产一定发生且破产前的瞬时盈余小于 x. 因此, 通过考虑在破产前的瞬时盈余是否达到 x, 有

$$W(u,x) = \xi(u,x) + \chi(u,x)W(x,x), \tag{8.8}$$

其中函数 ξ 与 χ 在 8.2 节中已给出定义.

其次, 考虑 $u = x$ 的情形. 注意到如果破产前的瞬时盈余小于 x, 则当盈余首次低于初始值时, 它一定会降到 0 与 x 之间的某个水平. (否则, 破产就在盈余首次低于初始水平时发生且破产前的瞬时盈余至少是 x.) 通过考虑盈余首次低于初始值的情况, 有

$$W(x,x) = \int_0^x g(0,y)W(x-y,x)dy. \tag{8.9}$$

当 $u < x$ 时, $W(u,x)$ 的表达式已知, 将其代入方程 (8.9) 可得

$$W(x,x) = \int_0^x g(0,y)\left(\xi(x-y,x) + \chi(x-y,x)W(x,x)\right)dy,$$

整理得

$$W(x,x) = \frac{\displaystyle\int_0^x g(0,y)\xi(x-y,x)dy}{1 - \displaystyle\int_0^x g(0,y)\chi(x-y,x)dy}. \tag{8.10}$$

为化简公式 (8.10), 在方程 (8.2) 中令 $y \to \infty$ 可得

$$\begin{aligned}
\psi(u) &= \int_0^u g(0,y)\psi(u-y)dy + \int_u^\infty g(0,y)dy \\
&= \int_0^u g(0,y)\psi(u-y)dy + \psi(0) - G(0,u),
\end{aligned} \tag{8.11}$$

由此得

$$\int_0^u g(0,y)\psi(u-y)dy = \psi(u) - \psi(0) + G(0,u).$$

因此, 公式 (8.10) 右边的分子可以化简为

$$\begin{aligned}
\int_0^x g(0,y)\xi(x-y,x)dy &= \int_0^x g(0,y)\frac{\psi(x-y) - \psi(x)}{1 - \psi(x)}dy \\
&= \frac{\psi(x) - \psi(0) + G(0,x) - \psi(x)G(0,x)}{1 - \psi(x)},
\end{aligned}$$

分母的积分可以化简为

$$\begin{aligned}
\int_0^x g(0,y)\chi(x-y,x)dy &= \int_0^x g(0,y)\frac{1 - \psi(x-y)}{1 - \psi(x)}dy \\
&= \frac{G(0,x) - \psi(x) + \psi(0) - G(0,x)}{1 - \psi(x)}.
\end{aligned}$$

最后得

$$W(x,x) = \frac{\psi(x) - \psi(0) + G(0,x) - \psi(x)G(0,x)}{1 - \psi(0)}. \tag{8.12}$$

利用方程 (8.8) 与 (8.12) 可得

$$W(u,x) = \frac{1 - G(0,x)}{1 - \psi(0)}\psi(u) - \frac{\psi(0) - G(0,x)}{1 - \psi(0)}, \quad 0 \leqslant u < x. \tag{8.13}$$

特别地, 当 $u = 0$ 时, 可以得到非常著名的等式 $W(0,x) = G(0,x)$. 在本节的结尾, 我们将进一步讨论这个等式.

现在讨论 $u > x$ 的情形. 我们可以用当 $u = x$ 时的推导过程. 如果破产前的盈余小于 x, 则盈余过程一定先低于 x, 且低于 x 的量不超过 x. 盈余过程从初始值 u 降到 0 和 x 之间的某个水平的概率与初始值为 $u - x$ 的盈余过程发生破产且破产时的赤字不超过 x 的概率相等, 因此

$$W(u,x) = \int_0^x g(u-x,y)W(x-y,x)dy. \tag{8.14}$$

与 $u = x$ 的情况一样, 把方程 (8.13) 代入方程 (8.14) 得

$$W(u,x) = \frac{1 - G(0,x)}{1 - \psi(0)}\int_0^x g(u-x,y)\psi(x-y)dy$$
$$- \frac{\psi(0) - G(0,x)}{1 - \psi(0)}G(u-x,x). \tag{8.15}$$

为了化简方程 (8.15) 的积分项, 注意到当 $x < u$ 时, 终极破产概率 $\psi(u)$ 可以表示为

$$\psi(u) = \int_0^x g(u-x,y)\psi(x-y)dy + \int_x^\infty g(u-x,y)dy.$$

该式成立是因为发生破产有以下两种途径: 当盈余首次低于 x (但不超过 x) 且降到水平 $x-y$ 时, 从这个盈余水平出发破产在以后发生; 当盈余首次低于 x 时, 破产也同时发生. 因此, 我们有

$$\int_0^x g(u-x,y)\psi(x-y)dy = \psi(u) - \int_x^\infty g(u-x,y)dy$$
$$= \psi(u) - \psi(u-x) + G(u-x,x).$$

把该式代入到方程 (8.15), 当 $u > x$ 时, 计算可得

$$W(u,x) = G(u-x,x) - \frac{1 - G(0,x)}{1 - \psi(0)}\left(\psi(u-x) - \psi(u)\right). \tag{8.16}$$

由于方程 (8.12) 既满足 (8.13) 又满足 (8.16), 上述结果可以总结如下: 当 $0 \leqslant u \leqslant x$ 时,

$$W(u,x) = \frac{1 - G(0,x)}{1 - \psi(0)}\psi(u) - \frac{\psi(0) - G(0,x)}{1 - \psi(0)}, \tag{8.17}$$

当 $u \geqslant x$ 时,

$$W(u,x) = G(u-x,x) - \frac{1-G(0,x)}{1-\psi(0)}\left(\psi(u-x) - \psi(u)\right). \tag{8.18}$$

上述公式表明, 破产前瞬时盈余的 (瑕疵的) 分布函数可以用终极破产概率与破产赤字的 (瑕疵的) 分布函数表示. 虽然当 ψ 与 G 已知时, 应用上述公式相对容易, 但更容易得到破产前瞬时盈余的 (瑕疵的) 密度函数 w, 其定义为

$$w(u,x) = \frac{\partial}{\partial x}W(u,x).$$

虽然函数 W 在 $u = x$ 处连续, 但不可导, 因此在推导 w 时, 需要考虑 $u < x$ 与 $u > x$ 这两种情况.

当 $u < x$ 时, 直接对公式 (8.17) 求导可得

$$w(u,x) = g(0,x)\frac{1-\psi(u)}{1-\psi(0)},$$

且由于 $W(0,x) = G(0,x)$, $w(0,x) = g(0,x) = (\lambda/c)(1-F(x))$, 有

$$w(u,x) = \frac{\lambda}{c}\left(1-F(x)\right)\frac{1-\psi(u)}{1-\psi(0)}.$$

当 $u > x$ 时, 对公式 (8.18) 求导可得

$$w(u,x) = \frac{\partial}{\partial x}G(u-x,x) + g(0,x)\frac{\psi(u-x)-\psi(u)}{1-\psi(0)} - \frac{1-G(0,x)}{1-\psi(0)}\frac{\partial}{\partial x}\psi(u-x). \tag{8.19}$$

上式可利用公式 (8.6) 中 G 的表达式进行化简. $G(u-x,x)$ 可以表示为

$$\begin{aligned}
G(u-x,x) = {}& \psi(0)\left(K(u) - K(u-x)\right) \\
& + \sum_{n=1}^{\infty}\psi(0)^{n+1}\int_0^{u-x}k^{n*}(s)\int_{u-x-s}^{u-s}k(z)dzds,
\end{aligned}$$

因此

$$\begin{aligned}
\frac{\partial}{\partial x}G(u-x,x) = {}& \psi(0)k(u-x) - \sum_{n=1}^{\infty}\psi(0)^{n+1}k^{n*}(u-x)\int_0^x k(z)dz \\
& + \sum_{n=1}^{\infty}\psi(0)^{n+1}\int_0^{u-x}k^{n*}(s)k(u-x-s)ds
\end{aligned}$$

$$= \psi(0)k(u-x) - \sum_{n=1}^{\infty} \psi(0)^{n+1} k^{n*}(u-x)K(x)$$

$$+ \sum_{n=1}^{\infty} \psi(0)^{n+1} k^{(n+1)*}(u-x)$$

$$= \sum_{n=1}^{\infty} \psi(0)^n k^{n*}(u-x) - \sum_{n=1}^{\infty} \psi(0)^{n+1} k^{n*}(u-x)K(x)$$

$$= \sum_{n=1}^{\infty} \psi(0)^n k^{n*}(u-x)\left[1 - \psi(0)K(x)\right].$$

类似地, 在公式 (8.6) 中令 $y \to \infty$ 可得

$$\psi(u-x) = \psi(0)\left(1 - K(u-x)\right) + \sum_{n=1}^{\infty} \psi(0)^{n+1} \int_0^{u-x} k^{n*}(s) \int_{u-x-s}^{\infty} k(z)dzds,$$

由此可得

$$\frac{\partial}{\partial x}\psi(u-x) = \psi(0)k(u-x) - \sum_{n=1}^{\infty} \psi(0)^{n+1} k^{n*}(u-x)$$

$$+ \sum_{n=1}^{\infty} \psi(0)^{n+1} \int_0^{u-x} k^{n*}(s)k(u-x-s)ds$$

$$= \sum_{n=1}^{\infty} \psi(0)^n k^{n*}(u-x) - \sum_{n=1}^{\infty} \psi(0)^{n+1} k^{n*}(u-x)$$

$$= \sum_{n=1}^{\infty} \psi(0)^n k^{n*}(u-x)\left[1 - \psi(0)\right],$$

因此

$$\frac{\partial}{\partial x}G(u-x,x) = \frac{1 - \psi(0)K(x)}{1 - \psi(0)} \frac{\partial}{\partial x}\psi(u-x).$$

由于 $G(0,x) = \psi(0)K(x)$, 则当 $u > x$ 时, 公式 (8.19) 可化简为

$$w(u,x) = g(0,x)\frac{\psi(u-x) - \psi(u)}{1 - \psi(0)}$$

$$= \frac{\lambda}{c}\left(1 - F(x)\right)\frac{\psi(u-x) - \psi(u)}{1 - \psi(0)}.$$

上述结果表明如果 F 与 ψ 已知, 便可得到 w. 因为只需很少的信息就可以确定 w, 所以该结果非常重要. 由上述结果也可以看出, 当 $u > 0$ 时, 密度函数 $w(u,x)$ 在 $x = u$ 处不连续.

最后, 我们用对偶原理来解释等式 $W(0,x) = G(0,x)$. 考虑一个初始值 $u = 0$ 的盈余过程的样本轨道, 其中破产发生且破产前的瞬时盈余小于 x. 对于这个样本

轨道, 在对偶过程 $\{\hat{U}(t)\}_{t \geqslant 0}$ 中有一个与之对应的样本轨道, 在该轨道中, 破产发生且破产时的赤字小于 x. 该对偶过程构造如下:

$$\hat{U}(t) = -U(T_0' - t), \quad 0 \leqslant t \leqslant T_0',$$
$$\hat{U}(t) = U(t), \qquad\qquad t > T_0'.$$

这里 T_0' 是盈余过程在破产发生后首次回到水平 0 的时间. 图 8.1 是初始值为 0 且破产前的瞬时盈余小于 1 的盈余过程的一个样本轨道, 图 8.2 是相应的对偶过程的样本轨道, 其中破产时的赤字小于 1. 在图 8.1 中, 有四次索赔发生在时间 0 与 T_0' 之间, 不妨设索赔额为 $x_1, \cdots, x_4$, 发生时间为 $t_1, \cdots, t_4$. 在图 8.2 中, 大小为 $x_4, \cdots, x_1$ 的四次索赔发生在时间点 $T_0' - t_4, \cdots, T_0' - t_1$, 因此这两个样本轨道发生的可能性是一样的.

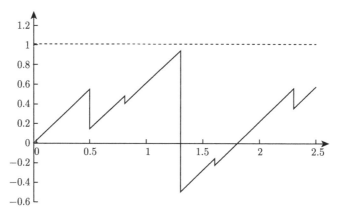

图 8.1   一个初始值为 0 的盈余过程的样本轨道, 其中破产前的盈余小于 1

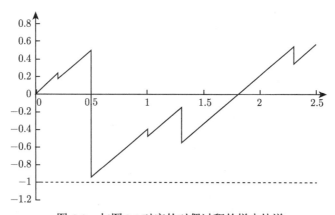

图 8.2   与图 8.1 对应的对偶过程的样本轨道

8.6 破产时间

在 8.3 节中, 我们介绍了破产时间 T_u 这一随机变量. T_u 的分布函数很重要, 因为 $\Pr(T_u \leqslant t)$ 是破产在时刻 t 或 t 之前发生的概率, 在上一章, 我们用 $\psi(u,t)$ 表示这个概率. 在本节与下一节, 我们讨论有限时间内的破产问题. 首先介绍一些符号以及它们之间的基本关系.

用 $\omega(u,\cdot)$ 表示 T_u 的密度函数, 则有

$$\Pr(T_u \leqslant t) = \psi(u,t) = \int_0^t \omega(u,s)\,ds$$

和

$$\omega(u,t) = \frac{\partial}{\partial t}\psi(u,t),$$

进一步有

$$\lim_{t \to \infty} \psi(u,t) = \psi(u) = \int_0^\infty \omega(u,s)\,ds,$$

在 $c > \lambda m_1$ 这个假设下, 该概率小于 1, 这意味着 $\omega(u,\cdot)$ 是一个瑕疵的密度函数.

接下来, 我们定义标准随机变量 $T_{u,c}$ 为给定破产已发生的破产时间, 即

$$T_{u,c} = T_u \,|\, T_u < \infty,$$

则 $T_{u,c}$ 的密度函数为 $\omega_c(u,\cdot) = \omega(u,\cdot)/\psi(u)$. 最后, 我们定义 $\phi(u,t) = 1 - \psi(u,t)$ 为区间 $(0,t)$ 上的有限时间内的生存概率.

8.6.1 Prabhu 公式

现在给出关于 $\phi(u,t)$ 的一个非常重要的公式, 即 Prabhu 公式, 结果如下:

$$\phi(u,t) = G(u+ct,t) - c\int_0^t g(u+cs,s)\,\phi(0,t-s)\,ds, \tag{8.20}$$

其中

$$G(x,t) = \Pr(S(t) \leqslant x) = e^{-\lambda t} + \sum_{n=1}^\infty e^{-\lambda t}\frac{(\lambda t)^n}{n!}\,F^{n*}(x),$$

且 $g(x,t) = \dfrac{\partial}{\partial x}\,G(x,t)$, $x > 0$. 此外, 有

$$\phi(0,t) = \frac{1}{ct}\int_0^{ct} G(x,t)\,dx = e^{-\lambda t} + \int_0^{ct}\left(1 - \frac{x}{ct}\right)g(x,t)\,dx. \tag{8.21}$$

公式 (8.20) 可以通过推导关于 $\phi(u,t)$ 的积分–偏微分方程并用拉普拉斯变换求解得到. 此处不给出公式 (8.20) 的证明, 但在 8.6.2 小节中, 将会给出公式 (8.21) 的证

明. 公式 (8.20) 有一个非常简洁的解释且可用于解决更复杂的问题, 该公式可以重新写为

$$\mathcal{G}(u+ct,t) = \phi(u,t) + c\int_0^t g(u+cs,s)\,\phi(0,t-s)\,ds.$$

等式左边为 $\Pr(S(t) \leqslant u+ct)$, 即 $\Pr(U(t) \geqslant 0)$. 如果在时刻 t 的盈余非负, 从图 8.3 和图 8.4 可以看出, 下述两个事件必有一个发生. 首先, 如图 8.3 所示, 盈余在整个区间 $(0,t)$ 上是非负的, 这种情形出现的概率是 $\phi(u,t)$. 其次, 如图 8.4 所示, 盈余在时刻 t 前降到 0 以下, 在时刻 t 恢复到非负水平. 令 $s < t$ 为盈余过程最后一次回到 0 的时刻, 则到时刻 s 时的累积索赔额为 $u+cs$. 关于所有可能的 s 值积分, 则盈余在时刻 t 前降到 0 以下且在时刻 t 时非负的概率可以表示为

$$c\int_0^t g(u+cs,s)\,\phi(0,t-s)\,ds,$$

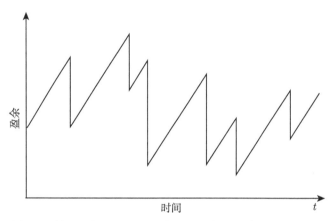

图 8.3 截至时刻 t 没有发生破产的一个盈余过程的样本轨道

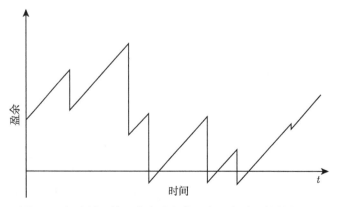

图 8.4 在时刻 t 前已发生破产的一个盈余过程的样本轨道

其中 $\phi(0, t-s)$ 是盈余过程从初始值 0 出发在一个长度为 $t-s$ 的区间上生存的概率 (注意到当盈余从负值返回零时, 从概率的角度可以认为该过程重新开始, 这与 8.2 节中用到的原理一样). 进一步注意到截至时刻 s 的累积索赔额为 $u+cs$ 的密度函数为 $cg(u+cs, s)$, 且

$$cg(u+cs, s) = \sum_{n=1}^{\infty} e^{-\lambda s} \frac{(\lambda s)^n}{n!} \frac{\partial}{\partial s} F^{n*}(u+cs).$$

现在我们说明这种解释可以推广到其他结果中. 对公式 (8.20) 求导可得

$$\omega(u, t) = \lambda e^{-\lambda t}(1 - F(u+ct)) + \lambda \int_0^{u+ct} g(u+ct-x, t)(1 - F(x))\, dx$$

$$-c \int_0^t g(u+cs, s)\,\omega(0, t-s)\, ds. \tag{8.22}$$

然而, 如果把 $\omega(u, t)dt$ 看成过程在极小区间 $(t, t+dt)$ 内破产的概率, 则更容易得到该公式. 首先, 注意到如果破产在区间 $(t, t+dt)$ 内发生, 则在该区间内一定有一次索赔发生. 第一项 $\lambda e^{-\lambda t}(1 - F(u+ct))dt$ 可解释为如下概率的乘积:

- 截至时刻 t 没有索赔发生 $(e^{-\lambda t})$,
- 在区间 $(t, t+dt)$ 有一次索赔发生 (λdt),
- 索赔额超过 $u+ct$ 并导致盈余降到水平 0 以下 $(1 - F(u+ct))$.

其次, $\lambda g(u+ct-x, t)(1 - F(x))dxdt$ 可解释为如下概率的乘积:

- 到时刻 t 的累积索赔额为 $u+ct-x$, 则在时刻 t 的盈余是 x $(g(u+ct-x, t)dx)$,
- 在区间 $(t, t+dt)$ 有一次索赔发生 (λdt),
- 索赔额超过 x 并导致盈余降到水平 0 以下 $(1 - F(x))$.

由于 $\omega(u, t)$ 中的第二项没有考虑在时刻 t 前盈余是否降到 0 以下, 我们需对其进行调整. 表达式

$$c \int_0^t g(u+cs, s)\,\omega(0, t-s)\, ds$$

的解释与公式 (8.20) 中积分项的解释是一样的. 因为我们需要盈余在时刻 t 降到水平 0 以下, 所以用密度函数 $\omega(0, t-s)$ 代替了 $\phi(0, t-s)$.

现在对这个问题进行拓展, 为此定义破产时间与破产赤字的 (瑕疵的) 联合密度函数如下:

$$\omega(u, y, t) = \frac{\partial^2}{\partial y\, \partial t} \Pr(Y_u \leqslant y, T_u \leqslant t).$$

我们通过修改公式 (8.22) 可以得到 $\omega(u, y, t)$ 的表达式. 在前两项中, 需要固定的索赔额而不是超过某个量的索赔, 为此用 $f(u+ct+y)$ 替换 $1-F(u+ct)$, 用 $f(x+y)$ 替

换 $1 - F(x)$. 由于破产发生且破产时的赤字是 y, 故在第二个积分项中, 用 $\omega(0, y, t - s)$ 替换 $\omega(0, t - s)$. 因此, 我们有

$$\omega(u, y, t) = \lambda e^{-\lambda t} f(u + ct + y) + \lambda \int_0^{u+ct} g(u + ct - x, t) f(x + y) \, dx$$

$$- c \int_0^t g(u + cs, s) \, \omega(0, y, t - s) \, ds. \tag{8.23}$$

在 8.6.3 小节中我们将推导这个结果, 在下一小节我们给出 $\omega(0, t)$ 与 $\omega(0, y, t)$ 的表达式.

8.6.2 Gerber-Shiu 函数

本小节介绍 Gerber-Shiu 函数, 也称为期望折现罚函数, 该函数的重要性在于它给出了一个研究破产相关问题的统一方法.

Gerber-Shiu 函数定义如下:

$$\varphi(u) = E\left[a(X_u, Y_u) \, e^{-\delta T_u} \, I(T_u < \infty)\right],$$

其中

- 对于 $x > 0$, $y > 0$, $a(x, y)$ 是一个非负函数, 称作罚函数 (虽然没有实际意义上的惩罚),
- $X_u = U(T_u^-)$ 是破产前的瞬时盈余,
- $Y_u = |U(T_u)|$ 是破产时的赤字,
- $\delta \geqslant 0$ 可以看作利息力或拉普拉斯变换的参数,
- I 是一个示性函数, 若事件 A 发生, 则 $I(A) = 1$, 否则 $I(A) = 0$.

  我们用如下例子来说明该函数的多功能性.

  (i) 令 $a(x, y) = 1$ 可得

  $$\varphi(u) = E\left[e^{-\delta T_u} \, I(T_u < \infty)\right],$$

这是 T_u 的拉普拉斯变换, 由此可以得到 T_u 的矩.

(ii) 令 $a(x, y) = 1$ 和 $\delta = 0$ 可得

$$\varphi(u) = E\left[I(T_u < \infty)\right],$$

这是终极破产概率 $\psi(u)$.

(iii) 令 $a(x, y) = x^m y^n$ 和 $\delta = 0$ 可得

$$\varphi(u) = E\left[X_u^m Y_u^n \, I(T_u < \infty)\right],$$

由此可计算出 X_u 与 Y_u 的矩与协方差.

(iv) 令 $a(x, y) = e^{-sx}$ 和 $\delta = 0$ 可得

$$\varphi(u) = E\left[e^{-sX_u} I(T_u < \infty)\right],$$

这是破产前瞬时盈余的拉普拉斯变换, 由此可得 X_u 的分布.

运用常用的对第一次索赔时间与索赔额作条件期望的方法, 可以推导出一个关于 $\varphi(u)$ 的积分–微分方程, 然而, 这里需要考虑 φ 定义中的 "折现因子" 对 φ 的影响. 我们有

$$\varphi(u) = \int_0^\infty \lambda e^{-\lambda t} e^{-\delta t} \int_0^{u+ct} f(x) \varphi(u + ct - x)\, dx\, dt$$
$$+ \int_0^\infty \lambda e^{-\lambda t} e^{-\delta t} \int_{u+ct}^\infty f(x)\, a(u + ct, x - u - ct)\, dx\, dt,$$

作变量替换 $s = u + ct$ 并关于 u 求导可得

$$\frac{d}{du}\varphi(u) - \frac{\delta + \lambda}{c}\varphi(u) + \frac{\lambda}{c}\int_0^u f(u - x)\varphi(x)dx + \frac{\lambda}{c}\alpha(u) = 0, \qquad (8.24)$$

其中

$$\alpha(u) = \int_0^\infty f(u + y)\, a(u, y)\, dy.$$

在公式 (8.24) 两边作拉普拉斯变换得

$$\varphi^*(s) = \frac{c\,\varphi(0) - \lambda\,\alpha^*(s)}{cs - \delta - \lambda + \lambda f^*(s)}. \qquad (8.25)$$

公式 (8.25) 中的分母起着非常重要的作用. 称方程

$$\delta + \lambda - cs = \lambda f^*(s)$$

为 Lundberg 基本方程, 现在我们证明该方程有唯一的正根, 记作 ρ. 考虑函数 $l(s) = \delta + \lambda - cs$, 则

$$l(0) = \delta + \lambda \geqslant \lambda f^*(0) = \lambda.$$

$f^*(s)$ 是一个递减的凸函数, 这是因为

$$\frac{d}{ds} f^*(s) = -\int_0^\infty x\, e^{-sx} f(x)\, dx < 0$$

和

$$\frac{d^2}{ds^2} f^*(s) = \int_0^\infty x^2\, e^{-sx} f(x)\, dx > 0.$$

在图 8.5 中, 当 $\delta = 0$ 时, $l(s)$ 的图像由虚线画出, 当 $\delta > 0$ 时, $l(s)$ 的图像由实线画出. 当 $\delta = 0$ 时, Lundberg 基本方程的根是 $\rho = 0$. 当 $\delta > 0$ 时, 我们可以看出存在唯一的正数 s 使得 $l(s) = \lambda f^*(s)$, 这个数记为 ρ. 如图 8.5 所示, Lundberg 基本方程也可能有唯一的负根 (当 $\delta > 0$ 和 $\delta = 0$ 时都可能有). 在考虑 Lundberg 基本方程时, 需注意到 ρ 依赖于 δ, 严格来说, 应记为 ρ_δ, 但为了简单起见, 我们写作 ρ.

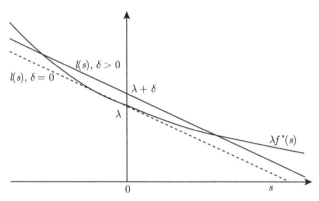

图 8.5   当 $\delta = 0$ 与 $\delta > 0$ 时 $l(s)$ 的图像与 $\lambda f^*(s)$ 的图像

我们可以用 Lundberg 基本方程的唯一正根来得到 $\varphi(0)$ 的表达式. 将方程 (8.25) 写为

$$(cs - \delta - \lambda + \lambda f^*(s))\, \varphi^*(s) = c\varphi(0) - \lambda\alpha^*(s).$$

在上述方程中, 如果令 $s = \rho$, 则左边为零, 因此

$$\varphi(0) = \frac{\lambda}{c}\,\alpha^*(\rho) = \frac{\lambda}{c} \int_0^\infty e^{-\rho z}\,\alpha(z)\,dz. \tag{8.26}$$

上式说明 $\varphi(0)$ 是函数 α 的拉普拉斯变换的倍数, 其中变换参数为 ρ. 然而, 在 φ 的定义中, δ 可以看成是拉普拉斯变换的参数, 但在方程 (8.26) 中, 拉普拉斯变换的参数是 ρ. 例如, 当 $a(x, y) = e^{-sy}$ 时, 有

$$\varphi(0) = E[e^{-sY_0 - \delta T_0}\, I(T_0 < \infty)]$$

$$= \int_0^\infty \int_0^\infty e^{-sy - \delta t}\omega(0, y, t)\, dy\, dt, \tag{8.27}$$

所以 $\varphi(0)$ 是一个参数为 s 和 δ 的二元拉普拉斯变换. 此外, 有

$$\alpha(z) = \int_0^\infty e^{-sy}\, f(z + y)\, dy,$$

因此由公式 (8.26) 得

$$\varphi(0) = \frac{\lambda}{c} \int_0^\infty \int_0^\infty e^{-\rho z - sy} f(z+y) \, dy \, dz, \qquad (8.28)$$

这是一个参数为 s 和 ρ 的二元拉普拉斯变换. 需要指出的是, 二元拉普拉斯变换是前一章定义的一元拉普拉斯变换的简单拓展. 例如, 要得到 $\omega(0, y, t)$ 的二元拉普拉斯变换, 首先关于变量 y 作如下拉普拉斯变换:

$$\int_0^\infty e^{-sy} \omega(0, y, t) \, dy,$$

得到一个关于 t 的函数, 然后再对这个关于 t 的函数作拉普拉斯变换, 得到

$$\int_0^\infty e^{-\delta t} \int_0^\infty e^{-sy} \omega(0, y, t) \, dy \, dt,$$

它与公式 (8.27) 相同. 拉普拉斯反变换也分两步: 首先关于一个变量作反变换, 然后再关于另一个变量作反变换.

现在我们给出一个非常有用的结果, 该结果可以用于求 (8.28) 这类具有参数 ρ 的拉普拉斯反变换. 对于任意一个函数 b,

$$b^*(\rho) = \int_0^\infty e^{-\rho t} b(t) \, dt = h^*(\delta) = \int_0^\infty e^{-\delta t} h(t) \, dt, \qquad (8.29)$$

其中

$$h(t) = ce^{-\lambda t} b(ct) + \sum_{n=1}^\infty \frac{\lambda^n t^{n-1}}{n!} e^{-\lambda t} \int_0^{ct} y f^{n*}(ct - y) \, b(y) \, dy. \qquad (8.30)$$

该结果将在附录中给出证明.

为了利用该结果对公式 (8.28) 关于 δ 和 s 作拉普拉斯反变换, 我们把 $\varphi(0)$ 写为

$$\varphi(0) = \frac{\lambda}{c} \int_0^\infty e^{-\rho z} \int_z^\infty e^{-s(x-z)} f(x) \, dx \, dz, \qquad (8.31)$$

则对应于公式 (8.29) 的函数 b 为

$$b(t) = \frac{\lambda}{c} \int_t^\infty e^{-s(x-t)} f(x) \, dx.$$

因此, 在 $\varphi(0)$ 的表达式 (8.31) 中关于变量 δ 作反变换可得

$$ce^{-\lambda t} \frac{\lambda}{c} \int_{ct}^\infty e^{-s(y-ct)} f(y) \, dy$$

$$+ \sum_{n=1}^{\infty} \frac{\lambda^n t^{n-1}}{n!} e^{-\lambda t} \int_0^{ct} x f^{n*}(ct-x) \frac{\lambda}{c} \int_x^{\infty} e^{-s(r-x)} f(r) \, dr \, dx$$

$$= \lambda e^{-\lambda t} \int_0^{\infty} e^{-sr} f(r+ct) \, dr$$

$$+ \sum_{n=1}^{\infty} \frac{\lambda^n t^{n-1}}{n!} e^{-\lambda t} \int_0^{ct} x f^{n*}(ct-x) \frac{\lambda}{c} \int_0^{\infty} e^{-sr} f(r+x) \, dr \, dx$$

$$= \lambda e^{-\lambda t} \int_0^{\infty} e^{-sr} f(r+ct) \, dr$$

$$+ \sum_{n=1}^{\infty} \frac{\lambda^n t^{n-1}}{n!} e^{-\lambda t} \frac{\lambda}{c} \int_0^{\infty} e^{-sr} \int_0^{ct} x f^{n*}(ct-x) f(r+x) \, dx \, dr,$$

再关于变量 s 作反变换有

$$\omega(0, y, t) = \lambda e^{-\lambda t} f(y+ct)$$

$$+ \sum_{n=1}^{\infty} \frac{\lambda^n t^{n-1}}{n!} e^{-\lambda t} \frac{\lambda}{c} \int_0^{ct} x f^{n*}(ct-x) f(y+x) \, dx$$

$$= \lambda e^{-\lambda t} f(y+ct)$$

$$+ \frac{\lambda}{c} \int_0^{ct} \frac{x}{t} \sum_{n=1}^{\infty} e^{-\lambda t} \frac{(\lambda t)^n}{n!} f^{n*}(ct-x) f(y+x) \, dx$$

$$= \lambda e^{-\lambda t} f(y+ct) + \frac{\lambda}{c} \int_0^{ct} \frac{x}{t} g(ct-x, t) f(y+x) \, dx. \tag{8.32}$$

如果在上式中关于变量 y 在 $(0, \infty)$ 上积分, 可得 T_0 的密度函数

$$\omega(0, t) = \lambda e^{-\lambda t} (1 - F(ct)) + \frac{\lambda}{c} \int_0^{ct} \frac{x}{t} g(ct-x, t) (1 - F(x)) \, dx. \tag{8.33}$$

根据 (8.29) 给出的拉普拉斯变换的恒等式, 也可以由上一节中的结论推导出生存概率 $\phi(0, t)$ 的表达式. 在本节的最后, 对所有的 x 与 y, 令 $a(x, y) = 1$, 则有 $\alpha(u) = 1 - F(u)$. 此时, 我们有

$$\varphi(0) = E\left[e^{-\delta T_0} I(T_0 < \infty) \right]$$

$$= \frac{\lambda}{c} \int_0^{\infty} e^{-\rho x} (1 - F(x)) \, dx$$

$$= \frac{\lambda}{c\rho}\left(1 - f^*(\rho)\right).$$

由于 $\lambda + \delta - c\rho = \lambda f^*(\rho)$, 有

$$\frac{\lambda}{c}\left(1 - f^*(\rho)\right) = \rho - \frac{\delta}{c},$$

由此得到

$$\varphi(0) = 1 - \frac{\delta}{c\rho},$$

此外, 有

$$\varphi(0) = \int_0^\infty e^{-\delta t}\,\omega(0, t)\,dt,$$

进而, 由 $\omega(0, t) = \dfrac{d}{dt}\psi(0, t)$ 得

$$\int_0^\infty e^{-\delta t}\,\psi(0, t)\,dt = \frac{1}{\delta} - \frac{1}{c\rho},$$

因此

$$\int_0^\infty e^{-\delta t}\,\phi(0, t)\,dt = \frac{1}{c\rho}.$$

对上式先关于 ρ 作反变换得 $1/c$, 再关于 δ 作反变换得

$$
\begin{aligned}
\phi(0, t) &= e^{-\lambda t} + \frac{1}{c}\sum_{n=1}^\infty \frac{\lambda^n t^{n-1}}{n!}e^{-\lambda t}\int_0^{ct} x\,f^{n*}(ct - x)\,dx \\
&= e^{-\lambda t} + \frac{1}{ct}\sum_{n=1}^\infty \frac{\lambda^n t^n}{n!}e^{-\lambda t}\int_0^{ct}(ct - x)\,f^{n*}(x)\,dx \\
&= e^{-\lambda t} + \int_0^{ct}\left(1 - \frac{x}{ct}\right)g(x, t)\,dx,
\end{aligned}
$$

这是公式 (8.21) 的第二个表达式. 公式 (8.21) 的第一个表达式可通过对第二个表达式积分得到.

8.6.3 破产时间与破产赤字的联合密度函数

本节的主要目的是推导公式 (8.23) 给出的当 $u > 0$ 时破产时间与破产赤字的联合密度函数. 我们通过研究一个特殊的 Gerber-Shiu 函数, 即破产时间 T_u 与破产时的赤字 Y_u 的二元拉普拉斯变换来推导该公式.

在推导 (8.23) 之前, 我们先推导一个重要公式. 考虑复合泊松密度函数 $g(x, t)$, 其定义如下

$$g(x, t) = \sum_{n=1}^\infty e^{-\lambda t}\frac{(\lambda t)^n}{n!}\,f^{n*}(x).$$

如果我们关于变量 x 作参数为 s 的拉普拉斯变换, 有

$$\begin{aligned}
g^*(s,t) &= \int_0^\infty e^{-sx} g(x,t)\, dx \\
&= \sum_{n=1}^\infty e^{-\lambda t} \frac{(\lambda t)^n}{n!} f^*(s)^n \\
&= \exp\{\lambda t(f^*(s)-1)\} - \exp\{-\lambda t\}.
\end{aligned}$$

同样地, 累积索赔额 $S(t)$ 有如下的拉普拉斯变换:

$$\begin{aligned}
E[e^{-sS(t)}] &= \int_0^\infty e^{-sx}\, dG(x,t) \\
&= \exp\{-\lambda t\} + \int_0^\infty e^{-sx} g(x,t)\, dx \\
&= \exp\{\lambda t(f^*(s)-1)\}.
\end{aligned}$$

进一步关于变量 t 作参数为 δ 的拉普拉斯变换, 可得

$$\int_0^\infty e^{-\delta t} \int_0^\infty e^{-sx}\, dG(x,t)\, dt = \frac{1}{\delta - \lambda(f^*(s)-1)}. \tag{8.34}$$

现在回到 T_u 与 Y_u 的联合密度函数这个问题. 设罚函数为 $a(x,y) = e^{-ry}$, 则有

$$\begin{aligned}
\varphi(u) &= E[e^{-rY_u - \delta T_u}\, I(T_u < \infty)] \\
&= \int_0^\infty \int_0^\infty e^{-ry-\delta t}\, \omega(u,y,t)\, dy\, dt,
\end{aligned}$$

再关于变量 u 作拉普拉斯变换可得

$$\varphi^*(s) = \int_0^\infty \int_0^\infty \int_0^\infty e^{-su-ry-\delta t}\, \omega(u,y,t)\, dy\, dt\, du.$$

接下来我们依次关于变量 δ, r 和 s 作反变换.

把公式 (8.25) 写成

$$\varphi^*(s) = \frac{\lambda\, \alpha^*(s) - c\,\varphi(0)}{\delta + \lambda - \lambda\, f^*(s) - cs}, \tag{8.35}$$

并且为了便于分析, 把 $\varphi(0)$ 写为

$$\varphi(0) = \int_0^\infty e^{-\delta t}\, \gamma(r,t)\, dt,$$

其中

$$\gamma(r,t) = \int_0^\infty e^{-ry}\, \omega(0,y,t)\, dy.$$

由于罚函数为 $a(x,y) = e^{-ry}$, 则有

$$\alpha(u) = \int_0^\infty e^{-ry} f(u+y)\, dy.$$

为了强调上式依赖于 r, 把 α 记为 α_r, 且易知它具有拉普拉斯变换

$$\alpha_r^*(s) = \int_0^\infty e^{-su} \alpha_r(u)\, du = \int_0^\infty e^{-su} \int_0^\infty e^{-ry} f(u+y)\, dy\, du.$$

首先, 我们在 $\varphi^*(s)$ 中关于变量 δ 作反变换. 由公式 (8.34) 和 (8.35) 可以看出

$$1/(\delta + \lambda - \lambda f^*(s) - c\, s)$$

的反变换为

$$\exp\{\lambda t(f^*(s) - 1) + sct\} = e^{sct} \int_0^\infty e^{-su}\, d\,\mathcal{G}(u,t)$$
$$= e^{sct} \left(e^{-\lambda t} + g^*(s,t)\right).$$

公式 (8.35) 右边关于变量 δ 的反变换为

$$\lambda\, \alpha_r^*(s)\, e^{sct} \int_0^\infty e^{-su}\, d\,\mathcal{G}(u,t) - c \int_0^t \gamma(r,\tau) \exp\{\lambda(t-\tau)(f^*(s) - 1) + sc(t-\tau)\}\, d\tau.$$

因此, 对方程 (8.35) 作关于 δ 的反变换, 然后乘以 e^{-sct} 可得

$$e^{-sct} \int_0^\infty \int_0^\infty e^{-su-ry}\, \omega(u,y,t)\, dy\, du$$
$$= \lambda\, \alpha_r^*(s) \int_0^\infty e^{-su}\, d\mathcal{G}(u,t) - c \int_0^t \gamma(r,\tau) \exp\{\lambda(t-\tau)(f^*(s) - 1) - sc\tau\}\, d\tau.$$

其次, 关于 r 的反变换为

$$e^{-sct} \int_0^\infty e^{-su}\, \omega(u,y,t)\, du$$
$$= \lambda \int_0^\infty e^{-su} f(u+y)\, du \int_0^\infty e^{-su}\, d\mathcal{G}(u,t)$$
$$\quad - c \int_0^t \omega(0,y,\tau) \exp\{\lambda(t-\tau)(f^*(s) - 1) - sc\tau\}\, d\tau$$
$$= \lambda \int_0^\infty e^{-su} f(u+y)\, du \left(e^{-\lambda t} + g^*(s,t)\right)$$
$$\quad - c \int_0^t \omega(0,y,\tau) \exp\{\lambda(t-\tau)(f^*(s) - 1) - sc\tau\}\, d\tau$$
$$= \lambda e^{-\lambda t} \int_0^\infty e^{-su} f(u+y)\, du$$

$$+\lambda \int_0^\infty e^{-su} \int_0^u f(x+y)g(u-x,t)\,dx\,du$$

$$-c \int_0^t \omega(0,y,\tau) \exp\{\lambda(t-\tau)(f^*(s)-1)-sc\tau\}\,d\tau. \tag{8.36}$$

最后, 我们作关于 s 的反变换. 为此, 我们把方程 (8.36) 的左边写为

$$\int_{ct}^\infty e^{-su}\,\omega(u-ct,y,t)\,du.$$

注意到方程 (8.36) 中最后一个积分项可表示为

$$c \int_0^t \omega(0,y,\tau) \exp\{\lambda(t-\tau)(f^*(s)-1)-sc\tau\}\,d\tau$$

$$=c \int_0^t \omega(0,y,\tau)\left(g^*(s,t-\tau)+e^{-\lambda(t-\tau)}\right)e^{-sc\tau}\,d\tau$$

$$=c \int_0^t \omega(0,y,\tau)\int_0^\infty e^{-s(x+c\tau)}g(x,t-\tau)\,dx\,d\tau$$

$$\quad +c \int_0^t \omega(0,y,\tau)\,e^{-sc\tau}\,e^{-\lambda(t-\tau)}\,d\tau$$

$$=c \int_0^t \omega(0,y,\tau)\int_0^\infty e^{-s(x+c\tau)}g(x,t-\tau)\,dx\,d\tau$$

$$\quad +\int_0^{ct} e^{-su}\,\omega(0,y,u/c)\,e^{-\lambda(t-u/c)}\,du.$$

简单运算后可得

$$c \int_0^t \omega(0,y,\tau)\int_0^\infty e^{-s(x+c\tau)}g(x,t-\tau)\,dx\,d\tau$$

$$=c \int_0^t \omega(0,y,\tau)\int_{c\tau}^\infty e^{-su}g(u-c\tau,t-\tau)\,du\,d\tau$$

$$=c \int_0^{ct} e^{-su}\int_0^{u/c} \omega(0,y,\tau)\,g(u-c\tau,t-\tau)\,d\tau\,du$$

$$\quad +c \int_{ct}^\infty e^{-su}\int_0^t \omega(0,y,\tau)\,g(u-c\tau,t-\tau)\,d\tau\,du,$$

其中在最后一步中我们交换了积分次序. 综上可得

$$\int_{ct}^\infty e^{-su}\,\omega(u-ct,y,t)\,du$$

$$=\lambda e^{-\lambda t}\int_0^\infty e^{-su}f(u+y)\,du$$

$$\quad +\lambda \int_0^\infty e^{-su}\int_0^u f(x+y)g(u-x,t)\,dx\,du$$

$$-c \int_0^{ct} e^{-su} \int_0^{u/c} \omega(0, y, \tau) \, g(u - c\tau, t - \tau) \, d\tau \, du$$

$$-c \int_{ct}^{\infty} e^{-su} \int_0^t \omega(0, y, \tau) \, g(u - c\tau, t - \tau) \, d\tau \, du$$

$$- \int_0^{ct} e^{-su} \, \omega(0, y, u/c) \, e^{-\lambda(t - u/c)} \, du. \tag{8.37}$$

上式左边恰好是关于 u 的函数的拉普拉斯变换, 且当 $0 < u \leqslant ct$ 时, 该函数为 0; 当 $u > ct$ 时, 该函数为 $\omega(u - ct, y, t)$. 在 $u > ct$ 时, 令方程左右两边 e^{-su} 的系数相等, 可得

$$\omega(u - ct, y, t) = \lambda \, e^{-\lambda t} f(u + y) + \lambda \int_0^u f(x + y) \, g(u - x, t) \, dx$$

$$-c \int_0^t \omega(0, y, \tau) \, g(u - c\tau, t - \tau) \, d\tau.$$

再用 u 替换 $u - ct$, 可得 T_u 与 Y_u 的联合密度如下:

$$\omega(u, y, t) = \lambda \, e^{-\lambda t} f(u + ct + y) + \lambda \int_0^{u+ct} f(x + y) \, g(u + ct - x, t) \, dx$$

$$-c \int_0^t \omega(0, y, \tau) \, g(u + c(t - \tau), t - \tau) \, d\tau.$$

对上式关于 y 在 $(0, \infty)$ 上积分可得 T_u 的密度函数

$$\omega(u, t) = \lambda \, e^{-\lambda t} (1 - F(u + ct)) + \lambda \int_0^{u+ct} (1 - F(x)) \, g(u + ct - x, t) \, dx$$

$$-c \int_0^t \omega(0, \tau) \, g(u + c(t - \tau), t - \tau) \, d\tau.$$

当 $u \leqslant ct$ 时, 在公式 (8.37) 中令 e^{-su} 的系数相等, 可得如下等式:

$$0 = \lambda \, e^{-\lambda t} f(u + y) + \lambda \int_0^u f(x + y) \, g(u - x, t) \, dx$$

$$-c \int_0^{u/c} \omega(0, y, \tau) \, g(u - c\tau, t - \tau) \, d\tau - \omega(0, y, u/c) \, e^{-\lambda(t - u/c)}. \tag{8.38}$$

本章习题 7 将对该式作出解释.

我们在本节末讨论单个索赔额服从参数为 n 和 β 的 Erlang 分布. 将单个索赔额的密度函数 f 记为 γ_n, 在第 1 章习题 4 中, 我们证明了

$$f(x + y) \equiv \gamma_n(x + y) = \frac{1}{\beta} \sum_{j=1}^n \gamma_{n-j+1}(x) \gamma_j(y).$$

现在证明联合密度函数 $\omega(u, y, t)$ 也有类似的分解. 回忆公式 (8.32), 我们有

$$\omega(0, y, t) = \lambda e^{-\lambda t} f(ct + y) + \lambda \int_0^{ct} \frac{x}{ct} g(ct - x, t) f(x + y) \, dx,$$

因此

$$\omega(0, y, t) = \frac{\lambda e^{-\lambda t}}{\beta} \sum_{j=1}^n \gamma_{n-j+1}(ct) \gamma_j(y)$$

$$+ \frac{\lambda}{\beta} \int_0^{ct} \frac{x}{ct} g(ct - x, t) \sum_{j=1}^n \gamma_{n-j+1}(x) \gamma_j(y) \, dx.$$

可将其写为

$$\omega(0, y, t) = \sum_{j=1}^n \omega_j(0, t) \gamma_j(y),$$

其中

$$\omega_j(0, t) = \frac{\lambda e^{-\lambda t}}{\beta} \gamma_{n-j+1}(ct) + \frac{\lambda}{\beta} \int_0^{ct} \frac{x}{ct} g(ct - x, t) \gamma_{n-j+1}(x) \, dx.$$

同理, 由于

$$\omega(u, y, t) = \lambda e^{-\lambda t} f(u + ct + y) + \lambda \int_0^{u+ct} f(x + y) g(u + ct - x, t) \, dx$$

$$- c \int_0^t \omega(0, y, \tau) g(u + c(t - \tau), t - \tau) \, d\tau,$$

则有

$$\omega(u, y, t) = \sum_{j=1}^n \omega_j(u, t) \gamma_j(y), \tag{8.39}$$

其中

$$\omega_j(u, t) = \frac{\lambda e^{-\lambda t}}{\beta} \gamma_{n-j+1}(u + ct) + \frac{\lambda}{\beta} \int_0^{u+ct} \gamma_{n-j+1}(x) g(u + ct - x, t) \, dx$$

$$- c \int_0^t \omega_j(0, \tau) g(u + c(t - \tau), t - \tau) \, d\tau.$$

公式 (8.39) 说明 $\omega(u, y, t)$ 是一个 (瑕疵的) 混合 Erlang 密度函数. 如果在 $(0, \infty)$ 上对 t 积分, 可以发现破产赤字的 (瑕疵的) 密度函数 $g(u, y)$ 也是一个混合 Erlang 密度函数.

8.6.4 指数索赔分布

在本节我们将推导当单个索赔额服从指数分布时破产时间的密度函数表达式. 这里所用的方法与前两节有所不同, 该方法的主要特点是当索赔额服从指数分布时, 它不依赖于索赔到达是泊松过程这一假设. 本节的一些想法可以推广到单个索赔额服从其他分布的情况, 但在此不做进一步的讨论. 我们的主要目的是推导一个可用来与 8.6.7 小节中的数值解作比较的公式.

当 $F(x) = 1 - e^{-\alpha x}$, $x \geqslant 0$ 时, 有

$$f(x+y) = \alpha e^{-\alpha(x+y)} = \alpha e^{-\alpha y} \left(1 - F(x)\right).$$

由此, 公式 (8.32) 变为

$$\omega(0, y, t) = \alpha e^{-\alpha y} \left(\lambda e^{-\lambda t}(1 - F(ct)) + \frac{\lambda}{c} \int_0^{ct} \frac{x}{t} g(ct - x, t)\left(1 - F(x)\right) dx \right)$$

$$= \alpha e^{-\alpha y}\, \omega(0, t),$$

这说明 Y_0 与 T_0 是相互独立的.

为了得到 $\omega(u, t)$ 的表达式, 我们把本章前几节用到的思路从无限时间推广到有限时间. 考虑有限时间内的生存概率 $\phi(u, t)$. 如果过程在区间 $(0, t)$ 内不发生破产, 则有两种情况:

(i) 盈余不低于初始盈余, 这一事件的概率为 $\phi(0, t)$;

(ii) 盈余在时刻 $\tau < t$ 首次低于初始盈余且低于初始盈余的落差为 y $(y < u)$, 过程从新的盈余水平 $u - y$ 出发, 并在之后的时间长度 $t - \tau$ 内不发生破产.

因此

$$\phi(u, t) = \phi(0, t) + \int_0^t \int_0^u \omega(0, y, \tau)\, \phi(u - y, t - \tau)\, dy\, d\tau,$$

关于 t 求导可得

$$-\omega(u, t) = -\omega(0, t) + \int_0^u \omega(0, y, t)\, dy$$

$$- \int_0^t \int_0^u \omega(0, y, \tau)\, \omega(u - y, t - \tau)\, dy\, d\tau,$$

整理上式得

$$\omega(u, t) = \int_u^\infty \omega(0, y, t)\, dy + \int_0^t \int_0^u \omega(0, y, \tau)\, \omega(u - y, t - \tau)\, dy\, d\tau,$$

这是由于 $\omega(0, t) = \int_0^\infty \omega(0, y, t)\, dy$. 其次, 运用公式 $\omega(0, y, t) = \omega(0, t)\, \alpha e^{-\alpha y}$ 可将上式进一步表示为

$$\omega(u, t) = \omega(0, t)\, e^{-\alpha u} + \int_0^t \omega(0, \tau) \int_0^u \alpha\, e^{-\alpha y}\, \omega(u - y, t - \tau)\, dy\, d\tau. \tag{8.40}$$

定义如下拉普拉斯变换

$$\omega^*(0,\delta) = \int_0^\infty e^{-\delta t}\,\omega(0,t)\,dt,$$

$$\omega^*(s,t) = \int_0^\infty e^{-su}\,\omega(u,t)\,du,$$

$$\omega^{**}(s,\delta) = \int_0^\infty \int_0^\infty e^{-su-\delta t}\,\omega(u,t)\,dt\,du.$$

在方程 (8.40) 两边关于变量 u 作拉普拉斯变换可得

$$\omega^*(s,t) = \frac{\omega(0,t)}{\alpha+s} + \int_0^t \omega(0,\tau)\,\frac{\alpha}{\alpha+s}\,\omega^*(s,t-\tau)\,d\tau,$$

再关于变量 t 作拉普拉斯变换可得

$$\omega^{**}(s,\delta) = \frac{\omega^*(0,\delta)}{\alpha+s} + \omega^*(0,\delta)\,\frac{\alpha}{\alpha+s}\,\omega^{**}(s,\delta),$$

由此可得

$$\omega^{**}(s,\delta) = \frac{\omega^*(0,\delta)\dfrac{1}{\alpha+s}}{1-\omega^*(0,\delta)\dfrac{\alpha}{\alpha+s}} = \frac{1}{\alpha}\sum_{n=1}^\infty \omega^*(0,\delta)^n \left(\frac{\alpha}{\alpha+s}\right)^n.$$

关于变量 s 作反变换有

$$\sum_{n=1}^\infty \omega^*(0,\delta)^n \frac{(\alpha u)^{n-1}e^{-\alpha u}}{\Gamma(n)}. \tag{8.41}$$

在关于变量 δ 作反变换之前, 注意到 $\omega^*(0,\delta)$ 是一个特殊的 Gerber-Shiu 函数, 其中 $u=0$ 且对所有的 x 与 y, $a(x,y)=1$, 因此

$$\omega^*(0,\delta) = \frac{\lambda}{c}\int_0^\infty e^{-\rho x}(1-F(x))\,dx = \frac{\lambda}{c}\int_0^\infty e^{-\rho x}e^{-\alpha x}\,dx = \frac{\lambda}{c\,(\alpha+\rho)},$$

从而

$$\omega^*(0,\delta)^n = \left(\frac{\lambda}{c\,(\alpha+\rho)}\right)^n.$$

关于 ρ 作反变换有

$$\frac{\lambda^n\,t^{n-1}\,e^{-\alpha t}}{c^n\,\Gamma(n)}.$$

利用公式 (8.29) 与 (8.30) 作关于 δ 的反变换可得

$$w^{n*}(0,t) = ce^{-\lambda t}\frac{\lambda^n\,(ct)^{n-1}\,e^{-\alpha ct}}{c^n\,\Gamma(n)}$$

$$+ \sum_{m=1}^{\infty} e^{-\lambda t} \frac{\lambda^m t^{m-1}}{m!} \int_0^{ct} y \frac{\alpha^m (ct-y)^{m-1} e^{-\alpha(ct-y)}}{\Gamma(m)} \frac{\lambda^n y^{n-1} e^{-\alpha y}}{c^n \Gamma(n)} \, dy$$

$$= e^{-(\lambda+\alpha c)t} \frac{\lambda^n t^{n-1}}{\Gamma(n)}$$

$$+ e^{-(\lambda+\alpha c)t} \frac{\lambda^n}{c^n \Gamma(n)} \sum_{m=1}^{\infty} \frac{(\alpha\lambda)^m t^{m-1}}{m! \, \Gamma(m)} \int_0^{ct} y^n (ct-y)^{m-1} \, dy$$

$$= e^{-(\lambda+\alpha c)t} \frac{\lambda^n t^{n-1}}{\Gamma(n)}$$

$$+ e^{-(\lambda+\alpha c)t} \frac{\lambda^n}{c^n \Gamma(n)} \sum_{m=1}^{\infty} \frac{(\alpha\lambda)^m t^{m-1}}{m! \, \Gamma(m)} \frac{\Gamma(n+1)\,\Gamma(m)}{\Gamma(n+m+1)} (ct)^{n+m}$$

$$= e^{-(\lambda+\alpha c)t} n \, \lambda^n t^{n-1} \sum_{m=0}^{\infty} \frac{(\alpha\lambda ct^2)^m}{m! \, (n+m)!}. \tag{8.42}$$

当 $n = 1$ 时,

$$\omega(0,t) = \lambda e^{-(\lambda+\alpha c)t} \sum_{m=0}^{\infty} \frac{(\alpha\lambda ct^2)^m}{m! \, (m+1)!}.$$

为方便计算, 可作如下改写

$$\sum_{m=0}^{\infty} \frac{(\alpha\lambda ct^2)^m}{m! \, (n+m)!} = \frac{1}{n!} \, {}_0F_1(n+1; \alpha\lambda ct^2),$$

其中

$${}_0F_1(C; Z) = \sum_{m=0}^{\infty} \frac{\Gamma(C)}{\Gamma(C+m)} \frac{Z^m}{m!}$$

是一个广义超几何函数.

公式 (8.41) 关于 δ 的反变换为

$$\omega(u,t) = e^{-\alpha u - (\lambda+\alpha c)t} \sum_{n=1}^{\infty} \frac{(\alpha u)^{n-1}}{\Gamma(n)} \frac{\lambda^n t^{n-1}}{\Gamma(n)} \, {}_0F_1(n+1; \alpha\lambda ct^2). \tag{8.43}$$

该公式很容易利用数学软件进行计算. 特别指出, 一些计算软件包有内置的程序来计算广义超几何函数.

由 (8.41) 可得

$$\omega(u,t) = \sum_{n=1}^{\infty} \frac{(\alpha u)^{n-1} e^{-\alpha u}}{\Gamma(n)} \omega^{n*}(0,t), \tag{8.44}$$

对该求和式中第 n 项的分子分母同时乘以 $\psi(0)^n$, 整理可得

$$\omega(u,t) = \psi(0) \sum_{n=1}^{\infty} \frac{(\psi(0)\alpha u)^{n-1} e^{-\alpha u}}{\Gamma(n)} \omega_c^{n*}(0,t). \tag{8.45}$$

注意到 ω_c 是一个密度函数, 对上式在 $(0, \infty)$ 上关于 t 积分可得

$$\psi(u) = \psi(0) \sum_{n=1}^{\infty} \frac{(\psi(0)\alpha u)^{n-1} e^{-\alpha u}}{\Gamma(n)}$$
$$= \psi(0) e^{-\alpha u(1-\psi(0))},$$

再利用 $\psi(0) = \lambda/(\alpha c)$, 可以得到关于 $\psi(u)$ 的一个非常熟悉的公式 (7.11). 在方程 (8.45) 两端同时除以上式可得

$$\omega_c(u, t) = \sum_{n=1}^{\infty} \frac{(\psi(0)\alpha u)^{n-1} e^{-\psi(0)\alpha u}}{\Gamma(n)} \omega_c^{n*}(0, t). \tag{8.46}$$

由此可看出 $T_{u,c}$ 服从一个复合分布, 其计数分布是向右平移了一个单位的泊松分布. 进一步地, $T_{u,c}$ 的矩可以通过 $T_{0,c}$ 的矩来表示. 例如

$$E[T_{u,c}] = (1 + \psi(0)\alpha u) E[T_{0,c}]. \tag{8.47}$$

在下一节中, 我们将讨论破产时间的矩的一般解法.

虽然本节的方法可以应用到一些其他单个索赔额分布的情况, 但我们不做进一步的讨论. 公式 (8.43) 的重要性在于它可以用来近似其他单个索赔额分布下的破产时间的密度函数. 我们可用 De Vylder 近似方法找到原风险过程的一个近似过程, 该近似过程的破产时间的密度函数由公式 (8.43) 给出. 在 8.6.7 小节中我们将对此做进一步的讨论.

最后需要指出的是公式 (8.46) 在指数索赔及一般更新过程假设下都成立. 在推导公式 (8.46) 的过程中, 只在 $\omega(0, y, t) = \alpha e^{-\alpha y} \omega(0, t)$ 中用到了索赔到达服从泊松过程这一假设, 该式在更一般的索赔到达过程下同样成立.

8.6.5　破产时间的矩

在本节我们推导破产时间的矩的一个递推公式. 首先给出一些符号. 定义

$$_n\psi(u) = E\left[T_u^n \, I(T_u < \infty)\right],$$

其中 $_0\psi(u) = \psi(u)$, 则在给定破产发生的情况下, 破产时间的 n 阶矩有如下表达式:

$$E\left[T_u^n \, | \, T_u < \infty\right] = E[T_{u,c}] = \frac{_n\psi(u)}{\psi(u)}.$$

为了推导 T_u 的矩, 考虑一个特殊的 Gerber-Shiu 函数, 其中对所有的 x 与 y, $a(x, y) = 1$, 该 Gerber-Shiu 函数就是 T_u 的拉普拉斯变换, 因此

$$\varphi(u) = \int_0^{\infty} e^{-\delta t} \, \omega(u, t) \, dt,$$

进而有

$$\frac{d^n}{d\delta^n}\varphi(u) = (-1)^n \int_0^\infty t^n\, e^{-\delta t}\, \omega(u,t)\, dt,$$

从而

$$(-1)^n \left.\frac{d^n}{d\delta^n}\varphi(u)\right|_{\delta=0} = \int_0^\infty t^n\, \omega(u,t)\, dt = {}_n\psi(u).$$

首先考虑公式 (8.25), 即

$$\varphi^*(s) = \frac{c\,\varphi(0) - \lambda\,\alpha^*(s)}{cs - \delta - \lambda + \lambda\,f^*(s)},$$

它可以重新表示为

$$(cs - \lambda + \lambda\,f^*(s))\varphi^*(s) - \delta\,\varphi^*(s) = c\,\varphi(0) - \lambda\,\alpha^*(s). \tag{8.48}$$

对公式 (8.48) 关于 δ 求 n 阶导数并令 $\delta = 0$. 由于 α 不是 δ 的函数, $\alpha^*(s)$ 在求导后将变为零. 利用数学归纳法可得

$$\frac{d^n}{d\delta^n}\left(\delta\,\varphi^*(s)\right) = n\,\frac{d^{n-1}}{d\delta^{n-1}}\varphi^*(s) + \delta\,\frac{d^n}{d\delta^n}\varphi^*(s).$$

为方便起见, 定义

$$h_n(s) = \left.\frac{d^n}{d\delta^n}\varphi^*(s)\right|_{\delta=0},$$

该函数是 $(-1)^n\,{}_n\psi(u)$ 的拉普拉斯变换, 这可以如下验证. 注意到

$$\varphi^*(s) = \int_0^\infty e^{-s\,u}\,\varphi(u)\, du = \int_0^\infty e^{-su} \int_0^\infty e^{-\delta t}\,\omega(u,t)\, dt\, du,$$

从而

$$\frac{d^n}{d\delta^n}\varphi^*(s) = \int_0^\infty e^{-su}(-1)^n \int_0^\infty t^n\, e^{-\delta t}\,\omega(u,t)\, dt\, du,$$

因此

$$h_n(s) = \left.\frac{d^n}{d\delta^n}\varphi^*(s)\right|_{\delta=0} = \int_0^\infty e^{-su}\,(-1)^n\,{}_n\psi(u)\, du. \tag{8.49}$$

在方程 (8.48) 两边关于 δ 求 n 阶导数并令 $\delta = 0$ 可得

$$(cs - \lambda + \lambda\,f^*(s))\,h_n(s) - n\,h_{n-1}(s) = (-1)^n\,c\,{}_n\psi(0),$$

从而

$$h_n(s) = \frac{(-1)^n\,c\,{}_n\psi(0) + n\,h_{n-1}(s)}{cs - \lambda + \lambda\,f^*(s)}. \tag{8.50}$$

由公式 (7.12) 可知 $\phi(u)$ 的拉普拉斯变换是

$$\phi^*(s) = \frac{c\,\phi(0)}{cs - \lambda + \lambda\,f^*(s)},$$

因此

$$h_n(s) = \frac{\phi^*(s)}{c\,\phi(0)}\left((-1)^n\,c\,n\psi(0) + n\,h_{n-1}(s)\right). \tag{8.51}$$

对公式 (8.51) 作反变换有

$$_n\psi(u) = \frac{n\psi(0)}{\phi(0)}\phi(u) - \frac{n}{c\,\phi(0)}\int_0^u {_{n-1}\psi(x)}\,\phi(u-x)\,dx. \tag{8.52}$$

最后, $_n\psi(0)$ 可由 (8.50) 作如下变形得到

$$(cs - \lambda + \lambda\,f^*(s))\,h_n(s) = (-1)^n\,c\,n\psi(0) + n\,h_{n-1}(s).$$

当 $s = 0$ 时, 该等式左边为零, 则右边也为零, 从而利用公式 (8.49) 可得

$$c\,n\psi(0) = (-1)^{n+1}\,n\,h_{n-1}(0) = n\int_0^\infty {_{n-1}\psi(u)}\,du,$$

因此, 公式 (8.52) 变为

$$_n\psi(u) = \frac{n}{c\,\phi(0)}\left(\phi(u)\int_0^\infty {_{n-1}\psi(u)}\,du - \int_0^u {_{n-1}\psi(x)}\,\phi(u-x)\,dx\right),$$

这是一个递推公式, 其中 $_n\psi$ 可通过 $_{n-1}\psi$ 表示.

例 8.4　假设 $F(x) = 1 - e^{-\alpha x}$, $x \geqslant 0$, 则 $\psi(u) = \psi(0)e^{-Ru}$, 其中 $\psi(0) = \lambda/(\alpha c)$, $R = \alpha - \lambda/c$. 推导 $E[T_{u,c}]$.

解 8.4　注意到 $E[T_{u,c}] = {_1\psi(u)}/\psi(u)$, 并且 $_1\psi(u)$ 有如下表达式:

$$\frac{1}{c\,\phi(0)}\left(\phi(u)\int_0^\infty \psi(u)\,du - \int_0^u \psi(x)\,\phi(u-x)\,dx\right).$$

首先

$$\int_0^\infty \psi(u)\,du = \psi(0)/R,$$

其次

$$\begin{aligned}
\int_0^u \psi(x)\,\phi(u-x)\,dx &= \int_0^u \psi(0)e^{-Rx}\left(1 - \psi(0)e^{-R(u-x)}\right)dx \\
&= \frac{\psi(0)}{R}\left(1 - e^{-Ru}\right) - \psi(0)^2\,u\,e^{-Ru},
\end{aligned}$$

从而

$$_1\psi(u)=\frac{\psi(0)}{cR\,\phi(0)}\left(1-\psi(u)-(1-e^{-Ru})+Ru\psi(u)\right),$$

因此

$$E[T_{u,c}]=\frac{\psi(0)}{cR\,\phi(0)}\left(-1+\frac{1}{\psi(0)}+Ru\right),$$

整理可得

$$E[T_{u,c}]=\frac{c+\lambda u}{c(\alpha c-\lambda)}. \tag{8.53}$$

我们也可以推导 T_0 的矩的显式表达式. 如果对所有的 x 与 y, $a(x,y)=1$, 则有 $\alpha(u)=1-F(u)$, 且

$$\varphi(0)=\frac{\lambda}{c}\,\alpha^*(\rho)=\frac{\lambda}{c}\int_0^\infty e^{-\rho u}\,(1-F(u))\,du.$$

T_0 的一阶矩可以通过如下公式得到

$$E\left[T_0\,I(T_0<\infty)\right]=-\frac{d}{d\delta}\,\varphi(0)\bigg|_{\delta=0}$$

$$=\frac{-\lambda}{c}\int_0^\infty\left(-\frac{d}{d\delta}\rho\right)u\,e^{-\rho u}\,(1-F(u))\,du\bigg|_{\delta=0}.$$

为了强调 ρ 是 δ 的函数, 我们把 ρ 写成 ρ_δ, 此时 Lundberg 基本方程变为

$$\delta+\lambda-c\,\rho_\delta=\lambda\int_0^\infty e^{-\rho_\delta x}\,f(x)\,dx\,.$$

对 δ 求导可得

$$1-c\frac{d}{d\delta}\rho_\delta=\lambda\int_0^\infty\left(-\frac{d}{d\delta}\rho_\delta\right)x\,e^{-\rho_\delta x}\,f(x)\,dx.$$

当 $\delta=0$ 时, $\rho_0=0$, 则上式变为

$$1-c\,\rho_0'=-\rho_0'\,\lambda\int_0^\infty x\,f(x)\,dx=-\rho_0'\,\lambda\,m_1,$$

从而

$$\rho_0'=\frac{1}{c-\lambda\,m_1},$$

因此有

$$E[T_0\,I(T_0<\infty)]=\frac{-\lambda}{c}\int_0^\infty\left(-\frac{d}{d\delta}\rho_\delta\right)u\,e^{-\rho_\delta u}\,(1-F(u))\,du\bigg|_{\delta=0}$$

$$= \frac{\lambda}{c} \frac{1}{c - \lambda m_1} \int_0^\infty u \left(1 - F(u)\right) du$$

$$= \frac{\lambda m_1}{c} \frac{1}{c - \lambda m_1} \int_0^\infty u \, k(u) \, du$$

$$= \psi(0) \frac{m_2/(2 \, m_1)}{c - \lambda m_1},$$

其中 k 与 7.9.1 小节中所给定义相同. 由此可得

$$E[T_{0,c}] = \frac{m_2}{2 \, m_1 \, (c - \lambda m_1)}.$$

类似地, 可以求出高阶矩 (见习题 9).

例 8.5 设 $F(x) = 1 - e^{-\alpha x}$, $x \geqslant 0$, 求 $E[T_{0,c}]$.

解 8.5 由 $m_k = k!/\alpha^k$ 可得

$$E[T_{0,c}] = \frac{2/\alpha^2}{(2/\alpha)(c - \lambda/\alpha)} = \frac{1}{\alpha c - \lambda},$$

该式与 (8.47) 和 (8.53) 是一致的.

8.6.6 离散模型的应用

假设当 $h > 0$ (且很小) 时, 可以计算出 $\psi(u, jh)$, $j = 1, 2, 3, \cdots$, 同时也可以计算出 $\psi(u)$, 则 $T_{u,c}$ 的密度在 jh 点处的近似为

$$\frac{\psi(u, jh) - \psi(u, (j-1)h)}{h\psi(u)}. \tag{8.54}$$

利用 7.9.2 小节所给的方法, 可以近似有限与无限时间下的破产概率, 在该近似中, 可取 $j = 1/[(1 + \theta)\beta]$.

当 $u = 40$, $\lambda = 1$, $c = 1.1$, 且单个索赔额服从均值为 1 的指数分布时, 表 8.1 给出了 $T_{u,c}$ 的密度函数的精确值与近似值. 精确值由公式 (8.43) 计算得到, 近似值由 7.9.2 小节中的方法并根据公式 (8.54) 计算得到, 其中 $\beta = 20$. 该近似方法的精度可以通过取一个较大的 β 值来提高, 但从表 8.1 中的数值可以看出, 这个计算 $T_{u,c}$ 密度函数近似值的方法是可靠的. 在 8.6.7 小节的数值演示中, 我们将该方法得到的密度值作为精确值.

表 8.1 $T_{u,c}$ 的密度的精确值与近似值, 指数索赔

t	精确值	近似值	t	精确值	近似值
100	0.001859	0.001860	600	0.000576	0.000576
200	0.002415	0.002416	700	0.000393	0.000394
300	0.001827	0.001829	800	0.000271	0.000271
400	0.001257	0.001258	900	0.000189	0.000189
500	0.000850	0.000850	1000	0.000132	0.000133

8.6.7 数值演示

现在我们通过两个例子来拓展在 8.6.4 小节末尾给出的 De Vylder 近似法, 其中在每一个例子中取 $\beta = 20$. 我们画出用上一节方法得到的 $T_{u,c}$ 的密度函数图像, 并画出用 De Vylder 近似得到的 $T_{u,c}$ 的密度函数图像. De Vylder 近似法的一个优点是计算速度特别快, 而数值方法虽然计算量很大, 但精度高.

在第一个数值演示中, 考虑单个索赔额服从混合指数分布, 其分布函数为

$$F(x) = 1 - \frac{2}{3}e^{-2x} - \frac{1}{3}e^{-x/2}, \quad x \geqslant 0.$$

该分布的均值为 1, 方差为 2. 令 $u = 60$, $\lambda = 1$ 和 $\theta = 0.1$, 则 $\psi(60) = 0.025$. (该值是利用 7.9.2 小节中的方法取 $\beta = 20$ 时计算得到的.) 图 8.6 给出了密度函数的精确图像和近似图像, 它们几乎没有差别, 这说明在该例中 De Vylder 近似法效果非常好.

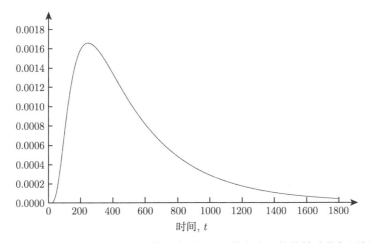

图 8.6 当 F 是二个指数分布的混合时, $T_{u,c}$ 的密度函数的精确值与近似值

在第二个数值演示中, 假定单个索赔额服从如下的混合指数分布,

$$F(x) = 1 - 0.0040e^{-0.0146x} - 0.1078e^{-0.1902x} - 0.8882e^{-5.5146x}, \quad x \geqslant 0.$$

该分布的均值为 1, 方差为 42.2. 令 $u = 400$, $\lambda = 1$ 和 $\theta = 0.25$, 则 $\psi(400) = 0.039$. 图 8.7 给出了密度函数的精确图像和近似图像. 在该图中, 可看出两条密度函数曲线很接近, 但没有图 8.6 中的那么近, 且当 t 取较小值时, 密度函数的精确值大于近似值.

我们欣喜地看到 De Vylder 近似法的近似效果很好, 尤其是用来近似终极破产概率的时候, 然而该方法并不是在所有的情况下都有很好的近似效果. 如果破产概

率很小 (在 1% 到 5% 的范围内) 并且单个索赔额的矩母函数存在时, 它对 $T_{u,c}$ 的密度函数的近似就很好.

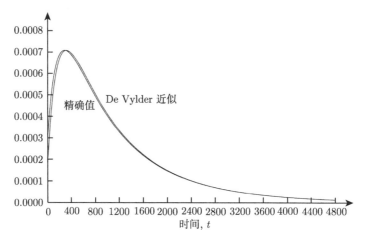

图 8.7   当 F 是三个指数分布的混合时, $T_{u,c}$ 的密度函数的精确值与近似值

8.7   分 红 问 题

经典风险模型存在的一个问题是当 $t \to \infty$ 时, $U(t) \to \infty$, 这与保险实务是不相符的. 当盈余达到一定水平时, 保险公司通常会给股票持有者分红来控制其盈余过程的增长. 现在我们假定保险公司用保单组合的盈余给股票持有者分红. 具体地, 假定初始盈余为 u, $b \geqslant u$ 是分红边界, 一旦盈余达到 b, 保费收入在下一次索赔发生前将用于给股票持有者分红. 因此, 在引入了分红的盈余过程中, 盈余不会大于 b. 图 8.8 给出了盈余过程的一个样本轨道, 图 8.9 给出了引入分红后对应的

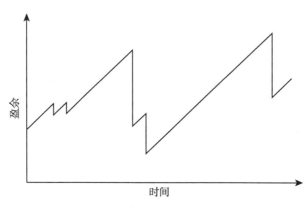

图 8.8   盈余过程的一个样本轨道

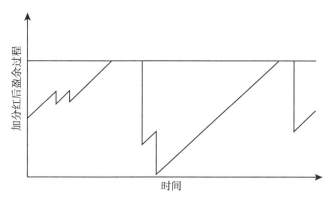

图 8.9 在图 8.8 中引入分红后的样本轨道

样本轨道. 容易证明, 对于引入分红后的盈余过程, 破产一定会发生 (见习题 1).

假定股票持有者提供初始盈余 u, 并在破产时支付赤字. 一个有趣的问题是, 假定破产后业务停止, 如何选择分红边界使得股票持有者期望收入的折现值达到最大. 定义 $V(u,b)$ 为截至破产时, 在利息力为 δ 的情况下所有分红的期望折现值. 令 $Y_{u,b}$ 为破产时的赤字, $T_{u,b}$ 为破产时间, 则 $E\left[Y_{u,b}\exp\{-\delta T_{u,b}\}\right]$ 表示破产时赤字的期望折现值. 我们要找到 b 使得

$$L(u,b) = V(u,b) - E\left[Y_{u,b}\exp\{-\delta T_{u,b}\}\right] - u$$

最大化, 为此, 需要考虑 $L(u,b)$ 中的每一项.

利用常规技巧, 对第一次索赔时间与索赔额作条件期望可以得到 $V(u,b)$ 的表达式. 当 $u < b$ 时, 如果在时刻 $\tau = (b-u)/c$ 前没有索赔, 则盈余将在时刻 τ 达到 b. 因此, 当 $0 \leqslant u < b$ 时,

$$V(u,b) = e^{-(\lambda+\delta)\tau}V(b,b) + \int_0^\tau \lambda e^{-(\lambda+\delta)t}\int_0^{u+ct} f(x)\,V(u+ct-x,b)\,dx\,dt.$$

作变量替换 $s = u + ct$ 可得

$$V(u,b) = e^{-(\lambda+\delta)(b-u)/c}V(b,b) + \frac{\lambda}{c}\int_u^b e^{-(\lambda+\delta)(s-u)/c}\int_0^s f(x)\,V(s-x,b)\,dx\,ds.$$

对上式关于 u 求导有

$$\frac{\partial}{\partial u}V(u,b) = \frac{\lambda+\delta}{c}V(u,b) - \frac{\lambda}{c}\int_0^u f(x)V(u-x,b)\,dx. \tag{8.55}$$

类似地, 考虑第一次索赔前后的分红, 可得

$$V(b,b) = \int_0^\infty \lambda e^{-(\lambda+\delta)t}c\bar{s}_{\overline{t}|}\,dt + \int_0^\infty \lambda e^{-(\lambda+\delta)t}\int_0^b f(x)V(b-x,b)\,dx\,dt, \tag{8.56}$$

其中 $\bar{s}_{\overline{t}|} = (e^{\delta t} - 1)/\delta$ 是在 $(0, t)$ 内支付率为 1 且利息力为 δ 的累积支付额. 通过计算公式 (8.56) 中的积分可得

$$V(b, b) = \frac{c}{\lambda + \delta} + \frac{\lambda}{\lambda + \delta} \int_0^b f(x) V(b - x, b)\, dx. \tag{8.57}$$

由公式 (8.55), 我们有

$$\frac{c}{\lambda + \delta} \frac{\partial}{\partial u} V(u, b)\bigg|_{u=b} = V(b, b) - \frac{\lambda}{\lambda + \delta} \int_0^b f(x) V(b - x, b)\, dx.$$

利用上式和公式 (8.57) 可得如下边界条件:

$$\frac{\partial}{\partial u} V(u, b)\bigg|_{u=b} = 1.$$

例 8.6   令 $F(x) = 1 - e^{-\alpha x}$, $x \geqslant 0$, 求 $V(u, b)$ 的表达式.

解 8.6   将方程 (8.55) 写成

$$\frac{\partial}{\partial u} V(u, b) = \frac{\lambda + \delta}{c} V(u, b) - \frac{\lambda}{c} \int_0^u \alpha e^{-\alpha(u-x)} V(x, b)\, dx. \tag{8.58}$$

用 7.7 节中的技巧, 可以得到一个二阶微分方程

$$\frac{\partial^2}{\partial u^2} V(u, b) + \left(\alpha - \frac{\lambda + \delta}{c}\right) \frac{\partial}{\partial u} V(u, b) - \frac{\alpha \delta}{c} V(u, b) = 0.$$

该微分方程的通解是

$$V(u, b) = \gamma_1 e^{\rho_\delta u} + \gamma_2 e^{-R_\delta u}, \tag{8.59}$$

其中 $\rho_\delta > 0$, $-R_\delta < 0$ 是下述特征方程的根,

$$s^2 + \left(\alpha - \frac{\lambda + \delta}{c}\right) s - \frac{\alpha \delta}{c} = 0. \tag{8.60}$$

注意到 γ_1 与 γ_2 依赖于 δ 和 b. 由边界条件可得

$$\gamma_1 \rho_\delta e^{\rho_\delta b} - \gamma_2 R_\delta e^{-R_\delta b} = 1.$$

把 $V(u, b)$ 的表达式 (8.59) 代入 (8.58) 得

$$\gamma_1 \rho_\delta e^{\rho_\delta u} - \gamma_2 R_\delta e^{-R_\delta u}$$
$$= \frac{\lambda + \delta}{c} \left(\gamma_1 e^{\rho_\delta u} + \gamma_2 e^{-R_\delta u}\right)$$
$$- \frac{\lambda \alpha}{c} e^{-\alpha u} \int_0^u \left(\gamma_1 e^{(\alpha + \rho_\delta)x} + \gamma_2 e^{(\alpha - R_\delta)x}\right) dx$$

$$= \frac{\lambda + \delta}{c} \left(\gamma_1 e^{\rho_\delta u} + \gamma_2 e^{-R_\delta u} \right)$$
$$- \frac{\lambda}{c} \left(\frac{\alpha \gamma_1}{\alpha + \rho_\delta} \left(e^{\rho_\delta u} - e^{-\alpha u} \right) + \frac{\alpha \gamma_2}{\alpha - R_\delta} \left(e^{-R_\delta u} - e^{-\alpha u} \right) \right),$$

该式也可重新写为

$$\left(\rho_\delta - \frac{\lambda + \delta}{c} + \frac{\lambda \alpha}{c(\alpha + \rho_\delta)} \right) \gamma_1 e^{\rho_\delta u} - \left(R_\delta + \frac{\lambda + \delta}{c} - \frac{\lambda \alpha}{c(\alpha - R_\delta)} \right) \gamma_2 e^{-R_\delta u}$$
$$= \frac{\lambda}{c} e^{-\alpha u} \left(\frac{\alpha \gamma_1}{\alpha + \rho_\delta} + \frac{\alpha \gamma_2}{\alpha - R_\delta} \right). \tag{8.61}$$

因此有

$$\rho_\delta - \frac{\lambda + \delta}{c} + \frac{\lambda \alpha}{c(\alpha + \rho_\delta)} = \frac{1}{\alpha + \rho_\delta} \left(\rho_\delta^2 + \left(\alpha - \frac{\lambda + \delta}{c} \right) \rho_\delta - \frac{\alpha \delta}{c} \right) = 0,$$

这是由于 ρ_δ 是方程 (8.60) 的一个根. 同理, 方程 (8.61) 中 $e^{-R_\delta u}$ 的系数为零, 从而公式 (8.61) 的右边也是零, 则有

$$\frac{\gamma_1}{\gamma_2} = -\frac{\alpha + \rho_\delta}{\alpha - R_\delta}.$$

最终可得

$$V(u, b) = \frac{(\alpha + \rho_\delta)e^{\rho_\delta u} - (\alpha - R_\delta)e^{-R_\delta u}}{(\alpha + \rho_\delta)\rho_\delta e^{\rho_\delta b} + (\alpha - R_\delta)R_\delta e^{-R_\delta b}}.$$

现在定义 $\varphi_b(u) = E\left[Y_{u,b} \exp\{-\delta T_{u,b}\} \right]$. 考虑第一次索赔是否在时刻 τ 之前发生, 再对第一次索赔时间与索赔额作条件期望, 则有

$$\varphi_b(u) = \int_0^\tau \lambda e^{-(\lambda+\delta)t} \int_{u+ct}^\infty (y - u - ct)f(y)dydt$$
$$+ \int_\tau^\infty \lambda e^{-(\lambda+\delta)t} \int_b^\infty (y - b)f(y)dydt$$
$$+ \int_0^\tau \lambda e^{-(\lambda+\delta)t} \int_0^{u+ct} f(y)\varphi_b(u + ct - y)dydt$$
$$+ \int_\tau^\infty \lambda e^{-(\lambda+\delta)t} \int_0^b f(y)\varphi_b(b - y)dydt.$$

利用变量替换 $s = u + ct$ 可得

$$ce^{-(\lambda+\delta)u/c}\varphi_b(u) = \int_u^b \lambda e^{-(\lambda+\delta)s/c} \int_s^\infty (y - s)f(y)dyds$$
$$+ \int_b^\infty \lambda e^{-(\lambda+\delta)s/c} \int_b^\infty (y - b)f(y)dyds$$

$$+ \int_u^b \lambda e^{-(\lambda+\delta)s/c} \int_0^s f(y) \varphi_b(s-y) dy ds$$

$$+ \int_b^\infty \lambda e^{-(\lambda+\delta)s/c} \int_0^b f(y) \varphi_b(b-y) dy ds.$$

对上式求导可得

$$\frac{\partial}{\partial u} \varphi_b(u) = \frac{\delta+\lambda}{c} \varphi_b(u) - \frac{\lambda}{c} \int_u^\infty (y-u) f(y) dy - \frac{\lambda}{c} \int_0^u f(y) \varphi_b(u-y) dy. \quad (8.62)$$

进一步地,

$$\varphi_b(b) = \int_0^\infty \lambda e^{-(\lambda+\delta)t} \left[\int_b^\infty (y-b) f(y) dy + \int_0^b f(y) \varphi_b(b-y) dy \right] dt$$

$$= \frac{\lambda}{\lambda+\delta} \left[\int_b^\infty (y-b) f(y) dy + \int_0^b f(y) \varphi_b(b-y) dy \right],$$

由 (8.62) 可得

$$\varphi_b(b) = \frac{c}{\delta+\lambda} \left. \frac{\partial}{\partial u} \varphi_b(u) \right|_{u=b}$$

$$+ \frac{\lambda}{\delta+\lambda} \left[\int_b^\infty (y-b) f(y) dy + \int_0^b f(y) \varphi_b(b-y) dy \right],$$

进而有如下边界条件

$$\left. \frac{\partial}{\partial u} \varphi_b(u) \right|_{u=b} = 0.$$

例 8.7　令 $F(x) = 1 - e^{-\alpha x}$, $x \geqslant 0$, 求 $\varphi_b(u)$ 的表达式.

解 8.7　同例 8.6 一样, 我们有

$$\frac{\partial}{\partial u} \varphi_b(u) = \frac{\delta+\lambda}{c} \varphi_b(u) - \frac{\lambda}{c} \int_u^\infty (y-u) \alpha e^{-\alpha y} dy - \frac{\lambda}{c} \int_0^u \alpha e^{-\alpha(u-y)} \varphi_b(y) dy, \quad (8.63)$$

因此

$$\frac{\partial^2}{\partial u^2} \varphi_b(u) + \left(\alpha - \frac{\lambda+\delta}{c} \right) \frac{\partial}{\partial u} \varphi_b(u) - \frac{\alpha\delta}{c} \varphi_b(u) = 0.$$

它的通解为

$$\varphi_b(u) = \eta_1 e^{\rho_\delta u} + \eta_2 e^{-R_\delta u}, \quad (8.64)$$

其中 ρ_δ 与 $-R_\delta$ 是方程 (8.60) 的两个根, η_1 与 η_2 依赖于 δ 和 b. 同例 8.6 一样, 将 $\varphi_b(u)$ 的表达式 (8.64) 代入 (8.63) 可得

$$\frac{1}{\alpha} = \frac{\eta_1 \alpha}{\alpha+\rho_\delta} + \frac{\eta_2 \alpha}{\alpha-R_\delta}. \quad (8.65)$$

由边界条件知

$$\eta_1 \rho_\delta e^{\rho_\delta b} - \eta_2 R_\delta e^{-R_\delta b} = 0,$$

即

$$\frac{\eta_1}{\eta_2} = \frac{R_\delta e^{-R_\delta b}}{\rho_\delta e^{\rho_\delta b}}.$$

在方程 (8.65) 两边同时除以 η_2 有

$$\eta_2 = \frac{1}{\alpha^2} \frac{(\alpha + \rho_\delta)(\alpha - R_\delta)\rho_\delta e^{\rho_\delta b}}{(\alpha + \rho_\delta)\rho_\delta e^{\rho_\delta b} + (\alpha - R_\delta)R_\delta e^{-R_\delta b}},$$

又因为 $\rho_\delta R_\delta = \alpha\delta/c$, $R_\delta - \rho_\delta = \alpha - (\lambda + \delta)/c$, 有

$$\frac{1}{\alpha}(\alpha + \rho_\delta)(\alpha - R_\delta) = \frac{\lambda}{c},$$

所以

$$\varphi_b(u) = \frac{\lambda}{\alpha c} \frac{\rho_\delta e^{\rho_\delta b - R_\delta u} + R_\delta e^{-R_\delta b + \rho_\delta u}}{(\alpha + \rho_\delta)\rho_\delta e^{\rho_\delta b} + (\alpha - R_\delta)R_\delta e^{-R_\delta b}}.$$

在本节剩余部分, 假定单个索赔额服从均值为 $1/\alpha$ 的指数分布, 则可以得到 $L(u, b)$ 的表达式. 在 $L(u, b)$ 中关于 b 求导并化简可得

$$\frac{\partial}{\partial b} L(u, b)$$

$$= \frac{-(\alpha + \rho_\delta)e^{\rho_\delta u} + (\alpha - R_\delta)e^{-R_\delta u}}{((\alpha + \rho_\delta)\rho_\delta e^{\rho_\delta b} + (\alpha - R_\delta)R_\delta e^{-R_\delta b})^2} \left((\alpha + \rho_\delta)\rho_\delta^2 e^{\rho_\delta b} - (\alpha - R_\delta)R_\delta^2 e^{-R_\delta b} \right)$$

$$+ \frac{\lambda}{\alpha c} \frac{\rho_\delta R_\delta (\rho_\delta + R_\delta) e^{(\rho_\delta - R_\delta)b} \left((\alpha + \rho_\delta)e^{\rho_\delta u} - (\alpha - R_\delta)e^{-R_\delta u} \right)}{((\alpha + \rho_\delta)\rho_\delta e^{\rho_\delta b} + (\alpha - R_\delta)R_\delta e^{-R_\delta b})^2}.$$

因此, 当

$$(\alpha + \rho_\delta)\rho_\delta^2 e^{\rho_\delta b} - (\alpha - R_\delta)R_\delta^2 e^{-R_\delta b} = \frac{\lambda}{\alpha c} \left(\rho_\delta R_\delta (\rho_\delta + R_\delta) e^{(\rho_\delta - R_\delta)b} \right) \tag{8.66}$$

时, 该偏导数为零. 方程 (8.66) 的解是使股票持有者期望净收入的折现值达到最大的最优分红边界. 严格来说, 这需要验证 $L(u, b)$ 的二阶导数小于 0, 但在此不作证明. 图 8.10 给出了当 $\alpha = 1$, $\lambda = 100$, $c = 110$ 和 $\delta = 0.1$ 时, 在 b 的一定范围内 $L(u, b)$ 的图形, 其中 $\rho_\delta = 0.00917$, $R_\delta = 0.09917$. 通过方程 (8.66) 可清楚地看出, 最优分红边界与 u 无关, 且此时公式 (8.66) 可简化为

$$0.0088 e^{\rho_\delta b} - 0.88589 e^{-R_\delta b} = 0.00895 e^{(\rho_\delta - R_\delta)b},$$

由此可得最优分红边界为 43.049.

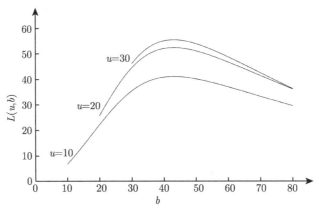

图 8.10　不同 u 的取值下 $L(u, b)$ 的图形

8.8　注释与参考文献

8.3 节中的内容来源于 Gerber 等 (1987) 与 Willmot 和 Lin (1998). 破产后的最大赤字在 Picard (1994) 中给出讨论, 8.5 节摘自 Dickson (1992). Prabhu 公式由 Prabhu (1961) 给出, 且在该文章中也讨论了对偶风险模型 (见习题 8). Gerber-Shiu 函数首先由 Gerber 和 Shiu (1998) 提出, 而在 8.6.3 小节中的拉普拉斯反变换公式来自于 Panjer 和 Willmot (1992), 作者对二元拉普拉斯变换作反变换求出了 $\phi(u, t)$ 的表达式. (8.29) 与 (8.30) 中的反变换公式是 Dickson 和 Willmot (2005) 给出的. 破产时间的矩首先是 Lin 和 Willmot (2000) 给出的, 但我们用了 Albrecher 和 Boxma (2005) 中的证明方法. 8.6.4 小节的结果来自于 Dickson 和 Li (2010). Drekic 和 Willmot (2003) 用另一个方法得到了 (8.43), 随后 Dickson 等 (2005) 又用其他方法得到了 (8.43). 用数值方法求破产时间的密度函数是 Dickson 和 Waters (2002) 给出的. 8.7 节中的想法来源于 Gerber (1979), 且 Dickson 和 Waters (2004) 给出了进一步的推广. 我们也可以讨论在终极破产概率小于 1 的情况下的分红问题, 参见 Lin 和 Pavlova (2006). Asmussen 和 Albrecher (2010) 与 Rolski 等 (1999) 对破产理论中其他的高深问题进行了探讨. 对偶事件这一概念在 Feller (1966) 中给出了讨论.

8.9　习　　题

1. 用 $\xi_r(u, b)$ 表示初始值为 u 且带有反射壁 $b \geqslant u$ (一旦到达 b, 盈余将停留在水平 b 直到下一个索赔发生) 的盈余过程的终极破产概率. 证明

$$\xi_r(b, b) = \int_0^b \xi_r(b - x, b) f(x) dx + 1 - F(b),$$

并通过不等式 $\xi_r(u,b) \geqslant \xi_r(b,b)$ 证明当 $0 \leqslant u \leqslant b$ 时, $\xi_r(u,b) = 1$.

2. 累积索赔过程是一个泊松参数为 λ 的复合泊松过程, 其中单个索赔额的密度函数为 $f(x) = \exp\{-x\}$, $x > 0$. 保险人最初用负荷因子 0.2 来计算保费, 然而, 当盈余达到 b ($b > u$) 时, 负荷因子将降到 0.1 且以后一直停留在这个水平. 当 $u = 10$, $b = 20$ 时, 计算终极破产概率.

3. 通过对第一次索赔时间与索赔额作条件期望, 证明

$$\frac{\partial}{\partial u}G(u,y) = \frac{\lambda}{c}G(u,y) - \frac{\lambda}{c}\int_0^u G(u-x,y)f(x)dx - \frac{\lambda}{c}\int_u^{u+y} f(x)dx.$$

对该式在 $(0,w)$ 上积分, 证明

$$G(w,y) = \frac{\lambda}{c}\int_0^w G(w-x,y)\left(1-F(x)\right)dx + \frac{\lambda}{c}\int_w^{w+y}\left(1-F(x)\right)dx.$$

4. 在例 8.2 中, 证明 $|U(T_u)| \mid T_u < \infty$ 的密度函数 $g(u,y)/\psi(u)$ 可以表示为指数密度函数与 Erlang(2) 密度函数的加权平均, 其中权重依赖于 u. 当 $u = 0, 1, 2, \cdots, 5$ 时, 计算这些权重值. 从这些计算中可得出什么结论.

5. 假定单个索赔额服从均值为 $1/\alpha$ 的指数分布. 假定破产已发生, 求最大赤字发生在破产时的概率.

6. 考虑当 $\delta = 0$ 时的 Gerber-Shiu 函数 $\varphi(u)$.

(a) 证明

$$\varphi(u) = \varphi(0)\frac{\phi(u)}{\phi(0)} - \frac{\lambda}{c\,\phi(0)}\int_0^u \alpha(x)\phi(u-x)\,dx.$$

(b) 对所有的 x 和 y, 令 $a(x,y) = \exp\{-sx\}$. 利用拉普拉斯反变换法求 $U(T_u^-)$ 的密度函数.

7. (a) 证明公式 (8.38) 可表示为

$$\lambda e^{-\lambda t}f(u+y) + \lambda\int_0^u f(x+y)\,g(u-x,t)\,dx$$

$$= \omega(0,y,u/c)\,e^{-\lambda(t-u/c)} + \int_0^u \omega\left(0,y,\frac{u-x}{c}\right)g\left(x,t-\frac{u-x}{c}\right)dx.$$

(b) 考虑初始值为零的盈余过程在时刻 t 有一次索赔发生, 且索赔后的盈余为 $ct - u - y$, 解释上述等式为什么成立.

8. 考虑第 7 章习题 11 中的对偶模型, 假定 $c < \lambda E[X]$. 令 T_u 表示初始盈余为 u 的破产时间, 并定义 $\varphi(u) = E[e^{-\delta T_u}I(T_u < \infty)]$.

(a) 利用与 8.2 节中类似的思路证明 $\varphi(u)$ 的表达式为 $e^{-\rho u}$, 其中 ρ 是常数.

(b) 通过找到 $\varphi(u)$ 所满足的方程, 证明 ρ 可由以下方程求得

$$\lambda + \delta - c\rho = \lambda f^*(\rho).$$

(c) 证明 $\Pr(T_u = u/c) = e^{-\lambda u/c}$.

(d) 通过把 $e^{-\rho u}$ 表示成 δ 的函数, 求 T_u 服从的混合分布.

(e) 当 $F(x) = 1 - e^{-\alpha x}$, $x \geqslant 0$ 时, 求 $E[T_u \,|\, T_u < \infty]$ 的表达式. (提示: 与经典风险模型不同, 当 $\delta = 0$ 时, $\rho \neq 0$.)

9. (a) 利用 Lundberg 基本方程证明

$$\rho_0'' = \frac{-\lambda m_2}{(c - \lambda m_1)^3}.$$

(b) 求 $E[T_{0,c}^2]$ 的表达式.

(c) 考虑 $F(x) = 1 - e^{-\alpha x}$, $x \geqslant 0$ 的情况. 利用 (8.47) 的思路, 求 $V[T_{u,c}]$ 的表达式.

10. 考虑 8.7 节中的分红问题. 假设初始盈余为 b, 则立即分红直到第一次索赔发生.

(a) 第一个分红流的总分红量服从什么分布?

(b) 令 N 为分红流的次数, 证明

$$\Pr(N = r) = p(b)^{r-1}\,(1 - p(b))\,, \quad r = 1, 2, 3, \cdots,$$

其中

$$p(b) = \int_0^b f(x)\chi(b - x, b)dx.$$

(c) 求出到破产时的累积分红量的矩母函数, 并由此证明该随机变量的分布为指数分布, 其均值为

$$\frac{c}{\lambda(1 - p(b))}.$$

(d) 假设初始盈余为 $u < b$, 证明分红流次数服从零点修正的几何分布, 且到破产时的累积分红量的分布为在零点退化的分布与 (c) 中指数分布的混合.

第9章 再 保 险

9.1 引 言

在本章, 我们采用两种不同的方法从保险公司 (保险人) 的角度研究最优再保险合同. 首先, 在 9.2 节中我们研究如何利用效用理论确定比例再保险和超额赔款再保险中的最优自留水平. 其次, 在 9.3 节中我们利用破产理论中的思想不仅确定最优自留水平, 而且寻找某些条件下的最优再保险类型.

9.2 效用理论的应用

在本节, 我们给出某一特定再保险协议下关于最优自留水平的两个结果. 整节假定保险人采用指数效用函数 $u(x) = -\exp\{-\beta x\}$, $\beta > 0$ 进行决策. 考虑一个一年期的保险 (已分保) 风险, 保险人的年末财富为

$$W + P - P_R - S_I,$$

其中 W 是保险人年初的资金, P 是保险人对该风险收取的保费, P_R 是保险人向再保险人支付的保费, S_I 是扣除再保险后保险人的自留赔付额. 我们的目的是寻找使得保险人年末财富的期望效用达到最大的自留水平. 由于 W 与 P 均不依赖于自留水平, 而且我们使用的是指数效用函数, 则我们的目标是使如下函数最大化,

$$- \exp\{\beta P_R\} E\left[\exp\{\beta S_I\}\right].$$

最后, 假定该风险的累积索赔额 (再保之前) 服从复合泊松分布, 其中泊松参数为 λ, 单个索赔额具有连续分布函数 F, 且 $F(0) = 0$.

9.2.1 比例再保险

假定保险人采用比例再保险进行分保. 即对每一次索赔, 保险人赔付比例为 a, 同时假定再保险保费是通过参数为 A 的指数准则计算的. 由 4.4.1 小节可知, 再保险人的累积索赔额也服从复合泊松分布, 其中泊松参数为 λ, 单个索赔额与 $(1-a)X$ 同分布, $X \sim F$. 因此, 利用公式 (3.2) 可得再保险保费为

$$P_R = \frac{\lambda}{A}\left(\int_0^\infty e^{(1-a)Ax} f(x)dx - 1\right).$$

类似地, 由于 S_I 服从泊松参数为 λ 的复合泊松分布, 且单个索赔额与 aX 同分布, 则有

$$E\left[\exp\{\beta S_I\}\right] = \exp\left\{\lambda\left(\int_0^\infty e^{a\beta x} f(x)dx - 1\right)\right\},$$

因此

$$\begin{aligned}
&-\exp\{\beta P_R\}E\left[\exp\{\beta S_I\}\right]\\
&= -\exp\left\{\frac{\lambda\beta}{A}\left(\int_0^\infty e^{(1-a)Ax} f(x)dx - 1\right) + \lambda\left(\int_0^\infty e^{a\beta x} f(x)dx - 1\right)\right\}.
\end{aligned}$$

求 a 使得上式达到最大等价于求 a 使得 $h(a)$ 达到最小, 其中

$$\begin{aligned}
h(a) &= \frac{\lambda\beta}{A}\int_0^\infty e^{(1-a)Ax} f(x)dx + \lambda\int_0^\infty e^{a\beta x} f(x)dx\\
&= \lambda\int_0^\infty \left(A^{-1}\beta e^{(1-a)Ax} + e^{a\beta x}\right) f(x)dx.
\end{aligned}$$

求导可得

$$\frac{d}{da}h(a) = \lambda\int_0^\infty \left(-x\beta e^{(1-a)Ax} + \beta x e^{a\beta x}\right) f(x)dx,$$

再令它为零可得

$$(1-a)A = a\beta,$$

即有

$$a = \frac{A}{A+\beta}.$$

进一步地, 因为

$$\frac{d^2}{da^2}h(a) = \lambda\int_0^\infty \left(Ax^2\beta e^{(1-a)Ax} + \beta^2 x^2 e^{a\beta x}\right) f(x)dx > 0,$$

所以 $h(a)$ 在 $a = A/(A+\beta)$ 处取得最小值, 即保险人年末财富的期望效用在该 a 处达到最大.

   有趣的是, 该结果表明最优自留比例与单个索赔额的分布无关, 只依赖于保险人效用函数的参数和再保险人保费计算准则的参数. 如果我们把 a 看成 A 的函数, 则可看出 a 是 A 的增函数, 这是由于 A 是再保险人的风险厌恶系数, 再保险人越厌恶风险, 收取的再保险保费就越高, 而当再保险费用增加时, 保险人自然会提高风险的自留赔付比例. 同理, 如果我们把 a 看成 β 的函数, 则可看出 a 是 β 的减函数. 这在直观上很容易理解, 因为 β 是保险人的风险厌恶系数, 他越厌恶风险, 越会降低每次索赔的自留赔付比例.

9.2.2 超额赔款再保险

假定保险人购买自留额为 M 的超额赔款再保险, 且再保险保费是通过负荷因子为 θ 的期望值准则计算的, 则有

$$P_R = (1+\theta)\lambda \int_M^\infty (x-M)\,f(x)dx.$$

由 4.4.2 小节可知, S_I 服从泊松参数为 λ 的复合泊松分布, 保险人的单个索赔额与 $\min(X, M)$ 同分布, 且 $X \sim F$, 因此

$$E\left[\exp\{\beta S_I\}\right] = \exp\left\{\lambda\left(\int_0^M e^{\beta x}f(x)dx + e^{\beta M}\left(1-F(M)\right) - 1\right)\right\},$$

并由此可得

$$\begin{aligned}
&- \exp\{\beta P_R\}E\left[\exp\{\beta S_I\}\right] \\
=& -\exp\left\{(1+\theta)\lambda\beta \int_M^\infty (x-M)\,f(x)dx\right\} \\
& \times \exp\left\{\lambda\left(\int_0^M e^{\beta x}f(x)dx + e^{\beta M}\left(1-F(M)\right) - 1\right)\right\}.
\end{aligned}$$

与前一小节一样, 求 M 使得上式达到最大等价于求 M 使得 $g(M)$ 达到最小, 其中

$$g(M) = (1+\theta)\lambda\beta \int_M^\infty (x-M)\,f(x)dx + \lambda\left(\int_0^M e^{\beta x}f(x)dx + e^{\beta M}\left(1-F(M)\right)\right).$$

求导可得

$$\begin{aligned}
\frac{d}{dM}g(M) &= -(1+\theta)\lambda\beta \int_M^\infty f(x)dx + \lambda\beta e^{\beta M}\left(1-F(M)\right) \\
&= \lambda\beta\left(1-F(M)\right)\left(e^{\beta M} - 1 - \theta\right),
\end{aligned}$$

再令它为零可得

$$M = \frac{1}{\beta}\log(1+\theta). \tag{9.1}$$

进一步地, 因为

$$\frac{d^2}{dM^2}g(M) = -\lambda\beta f(M)\left(e^{\beta M} - 1 - \theta\right) + \lambda\beta^2\left(1-F(M)\right)e^{\beta M},$$

且当 $M = \beta^{-1}\log(1+\theta)$ 时, 该二阶导数为正, 所以该 M 值使 $g(M)$ 达到最小, 即使得保险人年末财富的期望效用达到最大.

与前一小节一样, 最优自留额依赖于保险人效用函数的参数和再保险人保费计算准则的参数, 但与单个索赔额的分布无关. 如果把最优自留额看作 θ 的函数, 则 M 是 θ 的增函数, 这意味着当再保险保费增加时, 保险人应当提高每次索赔的自留赔付比例. 类似地, 如果把最优自留额看作 β 的函数, 则 M 是 β 的减函数, 这与比例再保险中的直观解释一样.

9.2.3 关于效用理论应用的几点说明

上述关于最优自留水平的结果是针对一个保险期进行分析得到的, 虽然结果直观上令人非常满意, 但也有缺陷. 由于以上分析是建立在指数效用函数基础上的, 所以保险人的决策与其收取的保费无关. 然而, 如果我们假定再保险保费来自保险人的保费收入, 则保险人的决策与其收取的保费无关似乎不太合理. 在下一节, 我们将从再保险对保险人盈余过程的影响来分析该问题.

注意到在 9.2.1 小节与 9.2.2 小节中, 再保险保费是用不同的保费准则计算的. 在这些准则下, 最优自留水平可以用保险人效用函数的参数和再保险人保费计算准则的参数进行表示, 这使得结果容易解释. 然而, 其他保费准则也可以用来计算再保险保费, 这将在本章末的习题中有所体现.

9.3 再保险与破产

在经典风险模型中, 保险人的盈余过程 $\{U(t)\}_{t \geqslant 0}$ 由下式给出

$$U(t) = u + ct - \sum_{i=1}^{N(t)} X_i.$$

如果保险人购买了再保险并以一个常数费率持续支付再保险保费, 则再保险后的盈余过程 $\{U^*(t)\}_{t \geqslant 0}$ 由下式给出

$$U^*(t) = u + c^*t - \sum_{i=1}^{N(t)} X_i^*,$$

其中 c^* 是保险人扣除了再保险保费后单位时间内的自留保费收入, 而 X_i^* 是保险人在第 i 次索赔中扣除再保险赔付后的自留赔付额. 对于这个风险过程, 如果 $c^* > \lambda E[X_1^*]$ 且 $M_{X_1^*}$ 存在, 则扣除再保险后的调节系数 (简称净调节系数) 存在, 并且它是唯一的正数 R^* 满足方程

$$\lambda + c^* R^* = \lambda E\left[\exp\{R^* X_1^*\}\right].$$

进一步地, 保险人的终极破产概率具有指数上界 $\exp\{-R^* u\}$.

考虑了再保险后通常很难得到终极破产概率的解析解, 然而一般情况下可求出净调节系数. 因此, 在后面的章节中我们讨论如何使净调节系数最大化, 这等价于使终极破产概率的 Lundberg 上界最小化. 首先, 我们考虑使净调节系数最大化的再保险类型. 其次, 我们考虑比例再保险与超额赔款再保险下的情形.

9.3.1 最优再保险类型

在本节, 我们证明某些假设条件下的最优再保险类型是超额赔款再保险. 在以下讨论中, 令 X 表示单个索赔额, 其中 $X \sim F$ 且 $F(0) = 0$. 令 h 表示一个再保险协议函数, 则当一次大小为 x 的索赔发生时, 保险人赔付 $h(x)$, 其中 $0 \leqslant h(x) \leqslant x$. 例如, 在比例再保险中, $h(x) = ax, 0 \leqslant a \leqslant 1$. 我们的目标是将自留额为 M 的超额赔款再保险 (保险人赔付 $\min(X, M)$) 与任意一个由函数 h 确定的再保险协议进行比较.

为了使二者具有可比性, 首先假设

$$E\left[\min(X, M)\right] = E\left[h(X)\right]. \tag{9.2}$$

该假设说明对于一个由函数 h 确定的再保险协议, 一定能找到一个超额赔款再保险, 使得在这两种再保险协议下, 保险人的期望自留额相等. 其次, 假设保险人扣除再保险保费后单位时间的保费收入是

$$c^* = (1 + \theta)\lambda E\left[X\right] - (1 + \theta_R)\lambda E\left[X - h(X)\right], \tag{9.3}$$

且

$$c^* > \lambda E[h(X)]. \tag{9.4}$$

注意到 c^* 是保险人在单位时间内收到的保费与支付的再保险保费之差, 并且这两个保费都是通过期望值准则计算的. 在以下讨论中, 假设 $\theta_R \geqslant \theta > 0$. 当 $\theta_R = \theta$ 时, 显然有 $c^* > \lambda E[h(X)]$. 当 $\theta_R > \theta$ 时, 如果涉及的矩母函数均存在, 则条件 (9.4) 确保了保险人的净调节系数存在. 需要强调的是, 公式 (9.3) 意味着再保险保费不依赖于再保险类型, 这是由等式 (9.2) 与再保险协议函数 h 的任意性得到的.

令 R_h 表示实施了由协议函数 h 确定的再保险后保险人的净调节系数, 则

$$\lambda + c^* R_h = \lambda E\left[\exp\{R_h h(X)\}\right] = \lambda \int_0^\infty \exp\{R_h h(x)\} f(x) dx.$$

再令 R_e 表示实施了自留额为 M 的超额赔款再保险后保险人的净调节系数, 则

$$\lambda + c^* R_e = \lambda E\left[\exp\{R_e \min(X, M)\}\right]$$
$$= \lambda \left(\int_0^M \exp\{R_e x\} f(x) dx + \exp\{R_e M\} (1 - F(M)) \right). \tag{9.5}$$

在本节的假定条件下, 超额赔款再保险对保险人来说是最优的, 这是因为超额赔款再保险可使保险人的净调节系数达到最大, 亦即 $R_e \geqslant R_h$.

为了证明 $R_e \geqslant R_h$, 我们考虑函数 g_1 与 g_2, 它们定义如下,

$$g_1(r) = \lambda \int_0^\infty \exp\{rh(x)\} f(x) dx - \lambda - c^* r,$$

$$g_2(r) = \lambda \left(\int_0^M \exp\{rx\} f(x) dx + \exp\{rM\} \left(1 - F(M)\right) \right) - \lambda - c^* r.$$

因此, 如图 9.1 所示, 只要 $g_1(r) \geqslant g_2(r)$, $r \geqslant 0$, 就可证明 $R_e \geqslant R_h$.

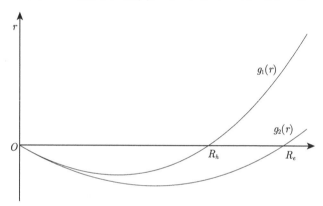

图 9.1 用函数 g_1 与 g_2 的图像来说明 $R_e \geqslant R_h$

令

$$\varepsilon(y) = \left\{ \begin{array}{ll} y, & 0 \leqslant y \leqslant M, \\ M, & y > M, \end{array} \right.$$

其中 ε 是自留额为 M 的超额赔款再保险中保险人对一次索赔的自留赔付额.

在证明 $R_e \geqslant R_h$ 的过程中, 关键是利用不等式 $e^z \geqslant 1 + z$, 它对所有的 z 都成立. 由此得到

$$\exp\left\{r\left(h(x) - \varepsilon(x)\right)\right\} \geqslant 1 + r\left(h(x) - \varepsilon(x)\right),$$

即有

$$\exp\left\{rh(x)\right\} \geqslant \exp\left\{r\varepsilon(x)\right\} + r \exp\left\{r\varepsilon(x)\right\} \left(h(x) - \varepsilon(x)\right),$$

因此

$$\int_0^\infty \exp\{rh(x)\} f(x) dx$$
$$\geqslant \int_0^\infty \exp\{r\varepsilon(x)\} f(x) dx + r \int_0^\infty \exp\{r\varepsilon(x)\} \left(h(x) - \varepsilon(x)\right) f(x) dx.$$

由上式易知, 如果

$$\int_0^\infty \exp\{r\varepsilon(x)\}\,(h(x)-\varepsilon(x))\,f(x)dx \geqslant 0, \tag{9.6}$$

则 $R_e \geqslant R_h$. 下面对不等式 (9.6) 进行证明, 注意到

$$\int_0^\infty \exp\{r\varepsilon(x)\}\,(h(x)-\varepsilon(x))\,f(x)dx$$
$$= \int_0^M \exp\{r\varepsilon(x)\}\,(h(x)-\varepsilon(x))\,f(x)dx + \int_M^\infty \exp\{r\varepsilon(x)\}\,(h(x)-\varepsilon(x))\,f(x)dx.$$

同时注意到

$$\int_0^M \exp\{r\varepsilon(x)\}\,(h(x)-\varepsilon(x))\,f(x)dx \geqslant \int_0^M \exp\{rM\}\,(h(x)-\varepsilon(x))\,f(x)dx,$$

这是因为当 $x \in [0, M]$ 时, $h(x) \leqslant x = \varepsilon(x)$, 即 $h(x) - \varepsilon(x) \leqslant 0$, 且在该区间上, $\exp\{rM\} \geqslant \exp\{r\varepsilon(x)\}$. 因此

$$\int_0^\infty \exp\{r\varepsilon(x)\}\,(h(x)-\varepsilon(x))\,f(x)dx$$
$$\geqslant \exp\{rM\} \int_0^\infty (h(x)-\varepsilon(x))\,f(x)dx$$
$$= \exp\{rM\}\,(E[h(X)] - E[\min(X, M)])$$
$$= 0,$$

其中最后一步利用了公式 (9.2). 这样就有

$$\int_0^\infty \exp\{rh(x)\}f(x)dx \geqslant \int_0^\infty \exp\{r\varepsilon(x)\}f(x)dx,$$

由此可知 $R_e \geqslant R_h$.

在证明 $R_e \geqslant R_h$ 时, 一个关键假设是再保险保费与再保险类型无关, 但该假设在实际中不一定成立. 为此, 我们考虑一个新的风险过程, 其中泊松参数为 λ, 单个索赔额服从均值为 1 的指数分布. 假定 $\theta = 0.2$, $\theta_R = 0.25$, 并且保险人采用比例再保险, 其中对每一次索赔, 保险人赔付 80%. 在该假设下, 有

$$c^* = \lambda(1.2 - 1.25 \times 0.2) = 0.95\lambda.$$

由于扣除再保险后保险人的单个赔付额服从均值为 0.8 的指数分布, 由例 7.1 知, 实施了比例再保险后保险人的净调节系数为

$$\frac{1}{0.8} - \frac{\lambda}{c^*} = 0.1974.$$

如果我们考虑自留额为 M 的超额赔款再保险, 并假定保险人的单个自留赔付额的期望是 0.8 (跟上述比例再保险一样), 则有

$$\int_0^M xe^{-x}dx + Me^{-M} = 0.8,$$

因此 $1 - e^{-M} = 0.8$, 由此得 $M = 1.6094$. 与比例再保险一样, 我们假定 $\theta = 0.2, \theta_R = 0.25$. 注意到保险人的净调节系数 R_e 满足

$$\lambda + c^* R_e = \lambda \left(\int_0^M e^{R_e x} e^{-x}dx + e^{R_e M}e^{-M} \right),$$

并且由 $c^* = 0.95\lambda$ 知 R_e 满足方程

$$1 + 0.95R_e = \frac{1 - R_e e^{-(1-R_e)M}}{1 - R_e} = \frac{1 - R_e 0.2^{(1-R_e)}}{1 - R_e},$$

其中第二个等式来自 $e^{-M} = 0.2$. 该方程的数值解为 $R_e = 0.2752$, 因此, 正如我们所期望的, 超额赔款再保险中保险人的净调节系数大于比例再保险中保险人的净调节系数.

表 9.1 给出了上述两种再保险下保险人与再保险人的单位时间赔付额的均值与方差. 从该表可以看出, 对保险人来说, 超额赔款再保险优于比例再保险, 这是因为在超额赔款再保险下不但净调节系数较大, 而且单位时间内的净赔付额在均值相同时方差更小. 与此相反, 从再保险人的立场来看, 在超额赔款再保险下, 再保险人单位时间内赔付额的方差比在比例再保险下大. 因此, 再保险人会认为超额赔款再保险的风险大于比例再保险, 进而会对超额赔款再保险设置更大的 θ_R 值.

表 9.1   累计赔付额的均值与方差

	保险人		再保险人	
	均值	方差	均值	方差
比例再保险	0.8λ	1.28λ	0.2λ	0.08λ
超额赔款再保险	0.8λ	0.9562λ	0.2λ	0.4λ

9.3.2 比例再保险

现在我们考虑比例再保险, 即当发生一次索赔时, 保险人按一定的比例 a 进行赔付. 保险人在扣除再保险保费后单位时间内收取的保费为

$$c^* = (1+\theta)\lambda E\left[X\right] - (1+\theta_R)\lambda(1-a)E\left[X\right]$$
$$= (1+\theta - (1+\theta_R)(1-a))\lambda E[X],$$

且条件 (9.4) 变为 $c^* > \lambda a E[X]$. 因此, 我们要求

$$(1 + \theta - (1 + \theta_R)(1 - a)) > a,$$

由此可得

$$a > 1 - \theta/\theta_R. \tag{9.7}$$

这样, 对每一次赔付, 保险人的自留比例必须大于 $1 - \theta/\theta_R$, 这样破产才不会发生. 然而, 当 $\theta = \theta_R$ 时, 自留比例可以是零, 这是因为保险人可以用收到的全部保费为整个风险购买再保险. 当 $\theta < \theta_R$ 时, 保险人可从收到的保费中拿出一部分作为再保险保费, 只要满足如下条件:

$$(1 + \theta)\lambda E[X] > (1 + \theta_R)\lambda(1 - a)E[X],$$

其中上式可化简为

$$a > \frac{\theta_R - \theta}{1 + \theta_R}.$$

然而, 当 $\theta < \theta_R$ 时,

$$1 - \frac{\theta}{\theta_R} > \frac{\theta_R - \theta}{1 + \theta_R},$$

所以方程 (9.7) 是一个非常重要的条件.

例 9.1 假设单个索赔额服从均值为 1 的指数分布, 且假定 $\theta = \theta_R = 0.2$. 画出保险人的净调节系数作为自留比例 a 的函数的图像.

解 9.1 在本例中 $c^* = 1.2\lambda a$, 由例 7.1 可知, 保险人的净调节系数为

$$R(a) = \frac{1}{a} - \frac{\lambda}{c^*} = \frac{1}{6a}. \tag{9.8}$$

图 9.2 给出了 $R(a)$ 的函数图像.

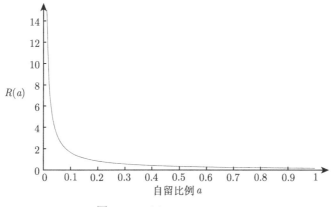

图 9.2 $R(a)$, $\theta = \theta_R = 0.2$

在上例中, 再保险协议本质上是保险人与再保险人按比例分摊风险, 保费收入和索赔按同一比例在保险人与再保险人之间分摊. 我们可以从公式 (9.8) 看出, $\lim_{a \to 0+} R(a) = \infty$. 当 $a = 0$ 时, 保险人既没有保费收入, 也没有索赔支出, 因此过程 $\{U^*(t)\}_{t \geqslant 0}$ 恒等于初始盈余 u, 此时终极破产概率是零.

例 9.2 假设单个索赔额服从均值为 1 的指数分布, 且假定 $\theta = 0.2, \theta_R = 0.25$. 求使保险人的净调节系数达到最大的 a 值.

解 9.2 在本例中, $c^* = (1.25a - 0.05)\lambda$, 由条件 (9.7) 可知 a 必须大于 0.2. 因此, 我们考虑保险人的净调节系数 $R(a)$ 在 $a \in (0.2, 1]$ 上的最大值. 由例 7.1 知

$$R(a) = \frac{1}{a} - \frac{\lambda}{c^*} = \frac{1}{a} - \frac{1}{1.25a - 0.05}$$
$$= \frac{0.25a - 0.05}{a(1.25a - 0.05)}.$$

求导可得

$$R'(a) = \frac{-0.3125a^2 + 0.125a - 0.0025}{a^2(1.25a - 0.05)^2}.$$

进一步地, 令 $R'(a) = 0$ 得到如下方程:

$$0.3125a^2 - 0.125a + 0.0025 = 0,$$

该方程有两个根, 分别为 $a = 0.0211$ 和 $a = 0.3789$. 由于 $a = 0.3789$ 在区间 $(0.2, 1]$ 内, 且 $R(0.2) = 0$, $R(0.3789) = 0.2786$ 和 $R(1) = 0.1667$, 则 $R(a)$ 在 $a = 0.3789$ 处达到最大.

图 9.3 给出了上例中 $R(a)$ 的图形. 可以看出, 在某一个 a 的取值范围内, 保险人的净调节系数大于没有再保险时的调节系数. 同时, 我们也注意到两个不同的 a 值可能有相同的 $R(a)$. 例如, 当 $a = 0.2919$ 或 $a = 0.5480$ 时, $R(a) = 0.25$. 为了比较这两个自留比例哪一个更好, 我们需要用不同于净调节系数最大化的准则. 一个明显可用的准则是使保险人的期望利润最大化, 且容易发现最大利润在 $a = 0.5480$ 处达到, 这是因为保险人的单位时间期望利润是

$$c^* - a\lambda E[X] = (\theta - \theta_R(1 - a))\,\lambda E[X],$$

它是一个关于 a 的增函数.

图 9.2 和图 9.3 给出了保险人的净调节系数作为自留比例 a 的函数的两种不同形状. 第三种可能是 $R(a)$ 是 a 的增函数. 例如, 在例 9.2 中, 如果我们把 θ 从 0.2 变为 0.05, 则对于 $a \in (0.8, 1]$, 有

$$R(a) = \frac{1}{a} - \frac{1}{1.25a - 0.2}.$$

图 9.4 给出了该函数的图像.

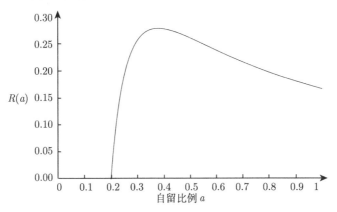

图 9.3 $R(a)$, $\theta = 0.2$ 且 $\theta_R = 0.25$

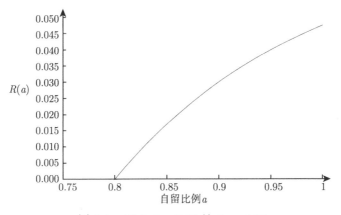

图 9.4 $R(a)$, $\theta = 0.05$ 且 $\theta_R = 0.25$

在这种情况下, 再保险成本的增加对保险人的影响远大于再保险后索赔方差减小对再保险人的影响. 特别是扣除再保险后的保费负荷因子 (简称净保费负荷因子) 比较小. 通过把 c^* 写成 $(1+\theta_N)a\lambda E[X]$, 我们可以求出保险人的净保费负荷因子 θ_N. 由

$$c^* = (1 + \theta - (1+\theta_R)(1-a))\lambda E[X] = (1+\theta_N)a\lambda E[X]$$

可得

$$\theta_N = \theta_R - \frac{\theta_R - \theta}{a}.$$

因此, 当 $\theta_R = \theta$ 时, $\theta_N = \theta$; 当 $\theta_R > \theta$ 时, θ_N 是 a 的增函数. 特别地, 当 $\theta = 0.05$ 且 $\theta_R = 0.25$ 时, θ_N 从 0 (当 $a = 0.8$ 时) 递增到 $0.05 = \theta$ (当 $a = 1$ 时).

本节目前为止的所有数值演示中, 考虑的都是均值为 1 的指数索赔. 对于该单个索赔额分布, 由公式 (7.11) 可知采用了自留比例为 a 的比例再保险后, 过程 $\{U^*(t)\}_{t\geqslant 0}$ 的终极破产概率的表达式为

$$\frac{\lambda a}{c^*} \exp\left\{-\left(\frac{1}{a} - \frac{\lambda}{c^*}\right) u\right\}, \tag{9.9}$$

它可以看成是 a 的函数. 特别地, 对一个固定的初始盈余 u, 我们可以求出使终极破产概率达到最小的 a 值. 对于一些不同的 u 值和几个 θ 与 θ_R 的组合值, 表 9.2 给出了使表达式 (9.9) 达到最小的 a 值. 表的最后一行给出了使保险人的净调节系数达到最大的 a 值. 从该表我们可以看出, 使保险人的净调节系数达到最大的 a 值是使保险人终极破产概率达到最小的 a 值的一个合理近似, 至少对于较大的 u 值近似效果较好.

表 9.2   最优自留比例

	$\theta = 0.1$, $\theta_R = 0.15$	$\theta = 0.1$, $\theta_R = 0.2$	$\theta = 0.2$, $\theta_R = 0.3$
$u = 20$	0.6547	0.9799	0.6356
$u = 40$	0.6494	0.9680	0.6306
$u = 60$	0.6476	0.9641	0.6290
$u = 80$	0.6468	0.9622	0.6281
$u = 100$	0.6462	0.9610	0.6276
$R(a)$	0.6442	0.9564	0.6257

9.3.3 超额赔款再保险

现在我们讨论保险人采用自留水平为 M 的超额赔款再保险的情况. 在分析比例再保险时用到的思路同样可以用到超额赔款再保险的分析中. 在本节的剩余部分, 我们假设索赔额服从均值为 1 的指数分布. 此时, 有

$$c^* = (1+\theta)\lambda - (1+\theta_R)\lambda \int_M^\infty (x-M)e^{-x}dx$$
$$= \lambda\left(1 + \theta - (1+\theta_R)e^{-M}\right),$$

且由条件 (9.7) 得

$$\lambda\left(1 + \theta - (1+\theta_R)e^{-M}\right) > \lambda\left(\int_0^M xe^{-x}dx + Me^{-M}\right) = \lambda\left(1 - e^{-M}\right),$$

由此得自留额所满足的条件为 $M > \log(\theta_R/\theta)$. 进一步地, 由

$$c^* = (1+\theta_N)\lambda\left(1 - e^{-M}\right) = \lambda\left(1 + \theta - (1+\theta_R)e^{-M}\right)$$

可得净保费负荷因子

$$\theta_N = \frac{\theta - \theta_R e^{-M}}{1 - e^{-M}},$$

并且由此知, θ_N 从 0 (当 $M = \log(\theta_R/\theta)$ 时) 递增到 θ (当 $M \to \infty$ 时). 因此, 超额赔款再保险与比例再保险一样, 它有一个依赖于 θ 与 θ_R 的最低自留额, 且当保险人的自留额从最小值到最大值变化时, 其净保费负荷因子从 0 递增到 θ.

将保险人的净调节系数记作 $R(M)$. 根据方程 (9.5), 可以得到方程

$$1 + \left(1 + \theta - (1 + \theta_R)e^{-M}\right) R(M) = \frac{1 - R(M)e^{-(1 - R(M))M}}{1 - R(M)}.$$

对于一个给定的 M, 必须用数值方法求解 $R(M)$. 图 9.5 给出了当 $\theta = \theta_R = 0.1$ 时 $R(M)$ 的图像. 该图与图 9.2 有相同的特征, 这是因为对于所有的 M 值, 净保费负荷因子都是 0.1. 当 $M = 0$ 时, 保险人把所有风险都让再保险人承担, 并且有 $\lim_{M \to 0^+} R(M) = \infty$. 当 M 增加时, 保险人自留的赔付额增加, 且当 $M \to \infty$ 时, $R(M)$ 递减到极限值 0.09091. 图 9.6 给出了当 $\theta < \theta_R$ 时 $R(M)$ 的三个图像, 其

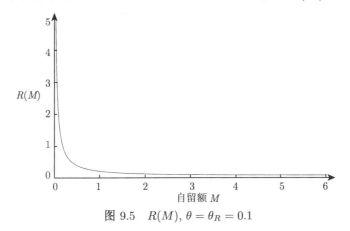

图 9.5　$R(M)$, $\theta = \theta_R = 0.1$

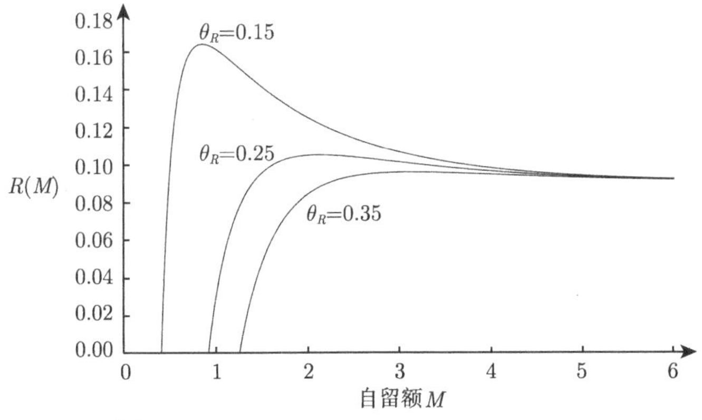

图 9.6　$R(M)$, $\theta = 0.1$, $\theta_R = 0.15, 0.25, 0.35$

中 $\theta = 0.1$, θ_R 取 $0.15, 0.25$ 和 0.35. 对于每一个 θ_R 的取值, 都有一个最优的 M 使得 $R(M)$ 达到最大. 当 θ_R 增大时, 最优值 M 也增大, 而在最优值 M 处的 $R(M)$ 则减小, 这和比例再保险的例子中得出的结论一致. 当再保险费用提高时, 保险人应该自留更多的风险使得其净调节系数达到最大.

9.3.4 De Vylder 近似

在前一节的分析中, 我们用调节系数代替破产概率, 并寻找使调节系数达到最大的最优自留水平. 这种方法的一个缺点是最优自留水平与保险人的初始盈余 u 无关. 在本节, 我们对有再保险的保险人的终极破产概率进行近似, 目的是通过最小化终极破产概率的近似值来找到最优自留水平.

在第 7 章, 我们介绍了终极破产概率的 De Vylder 近似. 这个近似的条件是单个索赔额分布的前三阶矩均存在, 且近似模型的参数可以由这三阶矩、泊松参数和单位时间的保费收入进行表示.

我们可以把 De Vylder 近似拓展到有再保险的情形. 近似模型的参数由公式 (7.24), (7.27) 和 (7.28) 给出. 需要用扣除再保险后保险人的单个赔付额的前三阶矩, 记作 μ_k, $k = 1, 2, 3$, 来替换 m_k, $k = 1, 2, 3$, 并用扣除再保险保费后保险人单位时间的保费 c^* 替换 c. De Vylder 近似中的参数与终极破产概率的近似都是自留水平的函数, 因此, 可以通过求导的方法找到最优自留水平使得终极破产概率的 De Vylder 近似达到最小, 然而求导过程一般非常冗长. 相比之下, 首先计算出有再保险时的破产概率的 De Vylder 近似, 然后用数值方法求得最优自留水平则更为直接. 下面我们将讨论这种方法.

在本节, 我们用如下索赔分布来说明这种方法的思路.

$$F(x) = 1 - \frac{2}{3}e^{-2x} - \frac{1}{3}e^{-x/2}, \quad x \geqslant 0,$$

其中该分布的前三阶矩分别为 1, 3 和 16.5. 进一步地, 假定泊松参数 $\lambda = 1$.

9.3.4.1 比例再保险

我们首先考虑自留比例为 a 的比例再保险下的 De Vylder 近似. 在这个假设下, $\mu_k = a^k m_k$, $k = 1, 2, 3$, 因此由公式 (7.27) 可得

$$\tilde{\alpha} = \frac{3\mu_2}{\mu_3} = \frac{3m_2}{a m_3} = \frac{6}{11a},$$

由公式 (7.28) 可得

$$\tilde{\lambda} = \frac{9\lambda\mu_2^3}{2\mu_3^2} = \frac{9\lambda m_2^3}{2 m_3^2} = \frac{54}{121},$$

由公式 (7.24) 可得

$$\tilde{c} = c^* - \lambda\mu_1 + \frac{\tilde{\lambda}}{\tilde{\alpha}},$$

其中由公式 (9.3) 可得

$$c^* = (1 + \theta)\lambda\, m_1 - (1 + \theta_R)\lambda\, (1 - a)\, m_1$$
$$= (1 + \theta) - (1 + \theta_R)(1 - a),$$

由此即得

$$\tilde{c} = (1 + \theta) - (1 + \theta_R)(1 - a) - a + \frac{9a}{11}.$$

终极破产概率的 De Vylder 近似表达式为

$$\psi(u) \approx \frac{9a}{11\,\tilde{c}} \exp\left\{ -\left(\frac{6}{11a} - \frac{54}{121\,\tilde{c}} \right) u \right\}.$$

虽然可以通过使该式最小化来找到最优自留比例 a, 然而取一系列在 $1 - \theta/\theta_R$ 与 1 之间的 a 值, 通过计算该近似表达式的值来确定最优 a 值的方法更简单. 在接下来的分析中, 我们取那些是 0.001 整数倍的 a 值. 取和表 9.2 中同样的参数值, 表 9.3 给出了用 De Vylder 近似使终极破产概率取最小值的 a 值. 在该例中, 我们也可以计算破产概率的精确值, 并且在括号中给出了使终极破产概率最小化的 a 值. 表中最后一行给出了使调节系数最大化的 a 值. 可以看出, 用 De Vylder 近似得到的最优自留比例 a 是对最小化破产概率得到的真实 a 值的很好近似, 且比通过最大化调节系数得到的 a 值要好.

表 9.3　最优自留比例

	$\theta = 0.1$, $\theta_R = 0.15$	$\theta = 0.1$, $\theta_R = 0.2$	$\theta = 0.2$, $\theta_R = 0.3$
$u = 20$	0.659 (0.659)	0.991 (0.992)	0.637 (0.636)
$u = 40$	0.649 (0.649)	0.969 (0.969)	0.627 (0.627)
$u = 60$	0.646 (0.646)	0.962 (0.962)	0.624 (0.624)
$u = 80$	0.644 (0.644)	0.959 (0.958)	0.623 (0.622)
$u = 100$	0.644 (0.643)	0.957 (0.956)	0.622 (0.621)
$R(a)$	0.639	0.948	0.617

9.3.4.2　超额赔款再保险

现在我们讨论超额赔款再保险. 保险人的自留赔付额的矩由以下公式给出,

$$\mu_k = \frac{2\,k!}{3 \times 2^k} \left(1 - \sum_{j=0}^{k} e^{-2M} \frac{(2M)^j}{j!} \right) + \frac{2^k \times k!}{3} \left(1 - \sum_{j=0}^{k} e^{-M/2} \frac{(M/2)^j}{j!} \right)$$
$$+ M^k \left(\frac{2}{3} e^{-2M} + \frac{1}{3} e^{-M/2} \right).$$

表 9.4 给出了使得破产概率的 De Vylder 近似最小化的 M 值, 其中 θ 和 θ_R 与表 9.2 中的一样, 但 u 值要更小些, 这是因为超额赔款再保险下保险人的终极破产概率比比例再保险下小得多. 在本例中, 我们不可能得到破产概率的精确值, 但可以求出调节系数的数值解, 并且在表 9.4 的最后一行给出了使调节系数最大化的 M 值. 表 9.4 中的数值呈现的规律与表 9.3 一样. 特别地, 对于每一个 θ 与 θ_R 的取值组合, 最优自留额是 u 的减函数, 且大于最大化调节系数得到的最优自留额. 对于 $\theta = 0.1$ 与 $\theta_R = 0.2$ 的组合, 最优自留额大于其他 θ 与 θ_R 组合下的最优自留额, 这是因为在 $\theta = 0.1$ 与 $\theta_R = 0.2$ 的组合下再保险的费用相对较高.

表 9.4   最优超额赔款自留额

	$\theta = 0.1,$ $\theta_R = 0.15$	$\theta = 0.1,$ $\theta_R = 0.2$	$\theta = 0.2,$ $\theta_R = 0.3$
$u = 5$	1.022	2.132	0.995
$u = 10$	1.001	2.032	0.975
$u = 15$	0.994	2.001	0.969
$u = 20$	0.991	1.987	0.966
$u = 25$	0.989	1.978	0.964
$R(M)$	0.982	1.945	0.958

9.4   注释与参考文献

9.2 节讨论的问题是效用理论在精算中的经典应用, 读者可参考 Borch (1990). 讨论再保险与调节系数的文章有 Waters (1983) 和 Centeno (1986). 表 9.2 来源于 Dickson 和 Waters (1996) 中的表 1.

9.5   习   题

1. 当 $X \sim \gamma(2, 0.01)$, $h(x) = x/2$ 时, 利用等式 (9.2) 求出 M.

2. 一个风险的累积索赔服从复合泊松分布, 其中泊松参数为 100, 单个索赔额服从均值为 100 的指数分布. 保险人决定采用比例再保险对该风险进行分保, 再保险保费通过负荷因子为 θ_R 的期望值准则计算. 求使得保险人的期望财富达到最大的最优自留比例, 其中保险人的效用函数为 $u(x) = -\exp\{-\beta x\}$, $0 < \beta < 0.01$.

3. 一个风险的累积索赔服从复合泊松分布, 其中泊松参数为 100, 单个索赔额服从均值为 100 的指数分布. 保险人决定采用超额赔款再保险对该风险进行分保, 再保险保费通过参数为 0.5 的方差准则计算.

(a) 证明当保险人的自留额为 M 时, 再保险保费为

$$P(M) = 101 \times 10^4 \times e^{-0.01M}.$$

(b) 求出使保险人财富的期望效用达到最大的最优自留额, 其中保险人的效用函数为

$$u(x) = -\exp\{-0.005x\}.$$

4. 一个一年期风险的累积索赔服从复合泊松分布, 其中泊松参数为 λ, 单个索赔额的分布为 $F(x) = 1 - e^{-\alpha x}$, $x \geqslant 0$. 保险人决定采用自留额为 M 的超额赔款再保险对该风险进行分保, 其中再保险保费通过参数为 $h < \alpha$ 的 Esscher 准则计算.

(a) 证明再保险保费为

$$\frac{\lambda \alpha e^{-\alpha M}}{(\alpha - h)^2}.$$

(b) 令 M^* 是使保险人的年末期望财富最大化的最优自留额, 其中保险人的效用函数为 $u(x) = -\exp\{-\beta x\}$, $0 < \beta < \alpha$. 证明

$$M^* = \frac{1}{\beta} \log\left(\frac{\alpha^2}{(\alpha - h)^2}\right).$$

5. 一个风险的累积索赔服从复合泊松分布, 其中泊松参数为 λ, 单个索赔额服从均值为 $1/\beta$ 的指数分布. 保险人决定采用自留比例为 a 的比例再保险对该风险进行分保, 保险人的保费与再保险保费通过期望值准则计算, 负荷因子分别为 θ 与 θ_R, 其中 $\theta < \theta_R$. 证明

$$R(a) = \frac{\beta}{a} \frac{\theta - \theta_R(1-a)}{1 + \theta - (1+\theta_R)(1-a)},$$

其中 $1 - \theta/\theta_R < a \leqslant 1$.

6. 一个风险的累积索赔服从复合泊松分布, 其中泊松参数为 λ, 单个索赔额的分布是 $\gamma(2, 0.02)$. 保险人用负荷因子为 20% 的期望值准则计算保费, 且采用比例再保险进行分保. 保险人有 60% 和 80% 两种自留比例可供选择, 在每种选择下, 再保险保费的负荷因子均为 25%. 问哪一种自留比例能使得净调节系数达到最大?

7. 一个风险的累积索赔服从复合泊松分布, 其中泊松参数为 λ, 单个索赔额的分布是 $Pa(3, 200)$. 保险人用负荷因子为 10% 的期望值准则计算保费, 采用自留额为 M 的超额赔款再保险进行分保, 且再保险保费的负荷因子为 15%.

(a) 求保险人的净保费负荷因子关于 M 的函数表达式.

(b) 求使保险人的净保费负荷因子为正的最小 M 值.

(c) 写出保险人的净调节系数满足的方程.

8. 一个风险的累积索赔服从复合泊松分布, 其中泊松参数为 1, 单个索赔额的分布为 $\gamma(2, 2)$, 保险人单位时间内的保费收入为 1.2. 保险人采用自留比例为 a 的比例再保险对每一次索赔进行分保, 且再保险保费的负荷因子 25%.

(a) 求出 a 的最小值使保险人扣除再保险后单位时间内的期望利润为正.

(b) 证明在这个比例再保险下终极破产概率的 De Vylder 近似为

$$\frac{9a}{11a - 0.4} \exp \left\{ \frac{-(3a - 0.6)u}{a(11a - 0.4)} \right\}.$$

(c) 当 $u = 15$ 时, 求出使该近似表达式达到最小的 a 值, 精确到小数点后三位.

附　　录

在第 8 章中, 我们证明了 Lundberg 基本方程有唯一正根 ρ, 即有

$$\lambda + \delta - c\rho = \lambda f^*(\rho).$$

要想从 8.6.2 小节得到拉普拉斯变换的一个恒等式, 我们需要把 $e^{-\rho t}$ 表示成 δ 的函数, 要达到此目的我们需要应用 Lagrange 隐函数定理, 即对任何一个解析函数 h,

$$h(\rho) = h\left(\frac{\delta+\lambda}{c}\right) + \sum_{n=1}^{\infty}(-1)^n \frac{(\lambda/c)^n}{n!} \frac{d^{n-1}}{dz^{n-1}}\left\{ h'(z) \int_0^{\infty} e^{-zx} f^{n*}(x)\,dx \right\}\Bigg|_{z=(\delta+\lambda)/c}.$$

令 $h(z) = e^{-zt}$, 有 $h'(z) = -te^{-zt}$, 我们得到

$$
\begin{aligned}
e^{-\rho t} &= e^{-(\delta+\lambda)t/c} \\
&\quad + \sum_{n=1}^{\infty}(-1)^n \frac{(\lambda/c)^n}{n!} \left\{ \frac{d^{n-1}}{dz^{n-1}}(-t)\int_0^{\infty} e^{-z(x+t)} f^{n*}(x)\,dx \right\}\Bigg|_{z=(\delta+\lambda)/c} \\
&= e^{-(\delta+\lambda)t/c} \\
&\quad + \sum_{n=1}^{\infty}(-1)^n \frac{(\lambda/c)^n}{n!} \left\{ (-1)^n\,t \int_0^{\infty}(x+t)^{n-1} e^{-z(x+t)} f^{n*}(x)\,dx \right\}\Bigg|_{z=(\delta+\lambda)/c} \\
&= e^{-(\delta+\lambda)t/c} \\
&\quad + \sum_{n=1}^{\infty} \frac{(\lambda/c)^n}{n!}\,t \int_0^{\infty}(x+t)^{n-1} e^{-(\delta+\lambda)(x+t)/c} f^{n*}(x)\,dx.
\end{aligned}
$$

对任何一个函数 b, 我们就有

$$
\begin{aligned}
b^*(\rho) &= \int_0^{\infty} e^{-\rho t}\,b(t)\,dt \\
&= \int_0^{\infty} e^{-(\delta+\lambda)t/c}\,b(t)\,dt \\
&\quad + \sum_{n=1}^{\infty} \frac{(\lambda/c)^n}{n!} \int_0^{\infty} t \int_0^{\infty}(x+t)^{n-1} e^{-(\delta+\lambda)(x+t)/c} f^{n*}(x)\,dx\,b(t)\,dt \\
&= c \int_0^{\infty} e^{-(\delta+\lambda)r}\,b(cr)\,dr \\
&\quad + \sum_{n=1}^{\infty} \frac{(\lambda/c)^n}{n!} \int_0^{\infty} t \int_{t/c}^{\infty} c^n r^{n-1} e^{-(\delta+\lambda)r} f^{n*}(cr-t)\,dr\,b(t)\,dt
\end{aligned}
$$

$$= c \int_0^\infty e^{-(\delta+\lambda)r} \, b(cr) \, dr$$

$$+ \sum_{n=1}^\infty \frac{\lambda^n}{n!} \int_0^\infty r^{n-1} e^{-(\delta+\lambda)r} \int_0^{cr} t \, f^{n*}(cr-t) \, b(t) \, dt \, dr$$

$$= \int_0^\infty e^{-\delta t} \left(ce^{-\lambda t} b(ct) + \sum_{n=1}^\infty \frac{\lambda^n t^{n-1}}{n!} e^{-\lambda t} \int_0^{ct} y \, f^{n*}(ct-y) \, b(y) \, dy \right) dt$$

$$= \int_0^\infty e^{-\delta t} \, h(t) \, dt$$

$$= h^*(\delta),$$

其中

$$h(t) = ce^{-\lambda t} b(ct) + \sum_{n=1}^\infty \frac{\lambda^n t^{n-1}}{n!} e^{-\lambda t} \int_0^{ct} y \, f^{n*}(ct-y) \, b(y) \, dy.$$

习 题 答 案

第 1 章

1. 由等式 $\sum_{x=1}^{\infty} \Pr(X = x) = 1$ 可得

$$\sum_{x=1}^{\infty} \frac{\theta^x}{x} = -\log(1-\theta),$$

因此, 如果 $\theta e^t < 1$, 或等价地, $t < -\log\theta$, 有

$$M_X(t) = \sum_{x=1}^{\infty} e^{tx} \frac{-1}{\log(1-\theta)} \frac{\theta^x}{x} = \frac{-1}{\log(1-\theta)} \sum_{x=1}^{\infty} \frac{(\theta e^t)^x}{x} = \frac{\log(1-\theta e^t)}{\log(1-\theta)}.$$

前两阶矩可以通过对 $M_X(t)$ 求导得到. 首先,

$$\frac{d}{dt} M_X(t) = \frac{1}{\log(1-\theta)} \frac{-\theta e^t}{1-\theta e^t} = \frac{1}{\log(1-\theta)} \frac{-\theta}{e^{-t}-\theta},$$

由此可得

$$E[X] = \frac{-1}{\log(1-\theta)} \frac{\theta}{1-\theta}.$$

由

$$\frac{d^2}{dt^2} M_X(t) = \frac{1}{\log(1-\theta)} \frac{-\theta e^{-t}}{(e^{-t}-\theta)^2}$$

可得

$$E[X^2] = \frac{-1}{\log(1-\theta)} \frac{\theta}{(1-\theta)^2}.$$

因此

$$V[X] = \frac{-1}{\log(1-\theta)} \left(\frac{\theta}{(1-\theta)^2} + \frac{1}{\log(1-\theta)} \left(\frac{\theta}{1-\theta} \right)^2 \right).$$

抑或

$$E[X] = \sum_{x=1}^{\infty} x \Pr(X = x) = \frac{-1}{\log(1-\theta)} \sum_{x=1}^{\infty} \theta^x = \frac{-1}{\log(1-\theta)} \frac{\theta}{1-\theta}$$

和

$$E[X^2] = \frac{-1}{\log(1-\theta)} \sum_{x=1}^{\infty} x\theta^x = \frac{-1}{\log(1-\theta)} \frac{\theta}{(1-\theta)^2}.$$

2. 由于

$$\int_0^1 f(x)dx = 1,$$

则

$$\int_0^1 x^{\alpha-1}(1-x)^{\beta-1}dx = \frac{\Gamma(\alpha)\Gamma(\beta)}{\Gamma(\alpha+\beta)},$$

因此

$$\begin{aligned}
E[X^n] &= \frac{\Gamma(\alpha+\beta)}{\Gamma(\alpha)\Gamma(\beta)}\int_0^1 x^{n+\alpha-1}(1-x)^{\beta-1}dx \\
&= \frac{\Gamma(\alpha+\beta)}{\Gamma(\alpha)\Gamma(\beta)}\frac{\Gamma(n+\alpha)\Gamma(\beta)}{\Gamma(n+\alpha+\beta)} \\
&= \frac{\Gamma(\alpha+\beta)\Gamma(n+\alpha)}{\Gamma(\alpha)\Gamma(n+\alpha+\beta)}.
\end{aligned}$$

特别地, 由

$$E[X] = \frac{\Gamma(\alpha+\beta)\Gamma(1+\alpha)}{\Gamma(\alpha)\Gamma(1+\alpha+\beta)} = \frac{\alpha}{\alpha+\beta}$$

与

$$E[X^2] = \frac{\Gamma(\alpha+\beta)\Gamma(2+\alpha)}{\Gamma(\alpha)\Gamma(2+\alpha+\beta)} = \frac{\alpha(\alpha+1)}{(\alpha+\beta)(\alpha+\beta+1)}$$

可得

$$V[X] = \frac{\alpha\beta}{(\alpha+\beta)^2(\alpha+\beta+1)}.$$

3. (a) 由于

$$F(x) = \int_0^x c\gamma y^{\gamma-1}\exp\{-cy^\gamma\}dy,$$

作变量替换 $z = cy^\gamma$ 可得

$$F(x) = \int_0^{cx^\gamma}\exp\{-z\}dz = 1 - \exp\{-cx^\gamma\}.$$

(b) 由于 $Y = X^\gamma$, 有

$$\Pr(Y \leqslant y) = \Pr(X \leqslant y^{1/\gamma}) = 1 - \exp\{-cy\},$$

进而有

$$E[X^n] = E[Y^{n/\gamma}] = c\int_0^\infty y^{n/\gamma}e^{-cy}dy = c\frac{\Gamma(1+n/\gamma)}{c^{1+n/\gamma}} = \frac{\Gamma(1+n/\gamma)}{c^{n/\gamma}}.$$

4. 我们只需写出 $\gamma_n(x+y)$ 的表达式, 并用二项式展开, 即可得到

$$\begin{aligned}
\gamma_n(x+y) &= \frac{\beta^n(x+y)^{n-1}e^{-\beta(x+y)}}{\Gamma(n)} \\
&= \frac{\beta^n e^{-\beta(x+y)}}{\Gamma(n)}\sum_{j=0}^{n-1}\frac{(n-1)!}{j!\,(n-1-j)!}x^{n-1-j}y^j \\
&= \frac{1}{\beta}\sum_{j=0}^{n-1}\frac{\beta^{n-j}x^{n-j-1}e^{-\beta x}}{(n-1-j)!}\frac{\beta^{j+1}y^j e^{-\beta y}}{j!} \\
&= \frac{1}{\beta}\sum_{j=1}^{n}\gamma_{n-j+1}(x)\,\gamma_j(y).
\end{aligned}$$

5. 如果 $X \sim Pa(\alpha, \lambda)$, 则它的 k 阶矩为

$$E[X^k] = \int_0^\infty x^k \frac{\alpha\lambda^\alpha}{(\lambda+x)^{\alpha+1}} dx.$$

对广义帕累托的密度函数积分可得

$$\int_0^\infty \frac{\lambda^\alpha x^{k-1}}{(\lambda+x)^{k+\alpha}} dx = \frac{\Gamma(\alpha)\Gamma(k)}{\Gamma(\alpha+k)},$$

那么

$$E[X] = \int_0^\infty x \frac{\alpha\lambda^\alpha}{(\lambda+x)^{\alpha+1}} dx = \alpha\lambda \int_0^\infty \frac{x\lambda^{\alpha-1}}{(\lambda+x)^{2+(\alpha-1)}} dx$$
$$= \alpha\lambda \frac{\Gamma(\alpha-1)\Gamma(2)}{\Gamma(\alpha+1)} = \frac{\lambda}{\alpha-1}.$$

类似地,

$$E[X^2] = \int_0^\infty x^2 \frac{\alpha\lambda^\alpha}{(\lambda+x)^{\alpha+1}} dx = \alpha\lambda^2 \int_0^\infty \frac{x^2\lambda^{\alpha-2}}{(\lambda+x)^{3+(\alpha-2)}} dx$$
$$= \alpha\lambda^2 \frac{\Gamma(\alpha-2)\Gamma(3)}{\Gamma(\alpha+1)} = \frac{2\lambda^2}{(\alpha-1)(\alpha-2)},$$
$$E[X^3] = \alpha\lambda^3 \frac{\Gamma(\alpha-3)\Gamma(4)}{\Gamma(\alpha+1)} = \frac{6\lambda^3}{(\alpha-1)(\alpha-2)(\alpha-3)}.$$

6. 当 $X \sim Pa(\alpha, \lambda)$ 时, 有

$$E[\min(X,M)] = \int_0^M \frac{x\alpha\lambda^\alpha}{(\lambda+x)^{\alpha+1}} dx + M\left(\frac{\lambda}{\lambda+M}\right)^\alpha.$$

记 $x = \lambda + x - \lambda$, 我们有

$$\int_0^M \frac{x\alpha\lambda^\alpha}{(\lambda+x)^{\alpha+1}} dx$$
$$= \int_0^M \frac{\alpha\lambda^\alpha}{(\lambda+x)^\alpha} dx - \lambda \int_0^M \frac{\alpha\lambda^\alpha}{(\lambda+x)^{\alpha+1}} dx$$
$$= \frac{\alpha\lambda}{\alpha-1} \int_0^M \frac{(\alpha-1)\lambda^{\alpha-1}}{(\lambda+x)^\alpha} dx - \lambda\left[1 - \left(\frac{\lambda}{\lambda+M}\right)^\alpha\right]$$
$$= \frac{\alpha\lambda}{\alpha-1}\left[1 - \left(\frac{\lambda}{\lambda+M}\right)^{\alpha-1}\right] - \lambda\left[1 - \left(\frac{\lambda}{\lambda+M}\right)^\alpha\right].$$

因此

$$E[\min(X,M)]$$
$$= \frac{\alpha\lambda}{\alpha-1}\left[1 - \left(\frac{\lambda}{\lambda+M}\right)^{\alpha-1}\right] - \lambda\left[1 - \left(\frac{\lambda}{\lambda+M}\right)^\alpha\right] + M\left(\frac{\lambda}{\lambda+M}\right)^\alpha$$

$$= \frac{\alpha\lambda}{\alpha-1}\left[1-\left(\frac{\lambda}{\lambda+M}\right)^{\alpha-1}\right]-\lambda+\frac{\lambda^{\alpha}}{(\lambda+M)^{\alpha-1}}$$

$$= \frac{\alpha\lambda}{\alpha-1}\left[1-\left(\frac{\lambda}{\lambda+M}\right)^{\alpha-1}\right]-\lambda\left[1-\left(\frac{\lambda}{\lambda+M}\right)^{\alpha-1}\right]$$

$$= \frac{\lambda}{\alpha-1}\left[1-\left(\frac{\lambda}{\lambda+M}\right)^{\alpha-1}\right].$$

7. 矩母函数是

$$M_X(t)=\int_{-\infty}^{\infty}\exp\{tx\}\frac{1}{\sigma\sqrt{2\pi}}\exp\left\{\frac{-(x-\mu)^2}{2\sigma^2}\right\}dx,$$

且由

$$tx-\frac{(x-\mu)^2}{2\sigma^2}=\frac{-1}{2\sigma^2}\left(x^2-2\mu x+\mu^2-2tx\sigma^2\right)$$

$$=\frac{-1}{2\sigma^2}\left(x^2-2(\mu+\sigma^2 t)x+\mu^2\right)$$

$$=\frac{-1}{2\sigma^2}\left(\left(x-(\mu+\sigma^2 t)\right)^2-2\mu\sigma^2 t-\sigma^4 t^2\right)$$

$$=\mu t+\frac{1}{2}\sigma^2 t^2-\frac{1}{2\sigma^2}\left(x-(\mu+\sigma^2 t)\right)^2$$

得

$$M_X(t)=\exp\left\{\mu t+\frac{1}{2}\sigma^2 t^2\right\}\int_{-\infty}^{\infty}\frac{1}{\sigma\sqrt{2\pi}}\exp\left\{\frac{-(x-(\mu+\sigma^2 t))^2}{2\sigma^2}\right\}dx$$

$$=\exp\left\{\mu t+\frac{1}{2}\sigma^2 t^2\right\},$$

其中第二步是由于被积函数是分布为 $N(\mu+\sigma^2 t,\sigma^2)$ 的随机变量的密度函数.

由

$$\frac{d}{dt}M_X(t)=(\mu+\sigma^2 t)M_X(t)$$

可得 $E[X]=\mu$, 进而根据

$$\frac{d^2}{dt^2}M_X(t)=\sigma^2 M_X(t)+(\mu+\sigma^2 t)\frac{d}{dt}M_X(t)$$

可得 $E[X^2]=\sigma^2+\mu^2$. 因此, $V[X]=\sigma^2$.

8. (a) $\Pr(X\leqslant 30)=F(30)=0.625$.

(b) $\Pr(X=40)=F(40)-F(40^-)=0.25$.

(c) 由于 $\Pr(X=20)=0.5$, 且当 $20<x<40$ 时, $F'(x)=1/80$, 则

$$E[X]=20\times 0.5+\frac{1}{80}\int_{20}^{40}xdx+40\times 0.25=27.5.$$

(d) $V[X]=77.083$, 这是由于

$$E[X^2]=20^2\times 0.5+\frac{1}{80}\int_{20}^{40}x^2dx+40^2\times 0.25=833.33.$$

9. 由于均值与方差分别是 100 和 30000, 所以

$$\exp\left\{\mu + \frac{1}{2}\sigma^2\right\} = 100$$

和

$$\exp\{2\mu + \sigma^2\}\left(\exp\{\sigma^2\} - 1\right) = 30000,$$

两式结合得

$$100^2\left(\exp\{\sigma^2\} - 1\right) = 30000.$$

由此得到 $\sigma^2 = 1.3863$, $\mu = 3.9120$.

(a) 在例 1.4 的答案中, 令 $M = 250$ 和 $n = 1$, 得

$$
\begin{aligned}
E[\min(X, 250)] &= \exp\left\{\mu + \frac{1}{2}\sigma^2\right\}\Phi\left(\frac{\log 250 - \mu - \sigma^2}{\sigma}\right) \\
&\quad + 250\left(1 - \Phi\left(\frac{\log 250 - \mu}{\sigma}\right)\right) \\
&= 100\Phi(0.1895) + 250\left(1 - \Phi(1.3669)\right) \\
&= 78.97.
\end{aligned}
$$

(b) 由于 $X = \min(X, 250) + \max(0, X - 250)$, 有

$$E[\max(0, X - 250)] = 21.03.$$

(c) 我们需计算 $E[\min(X, 250)^2]$. 在例 1.4 的答案中, 令 $M = 250$, $n = 2$, 这就有

$$
\begin{aligned}
&\exp\left\{2\mu + 2\sigma^2\right\}\Phi\left(\frac{\log 250 - \mu - 2\sigma^2}{\sigma}\right) + 250^2\left(1 - \Phi\left(\frac{\log 250 - \mu}{\sigma}\right)\right) \\
&= 40000\Phi\left(-0.9879\right) + 250^2\left(1 - \Phi(1.3669)\right) \\
&= 11828.11.
\end{aligned}
$$

因此 $V[\min(X, 250)] = 5591.59$.

(d) 我们有

$$E[X|X > 250] = E[X - 250|X > 250] + 250$$

和

$$
\begin{aligned}
E[X - 250|X > 250] &= \frac{E[\max(0, X - 250)]}{\Pr(X > 250)} \\
&= \frac{21.03}{0.0858} = 245.02,
\end{aligned}
$$

由此得到 $E[X|X > 250] = 495.02$.

10. (a) 令 $S_n = \sum_{i=1}^{n} X_i$. 因为

$$E\left[\exp\{tS_n\}\right] = E\left[\exp\{tX_1\}\right]^n = \left(qe^t + 1 - q\right)^{mn},$$

所以 $S_n \sim B(mn, q)$.

(b) 同理, 因为

$$
\begin{aligned}
E\left[\exp\{tS_n\}\right] &= E\left[\exp\{tX_1\}\right]^n \\
&= \left(\exp\left\{\mu t + \frac{1}{2}\sigma^2 t^2\right\}\right)^n \\
&= \exp\left\{n\mu t + \frac{1}{2}n\sigma^2 t^2\right\},
\end{aligned}
$$

所以 $S_n \sim N(n\mu, n\sigma^2)$.

11. (a) 我们采用上题中同样的论述, 由于

$$
E\left[\exp\{tS_4\}\right] = E\left[\exp\{tX_1\}\right]^4 = \left(\frac{0.75}{1 - 0.25e^t}\right)^4,
$$

则 $S_4 = \sum_{i=1}^{4} X_i$ 服从 $NB(4, 0.75)$ 分布. 因此

$$
\begin{aligned}
\Pr(S_4 = 0) &= 0.75^4 = 0.3164, \\
\Pr(S_4 = 1) &= 4 \times 0.25 \times \Pr(S_4 = 0) = 0.3164, \\
\Pr(S_4 = 2) &= \frac{5}{2} \times 0.25 \times \Pr(S_4 = 1) = 0.1978, \\
\Pr(S_4 = 3) &= \frac{6}{3} \times 0.25 \times \Pr(S_4 = 2) = 0.0989, \\
\Pr(S_4 = 4) &= \frac{7}{4} \times 0.25 \times \Pr(S_4 = 3) = 0.0433.
\end{aligned}
$$

(b) 我们利用递推公式 (1.18), 其中 $n = 4$, $f_x = 0.75(0.25^x)$, $x = 0, 1, 2, \cdots$, $g_0 = 0.75^4 = 0.3164$. 计算可得

$$
\begin{aligned}
g_1 &= \frac{4}{3} 4 f_1 g_0 = 0.3164, \\
g_2 &= \frac{4}{3}\left(\frac{3}{2} f_1 g_1 + 4 f_2 g_0\right) = 0.1978, \\
g_3 &= \frac{4}{3}\left(\frac{2}{3} f_1 g_2 + \frac{7}{3} f_2 g_1 + 4 f_3 g_0\right) = 0.0989, \\
g_4 &= \frac{4}{3}\left(\frac{1}{4} f_1 g_3 + \frac{3}{2} f_2 g_2 + \frac{11}{4} f_3 g_1 + 4 f_4 g_0\right) = 0.0433.
\end{aligned}
$$

12. 定义随机变量序列 $\{Y_i\}_{i=1}^{n}$, 其中 $Y_i = X_i - m$ 取值为 $0, 1, 2, \cdots$. 现利用公式 (1.18) 计算随机变量 $\sum_{i=1}^{n} Y_i$ 的分布律. 特别地, 令 $\hat{f}_x = \Pr(Y_1 = x)$, $\hat{g}_x = \Pr(\sum_{i=1}^{n} Y_i = x)$, $x = 0, 1, 2, \cdots$, 则有 $\hat{f}_x = f_{x+m}$, $\hat{g}_x = g_{x+nm}$, 由此得到

$$
\hat{g}_0 = \hat{f}_0^n = f_m^n = g_{mn}.
$$

对于 $x = 1, 2, 3, \cdots$, 由

$$
\hat{g}_x = \frac{1}{\hat{f}_0} \sum_{j=1}^{x}\left((n+1)\frac{j}{x} - 1\right) \hat{f}_j \hat{g}_{x-j}
$$

可得

$$g_{x+nm} = \frac{1}{f_m} \sum_{j=1}^{x} \left((n+1)\frac{j}{x} - 1 \right) f_{j+m} g_{x+nm-j},$$

抑或, 对于 $r = mn+1, mn+2, mn+3, \cdots,$

$$g_r = \frac{1}{f_m} \sum_{j=1}^{r-mn} \left(\frac{(n+1)j}{r-mn} - 1 \right) f_{j+m} g_{r-j}.$$

第 2 章

1. 我们有

$$u'(x) = 1 - x/\beta > 0$$

和

$$u''(x) = -1/\beta < 0,$$

由此可得

$$r(x) = 1/(\beta - x),$$

其显然是 x 的增函数.

2. (a) 我们需要证明 $u'(x) > 0$ 和 $u''(x) < 0$. 因为

$$u'(x) = \frac{2}{3} x^{-1/3} > 0$$

和

$$u''(x) = \frac{-2}{9} x^{-4/3} < 0,$$

所以这些条件成立.

(b) 如果不买保险, 决策者的财富是 $250 - X$, 因此

$$E[u(250 - X)] = \frac{1}{200} \int_0^{200} (250 - x)^{2/3} dx = 27.728,$$

这是由于 X 在区间 $(0, 200)$ 上的密度函数为 $\frac{1}{200}$. 如果购买保险, 决策者的财富是

$$250 - 85 - Y = 165 - Y,$$

其中 $Y = \min(X, 20)$. 因此

$$\begin{aligned} E[u(165 - Y)] &= \frac{1}{200} \left[\int_0^{20} (165 - x)^{2/3} dx + \int_{20}^{200} 145^{2/3} dx \right] \\ &= 27.725. \end{aligned}$$

因为

$$E[u(250 - X)] > E[u(165 - Y)],$$

所以决策者将会选择不买保险.

3. 由方程 (2.6) 可得, 最小可接受保费为

$$\Pi = \frac{1}{0.002} \log M_X(0.002).$$

由于 $X \sim N(10^6, 10^8)$, 则

$$M_X(0.002) = \exp\left\{10^6 \times 0.002 + \frac{1}{2} 10^8 \times 0.002^2\right\},$$

由此得到 $\Pi = 10^6 + 10^5 = 1.1 \times 10^6$.

4. (a) 投资者将选择股票 1 当且仅当 $E[u(AX_1)] > E[u(AX_2)]$. 由于

$$E[u(AX_1)] = E\left[(AX_1)^{1/2}\right] = A^{1/2} E\left[X_1^{1/2}\right],$$

则 $E[u(AX_1)] > E[u(AX_2)]$ 当且仅当 $E[X_1^{1/2}] > E[X_2^{1/2}]$, 这与 A 无关.

(b) 由 $X_i \sim LN(\mu_i, \sigma_i)$ 可得 $E[X_i^{1/2}] = \exp\left\{\frac{1}{2}\mu_i + \frac{1}{8}\sigma_i^2\right\}$. 因此, 当

$$\exp\left\{\frac{1}{2}0.09 + \frac{1}{8}0.02^2\right\} < \exp\left\{\frac{1}{2}0.08 + \frac{1}{8}\sigma_2^2\right\},$$

即 $\sigma_2 > 0.201$ 时, 我们有 $E[X_2^{1/2}] > E[X_1^{1/2}]$.

(c) 由条件 $E[AX_1] = E[AX_2]$ 得 $\mu_1 + \frac{1}{2}\sigma_1^2 = \mu_2 + \frac{1}{2}\sigma_2^2$. 因为

$$V[X_i] = E[X_i]^2 (\exp\{\sigma_i^2\} - 1)$$

和

$$E[X_1] = E[X_2],$$

所以由 $V[AX_1] < V[AX_2]$ 可得 $\sigma_1^2 < \sigma_2^2$, 进而可得

$$\frac{1}{2}\mu_1 + \frac{1}{8}\sigma_1^2 > \frac{1}{2}\mu_2 + \frac{1}{8}\sigma_2^2,$$

因此投资者选择股票 1. 可作如下解释: 因为投资者是风险厌恶型的, 且股票 1 与股票 2 具有相同的期望年末累积值, 但股票 1 的方差更小, 所以他会选择股票 1.

5. 同样应用方程 (2.6) 可得, 最小可接受保费为

$$\Pi = \frac{1}{0.005} \log M_Y(0.005),$$

其中 $Y = \max(0, X - 20)$. 由于 $\Pr(Y = 0) = 1 - 0.2e^{-0.2} = 0.8363$ 且 Y 的密度函数是 $0.2 \times 0.01e^{-0.01(x+20)}$, $x > 0$, 则

$$\begin{aligned}
M_Y(0.005) &= \Pr(Y = 0) + 0.2 \int_0^\infty e^{0.005x} 0.01 e^{-0.01(x+20)} dx \\
&= 0.8363 + 0.002 e^{-0.2} \int_0^\infty e^{-0.005x} dx \\
&= 0.8363 + 0.002 e^{-0.2}/0.005 \\
&= 1.16375,
\end{aligned}$$

由此可得 $\Pi = 30.33$.

6. 有三种可能性: 不买保险, 或购买其中一个保险合同. 首先考虑完全赔付保险. 购买保险后决策者的财富的期望为

$$u(10^6 - 120) = k\log(10^6 - 120) = 13.815390k.$$

其次考虑部分赔付保险. 如果住院发生, 决策者必须自己承担 1000 的费用, 购买保险后决策者的财富的期望效用为

$$0.99\,u(10^6 - 115) + 0.01\,u(10^6 - 1000 - 115) = 13.815385k.$$

最后考虑不购买保险, 则决策者的财富的期望效用为

$$0.99\,u(10^6) + \int_{10000}^{12000} \frac{u(10^6 - x)}{2\times 10^5}\,dx.$$

注意到在区间 $(10000, 12000)$ 上, X 具有密度 $1/(2\times 10^5)$, 则

$$\begin{aligned}
\int_{10000}^{12000} \frac{u(10^6-x)}{2\times 10^5}\,dx &= k\int_{10000}^{12000} \frac{\log(10^6-x)}{2\times 10^5}\,dx \\
&= \frac{k}{2\times 10^5}\int_{\log(10^6-12000)}^{\log(10^6-10000)} z\,e^z\,dz \\
&= \frac{k}{2\times 10^5}\Big((10^6-10000)\left(\log(10^6-10000)-1\right) \\
&\quad -(10^6-12000)\left(\log(10^6-12000)-1\right)\Big) \\
&= 0.1380k.
\end{aligned}$$

因此, 期望效用为 $13.81539994k$, 这也意味着决策者不愿意购买保险.

第 3 章

1. 对于参数为 $\alpha > 0$ 的方差准则,

$$\begin{aligned}
\Pi_{X_1+X_2} &= E[X_1+X_2] + \alpha V[X_1+X_2] \\
&= E[X_1] + E[X_2] + \alpha\left(V[X_1]+V[X_2]+2Cov(X_1,X_2)\right) \\
&= \Pi_{X_1} + \Pi_{X_2} + 2\alpha Cov(X_1,X_2).
\end{aligned}$$

因此 $\Pi_{X_1+X_2} \leqslant \Pi_{X_1} + \Pi_{X_2}$ 当且仅当 $Cov(X_1,X_2) \leqslant 0$.

2. (a) 由定义知

$$\Pi_X = \sqrt{E[X^2]},$$

并且由 $X \sim \gamma(2,2)$ 可得 $E[X^2] = 1.5$, 因此

$$\Pi_X = \sqrt{1.5} = 1.225.$$

(b) 令 $Y = X + 1$, 其中 X 与 (a) 中的假设相同. 于是

$$E[Y^2] = E[X^2 + 2X + 1] = 4.5,$$

由此可得

$$\Pi_Y = \sqrt{4.5} = 2.121,$$

并且由此知 $\Pi_Y \neq \Pi_X + 1$, 所以此准则不具有一致性.

3. 由等式 $u(300) = E[u(300 + \Pi_X - X)]$ 可得

$$300 - 10^{-3}(300^2) = E[300 + \Pi_X - X - 10^{-3}(300 + \Pi_X - X)^2].$$

等式右边可化为

$$300 + \Pi_X - E[X] - 10^{-3}\left(300^2 + 600\Pi_X + \Pi_X^2\right)$$
$$+ 2 \times 10^{-3}(300 + \Pi_X)E[X] - 10^{-3}E[X^2],$$

因此

$$\Pi_X^2 - (400 + 2E[X])\Pi_X + E[X^2] + 400E[X] = 0.$$

由于

$$E[X_1] = 100, \quad E[X_1^2] = 10400,$$

则有

$$\Pi_{X_1}^2 - 600\Pi_{X_1} + 50400 = 0,$$

解得 $\Pi_{X_1} = 101.0025$. 类似地, 因为

$$E[X_2] = 102, \quad E[X_2^2] = 10620,$$

有

$$\Pi_{X_2}^2 - 604\Pi_{X_2} + 51420 = 0,$$

解得 $\Pi_{X_2} = 102.5407$. 最后, 由

$$E[X_1 + X_2] = 202, \quad V[X_1 + X_2] = 616$$

可知

$$E\left[(X_1 + X_2)^2\right] = 41420.$$

因此

$$\Pi_{X_1+X_2}^2 - 804\Pi_{X_1+X_2} + 122220 = 0,$$

进而得到 $\Pi_{X_1+X_2} = 203.5460$. 综上可知 $\Pi_{X_1+X_2} \neq \Pi_{X_1} + \Pi_{X_2}$. 因此零效用准则不满足可加性.

4. 令 $X \sim P(\lambda)$, 则

$$M_X(t) = \exp\{\lambda(e^t - 1)\},$$

再利用 3.3.6 小节中的符号记法可得

$$M_{\tilde{X}}(t) = \frac{M_X(t+h)}{M_X(h)} = \frac{\exp\left\{\lambda(e^{t+h}-1)\right\}}{\exp\left\{\lambda(e^h-1)\right\}} = \exp\left\{\lambda e^h(e^t-1)\right\},$$

因此 $\tilde{X} \sim P(\lambda e^h)$.

5. 利用 3.3.6 小节中的符号记法有

$$M_{\tilde{X}}(t) = \frac{M_X(t+h)}{M_X(h)} = \left(\frac{0.01}{0.01-h-t}\right)^2 \left(\frac{0.01-h}{0.01}\right)^2$$
$$= \left(\frac{0.01-h}{0.01-h-t}\right)^2,$$

因此 $\tilde{X} \sim \gamma(2, 0.01-h)$. 由

$$\Pi_X = E[\tilde{X}]$$

可得

$$250 = \frac{2}{0.01-h},$$

继而得到 $h = 0.002$.

6. 由于当 $5 \leqslant x \leqslant 15$ 时, $\Pr(X \leqslant x) = (x-5)/10$, 于是有

$$1 - F(x) = \begin{cases} 1, & x < 5, \\ (15-x)/10, & 5 \leqslant x \leqslant 15, \\ 0, & x > 15. \end{cases}$$

因此

$$\Pi_X = \int_0^\infty (1-F(x))^{1/\rho}\, dx$$
$$= \int_0^5 dx + \int_5^{15} \left(\frac{15-x}{10}\right)^{5/6} dx$$
$$= 10.4545.$$

7. 权重为

$$w(x) = \frac{1}{\rho}\left(1-F(x)\right)^{(1/\rho)-1}.$$

求导得

$$w'(x) = \frac{1}{\rho}\left(\frac{1}{\rho}-1\right)\left(1-F(x)\right)^{(1/\rho)-2}(-1)f(x).$$

由 $\rho > 1$ 知 $w'(x) > 0$, 所以 w 为单调增函数.

8. 令 $Y = X + 100$. 由于

$$\Pr(Y \leqslant x) = \Pr(X \leqslant x-100) = 1 - \left(\frac{100}{100+x-100}\right)^2,$$

则 X 服从 $Pa(2,100)$ 分布. 于是

$$
\begin{aligned}
\Pi_X &= \int_0^\infty \left(\frac{100}{100+x} \right)^{2/\rho} dx \\
&= \frac{100}{(2/\rho)-1} \int_0^\infty \frac{(2/\rho-1)\,100^{2/\rho-1}}{(100+x)^{2/\rho}} dx \\
&= \frac{100\rho}{2-\rho}.
\end{aligned}
$$

由保费准则的一致性可知

$$
\Pi_Y = \Pi_X + 100 = \frac{200}{2-\rho} = 400,
$$

进而得到 $\rho = 3/2$.

9. (a) 由 $\Pi_X(\beta) = \beta^{-1} \log M_X(\beta)$ 可得

$$
\begin{aligned}
\Pi_X'(\beta) &= -\beta^{-2} \log M_X(\beta) + \frac{1}{\beta} \frac{M_X'(\beta)}{M_X(\beta)} \\
&= \frac{1}{\beta^2} \left(\beta \frac{M_X'(\beta)}{M_X(\beta)} - \log M_X(\beta) \right).
\end{aligned}
$$

当 $\beta = 0$ 时, 分子和分母都为零, 所以我们借助洛必达法则来求 $\Pi_X'(0)$. $\Pi_X'(\beta)$ 的分子导数与分母导数的比例为

$$
\begin{aligned}
&\frac{\dfrac{M_X'(\beta)}{M_X(\beta)} + \beta \left(\dfrac{M_X''(\beta)M_X(\beta) - M_X'(\beta)^2}{M_X(\beta)^2} \right) - \dfrac{M_X'(\beta)}{M_X(\beta)}}{2\beta} \\
&= \frac{1}{2} \left(\frac{M_X''(\beta)M_X(\beta) - M_X'(\beta)^2}{M_X(\beta)^2} \right),
\end{aligned}
$$

在该式中令 $\beta = 0$, 我们得到

$$
\frac{E\left[X^2 \right] - E\left[X \right]^2}{2} = \frac{V\left[X \right]}{2},
$$

即 $\Pi_X'(0) = \dfrac{1}{2} V\left[X \right]$.

(b) 由 (a) 可得

$$
\beta^2 \Pi_X'(\beta) = -\log M_X(\beta) + \beta \frac{M_X'(\beta)}{M_X(\beta)},
$$

于是

$$
\begin{aligned}
&\left(\beta^2 \Pi_X'(\beta) \right)' \\
&= -\frac{M_X'(\beta)}{M_X(\beta)} + \frac{\beta}{M_X(\beta)^2} \left[M_X''(\beta)M_X(\beta) - M_X'(\beta)^2 \right] + \frac{M_X'(\beta)}{M_X(\beta)} \\
&= \beta \left[\frac{M_X''(\beta)}{M_X(\beta)} - \left(\frac{M_X'(\beta)}{M_X(\beta)} \right)^2 \right].
\end{aligned}
$$

由 Esscher 变换的理论知, 如果一个随机变量 $\tilde{X}$ 的分布函数为随机变量 X 的分布函数在参数 $h > 0$ 下的 Esscher 变换, 则

$$M_{\tilde{X}}(t) = \frac{M_X(t+h)}{M_X(h)} \Rightarrow \left. M_{\tilde{X}}^{(r)}(t) \right|_{t=0} = E\left[\tilde{X}^r\right] = \frac{M_X^{(r)}(h)}{M_X(h)}.$$

因此

$$\frac{M_X''(\beta)}{M_X(\beta)^2} - \left(\frac{M_X'(\beta)}{M_X(\beta)}\right)^2$$

为一个分布的方差, 此分布为 X 的分布函数在参数 $\beta > 0$ 下的 Esscher 变换, 因此

$$\left(\beta^2 \Pi_X'(\beta)\right)' > 0.$$

由此知, 如果 $h(\beta) = \beta^2 \Pi_X'(\beta)$, 则 $h(\beta)$ 为 β 的单调增函数. 我们亦知

$$\lim_{\beta \to 0^+} h(\beta) = 0,$$

并由此知, 当 $\beta > 0$ 时, $h(\beta) > 0$. 因此, 由 $\beta > 0$ 和 $\Pi_X'(\beta) > 0$ 可得

$$\beta^2 \Pi_X'(\beta) > 0.$$

第 4 章

1. 由 4.2 节的符号记法得 $E[N] = 120$, $V[N] = 300$, $E[X_1] = 1$ 以及 $V[X_1] = 2$, 利用公式 (4.5) 和 (4.6) 可得 $E[S] = 120$, $V[S] = 540$.

2. 由公式 (3.2) 知, 保费为 $\beta^{-1} \log E[\exp\{\beta S\}]$, 其中 $\beta = 0.0001$, S 表示累积索赔额. 因此

$$E[\exp\{\beta S\}] = \exp\{100\left(M_X(\beta) - 1\right)\},$$

其中 $X \sim \gamma(2, 0.001)$, 进而保费为 $100\left(M_X(\beta) - 1\right)/\beta$. 最后由

$$M_X(\beta) = \left(\frac{0.001}{0.001 - \beta}\right)^2$$

知保费为 234568.

3. 由于

$$\begin{aligned}
\frac{M_S(t+h)}{M_S(h)} &= \frac{\exp\{200\left(M_X(t+h) - 1\right)\}}{\exp\{200\left(M_X(h) - 1\right)\}} \\
&= \exp\{200(M_X(t+h) - M_X(h))\} \\
&= \exp\left\{200 M_X(h)\left(\frac{M_X(t+h)}{M_X(h)} - 1\right)\right\},
\end{aligned}$$

则复合泊松分布的 Esscher 变换仍为复合泊松分布, 且泊松参数为 $200 M_X(h)$, 单个索赔额的矩母函数为 $M_X(t+h)/M_X(h)$, 其中 $h = 0.001$. 由于

$$\frac{M_X(t+h)}{M_X(h)} = \frac{0.01}{0.01 - h - t} \frac{0.01 - h}{0.01} = \frac{0.01 - h}{0.01 - h - t},$$

所以单个索赔额服从参数为 $0.01 - h = 0.009$ 的指数分布. 最后, 保费为复合泊松分布的期望, 即为

$$200 \frac{0.01}{0.01 - 0.001} \frac{1}{0.009} = 24691.$$

4. 由 4.3 节末的结果知, $S_1 + S_2$ 服从复合泊松分布, 其中泊松参数为两个泊松参数的和, 即 $20 + 30 = 50$, 而单个索赔额 Z 服从如下分布:

$$\Pr(Z = 10) = \frac{2}{5}\Pr(X = 10) = 0.1,$$

$$\Pr(Z = 20) = \frac{2}{5}\Pr(X = 20) + \frac{3}{5}\Pr(Y = 20) = 0.38,$$

$$\Pr(Z = 30) = \frac{2}{5}\Pr(X = 30) + \frac{3}{5}\Pr(Y = 30) = 0.34,$$

$$\Pr(Z = 40) = \frac{3}{5}\Pr(Y = 40) = 0.18.$$

5. 当 $N \sim B(n, q)$ 时,

$$P_N(r) = (qr + 1 - q)^n,$$

因此

$$
\begin{aligned}
P_{N_R}(r) &= P_N[P_I(r)] \\
&= (q(1 - \pi_M + \pi_M r) + 1 - q)^n \\
&= (q\pi_M r + 1 - q\pi_M)^n,
\end{aligned}
$$

由此知 $N_R \sim B(n, q\pi_M)$.

6. 我们有 $P_{N_R}(r) = P_N[P_I(r)]$, 其中

$$P_I(r) = 1 - \pi_M + \pi_M r,$$

且 (见第 1 章习题 1)

$$P_N(r) = \frac{\log(1 - \theta r)}{\log(1 - \theta)},$$

于是有

$$
\begin{aligned}
P_{N_R}(r) &= \frac{\log(1 - \theta(1 - \pi_M + \pi_M r))}{\log(1 - \theta)} \\
&= \frac{\log\left((1 - \theta(1 - \pi_M))\left(1 - \dfrac{\theta\pi_M r}{1 - \theta(1 - \pi_M)}\right)\right)}{\log(1 - \theta)} \\
&= \frac{\log(1 - \theta(1 - \pi_M))}{\log(1 - \theta)} + \frac{\log\left(1 - \dfrac{\theta\pi_M r}{1 - \theta(1 - \pi_M)}\right)}{\log(1 - \theta)} \\
&= \frac{\log(1 - \theta(1 - \pi_M))}{\log(1 - \theta)} - \frac{1}{\log(1 - \theta)}\sum_{n=1}^{\infty}\frac{1}{n}\left(\frac{\theta\pi_M r}{1 - \theta(1 - \pi_M)}\right)^n.
\end{aligned}
$$

因此

$$\Pr(N_R = 0) = \frac{\log(1 - \theta(1 - \pi_M))}{\log(1 - \theta)},$$

并且当 $n = 1, 2, 3, \cdots$ 时,

$$\Pr(N_R = n) = -\frac{1}{n\log(1 - \theta)}\left(\frac{\theta\pi_M}{1 - \theta(1 - \pi_M)}\right)^n.$$

7.(a) 由 4.4.2 小节的符号记法知, 当 $M = 400$ 时,

$$\pi_M = 1 - F(400) = \left(\frac{400}{400 + 400}\right)^3 = \frac{1}{8},$$

进而

$$p^* = \frac{0.5}{0.5 + 0.5\pi_M} = \frac{8}{9}.$$

因此, $N_R \sim NB(100, 8/9)$.

(b) 令 $\hat{X}$ 表示再保险人的 (非零) 赔付额, X 表示索赔额, 且 $X \sim F$, 则有

$$
\begin{aligned}
\Pr(\hat{X} \leqslant x) &= \Pr(X \leqslant 400 + x | X > 400) \\
&= \Pr(400 < X \leqslant 400 + x)/\Pr(X > 400) \\
&= \frac{F(400 + x) - F(400)}{1 - F(400)} \\
&= \left[\left(\frac{400}{800}\right)^3 - \left(\frac{400}{800 + x}\right)^3\right] \div \left(\frac{400}{800}\right)^3 \\
&= 1 - \left(\frac{800}{800 + x}\right)^3.
\end{aligned}
$$

因此, $\hat{X} \sim Pa\,(3, 800)$.

(c) 我们有

$$Cov(S_A, S_B) = E[(S_A - E[S_A])(S_B - E[S_B])],$$

且 $S_A = 0.7S$, 其中 S 服从复合负二项式分布, 其索赔次数与单个索赔额分布由 (a) 和 (b) 给出. 因此

$$Cov(S_A, S_B) = 0.21 V[S],$$

进而

$$
\begin{aligned}
V[S] &= E[N_R]V[\hat{X}] + V[N_R]E[\hat{X}]^2 \\
&= 12.5 \times 48 \times 10^4 + 14.0625 \times 400^2 \\
&= 825 \times 10^4,
\end{aligned}
$$

并由此得到

$$
\begin{aligned}
Cov(S_A, S_B) &= 0.21 \times 825 \times 10^4 \\
&= 1.7325 \times 10^6.
\end{aligned}
$$

8. (a) 对于每次索赔, 再保险人赔付 $\max(0, X - M)$, 其中 X 服从均值为 100 的指数分布. 因此

$$
\begin{aligned}
E\left[S_R\right] &= 10E[\max(0, X - M)] \\
&= 10\int_M^\infty (x - M)0.01e^{-0.01x}dx \\
&= 10\int_0^\infty y0.01e^{-0.01(y+M)}dy
\end{aligned}
$$

$$= 10e^{-0.01M} \int_0^\infty y0.01e^{-0.01y}dy$$
$$= 1000e^{-0.01M}.$$

(最后一步积分为指数分布的期望), 并且

$$V[S_R] = 10E[\max(0, X - M)^2]$$
$$= 10 \int_M^\infty (x - M)^2 0.01\, e^{-0.01x}dx$$
$$= 10 \int_0^\infty y^2 0.01e^{-0.01(y+M)}dy$$
$$= 2 \times 10^5\, e^{-0.01M}.$$

因此, 再保险保费为

$$1000e^{-0.01M} + 2 \times 10^2\, e^{-0.01M} = 1200e^{-0.01M}.$$

或者由于 S_R 服从泊松参数为 $10e^{-0.01M}$ 的复合泊松分布, 且单个索赔额服从均值为 100 的指数分布, 则有

$$E[S_R] = 10e^{-0.01M} \times 100 = 1000e^{-0.01M}$$

和

$$V[S_R] = 10e^{-0.01M} \times 2 \times 100^2 = 2 \times 10^5\, e^{-0.01M}.$$

(b) 由于净利润等于保费收入减去赔付额, 再减去再保险保费, 于是净利润为

$$1100 - 1200e^{-0.01M} - S_I,$$

且有 $E[S_I] = E[S] - E[S_R]$. 因此

$$E[g(M)] = 1100 - 1200e^{-0.01M} - \left(1000 - 1000e^{-0.01M}\right)$$
$$= 100 - 200e^{-0.01M}.$$

易知, 当 $M > 69.31$ 时该期望为正.

(c) 对于每个 M, 净利润的方差即为净累积赔付额的方差, 因此

$$V[g(M)] = V[S_I]$$
$$= 10E[\min(X, M)^2]$$
$$= 10 \int_0^M x^2 0.01e^{-0.01x}dx + 10M^2 e^{-0.01M}.$$

对于所有的 $M > 0$,

$$\frac{d}{dM}V[g(M)] = 10M^2 0.01e^{-0.01M} + 20Me^{-0.01M} - 10M^2 0.01e^{-0.01M}$$
$$= 20Me^{-0.01M}$$

为正数, 从而 $V[g(M)]$ 关于 M 为单调增函数.

9. 由 $E[\min(Y, M)]$ 的定义得

$$
\begin{aligned}
E\left[\min(Y, M)\right] &= \sum_{j=0}^{M} j h_j + M \sum_{j=M+1}^{\infty} h_j \\
&= \sum_{j=0}^{M-1} \left[1 - H(j)\right] \\
&= \int_0^M \left[1 - F(x)\right] dx \\
&= \int_0^M \int_x^\infty f(y) dy dx \\
&= \int_0^M \int_0^y dx f(y) dy + \int_M^\infty \int_0^M dx f(y) dy \\
&= \int_0^M y f(y) dy + M \int_M^\infty f(y) dy \\
&= E\left[\min(X, M)\right],
\end{aligned}
$$

其中第一步是因为

$$
\begin{aligned}
& h_1 + 2h_2 + 3h_3 + \cdots + M h_M + M(h_{M+1} + h_{M+2} + \cdots) \\
=\, & h_1 + h_2 + h_3 + \cdots + h_M + (h_{M+1} + h_{M+2} + \cdots) \\
& + h_2 + h_3 + \cdots + h_M + (h_{M+1} + h_{M+2} + \cdots) \\
& + h_3 + \cdots + h_M + (h_{M+1} + h_{M+2} + \cdots) \\
& + \cdots \\
& + h_M + (h_{M+1} + h_{M+2} + \cdots) \\
=\, & [1 - H(0)] + [1 - H(1)] + \cdots + [1 - H(M-1)].
\end{aligned}
$$

10. 对于 $a = -1.5$, $b = 16.5$ 和 $\Pr(S = 0) = 0.4^{10}$, 由 Panjer 递归公式可得

x	1	2	3	4	5
$\Pr(S = x)$	0.0006	0.0022	0.0061	0.0134	0.0252

因此 $\Pr(S \leqslant 5) = 0.0477.$ (结果已四舍五入.)

11. 令 X 表示单个索赔额, $\hat{X}$ 表示再保险人的非零赔付额. 则依照 4.4.2 小节的符号记法, 当 $M = 4$ 时,

$$
\pi_M = \Pr(X > 4) = 0.2(0.8^4 + 0.8^5 + 0.8^6 + \cdots) = 0.8^4
$$

且

$$
p^* = \frac{0.5}{0.5 + 0.5\pi_M} = 0.7094,
$$

因此再保险人的非零赔付次数服从的分布为 $NB(10, 0.7094)$. 并且, 对于 $x = 1, 2, 3, \cdots$,

$$
\begin{aligned}
\Pr(\hat{X} = x) &= \Pr(X = x + 4 \mid X > 4) \\
&= \frac{\Pr(X = x + 4)}{\Pr(X > 4)} \\
&= 0.2(0.8)^{x+3}/0.8^4 \\
&= f_x.
\end{aligned}
$$

利用 Panjer 递推公式, 再保险人的总赔付额为 0, 1 和 2 的概率分别为 0.0323, 0.0188 和 0.0210, 因此所求概率为 0.0721.

12. (a) 由

$$
P_N(r) = \sum_{n=1}^{\infty} r^n p_n = r p_1 + \sum_{n=2}^{\infty} r^n p_n
$$

可得

$$
\begin{aligned}
P_N(r) &= r p_1 + \sum_{n=2}^{\infty} r^n \alpha p_{n-1} \\
&= r p_1 + \alpha r \sum_{n=2}^{\infty} r^{n-1} p_{n-1} \\
&= r p_1 + \alpha r P_N(r).
\end{aligned}
$$

进一步地, 由于当 $n = 2, 3, 4, \cdots$ 时, $p_n = \alpha^{n-1} p_1$, 且

$$
p_1 + \sum_{n=2}^{\infty} \alpha^{n-1} p_1 = p_1 \left(1 + \frac{\alpha}{1 - \alpha} \right) = \frac{p_1}{1 - \alpha} = 1,
$$

我们有 $p_1 = 1 - \alpha$. 因此

$$
P_N'(r) = 1 - \alpha + \alpha P_N(r) + \alpha r P_N'(r).
$$

(b) 由 $P_S(r) = P_N[P_X(r)]$ 得

$$
\begin{aligned}
P_S'(r) &= P_X'(r) P_N'[P_X(r)] \\
&= P_X'(r) \left(1 - \alpha + \alpha P_X(r) P_N'(P_X(r)) + \alpha P_N(P_X(r)) \right) \\
&= (1 - \alpha) P_X'(r) + \alpha P_X(r) P_S'(r) + \alpha P_X'(r) P_S(r).
\end{aligned}
$$

(c) 上述等式乘以 r, 然后当 $x = 1, 2, 3, \cdots$ 时, 令 r^x 的系数相等, 可得

$$
\begin{aligned}
x g_x &= (1 - \alpha) x f_x + \alpha \sum_{j=0}^{x} f_j (x - j) g_{x-j} + \alpha \sum_{j=0}^{x} j f_j g_{x-j} \\
&= (1 - \alpha) x f_x + \alpha \sum_{j=0}^{x} x f_j g_{x-j}.
\end{aligned}
$$

于是

$$g_x = (1-\alpha)f_x + \alpha \sum_{j=0}^{x} f_j g_{x-j},$$

因此

$$g_x = \frac{1}{1-\alpha f_0} \left((1-\alpha)f_x + \alpha \sum_{j=1}^{x} f_j g_{x-j} \right).$$

最后,

$$g_0 = \sum_{n=1}^{\infty} p_n f_0^n = \sum_{n=1}^{\infty} (1-\alpha)\alpha^{n-1} f_0^n = \frac{(1-\alpha)f_0}{1-\alpha f_0}.$$

(d) 我们有

$$\begin{aligned}
E[S^r] &= \sum_{x=1}^{\infty} x^r g_x \\
&= (1-\alpha)\sum_{x=1}^{\infty} x^r f_x + \alpha \sum_{x=1}^{\infty} x^r \sum_{j=0}^{x} f_j g_{x-j} \\
&= (1-\alpha)E[X_1^r] + \alpha f_0 \sum_{x=1}^{\infty} x^r g_x + \alpha \sum_{j=1}^{\infty} f_j \sum_{x=j}^{\infty} x^r g_{x-j} \\
&= (1-\alpha)E[X_1^r] + \alpha f_0 E[S^r] + \alpha \sum_{j=1}^{\infty} f_j \sum_{y=0}^{\infty} (y+j)^r g_y,
\end{aligned}$$

并且

$$\begin{aligned}
\sum_{y=0}^{\infty} (y+j)^r g_y &= \sum_{y=0}^{\infty} \sum_{k=0}^{r} \binom{r}{k} y^k j^{r-k} g_y \\
&= \sum_{k=0}^{r} \binom{r}{k} j^{r-k} \sum_{y=0}^{\infty} y^k g_y \\
&= \sum_{k=0}^{r} \binom{r}{k} j^{r-k} E[S^k].
\end{aligned}$$

于是有

$$\begin{aligned}
E[S^r] &= (1-\alpha)E[X_1^r] + \alpha f_0 E[S^r] + \alpha \sum_{j=1}^{\infty} f_j \sum_{k=0}^{r} \binom{r}{k} j^{r-k} E[S^k] \\
&= (1-\alpha)E[X_1^r] + \alpha f_0 E[S^r] + \alpha \sum_{k=0}^{r} \binom{r}{k} E[S^k] \sum_{j=1}^{\infty} f_j j^{r-k} \\
&= (1-\alpha)E[X_1^r] + \alpha f_0 E[S^r] \\
&\quad + \alpha \sum_{k=0}^{r-1} \binom{r}{k} E[S^k] E[X_1^{r-k}] + \alpha E[S^r](1-f_0),
\end{aligned}$$

整理得

$$E[S^r] = \frac{1}{1-\alpha}\left((1-\alpha)E[X_1^r] + \alpha \sum_{k=0}^{r-1}\binom{r}{k}E[S^k]E[X_1^{r-k}]\right)$$

$$= E[X_1^r] + \frac{\alpha}{1-\alpha}\sum_{k=0}^{r-1}\binom{r}{k}E[S^k]E[X_1^{r-k}].$$

13. (a) 我们有

$$P_N(r) = \sum_{n=0}^{\infty} r^n p_n = p_0 + \sum_{n=1}^{\infty} r^n \sum_{i=1}^{k}\left(a_i + \frac{b_i}{n}\right)p_{n-i},$$

求导得

$$P_N'(r) = \sum_{n=1}^{\infty} n r^{n-1} \sum_{i=1}^{k}\left(a_i + \frac{b_i}{n}\right)p_{n-i}$$

$$= \sum_{i=1}^{k}\sum_{n=1}^{\infty}(na_i + b_i)r^{n-1}p_{n-i} \quad \text{令} j = n - i$$

$$= \sum_{i=1}^{k}\sum_{j=1-i}^{\infty}((j+i)a_i + b_i)\,r^{j+i-1}p_j$$

$$= \sum_{i=1}^{k} r^i \sum_{j=0}^{\infty}\left(a_i j p_j r^{j-1} + (ia_i + b_i)r^{j-1}p_j\right)$$

$$= \sum_{i=1}^{k}\left(a_i r^i P_N'(r) + (ia_i + b_i)r^{i-1}P_N(r)\right).$$

(b) 由定义知, $Y_j = \sum_{i=1}^{j} X_i$, 所以 (由独立性)

$$P_{Y_j}(r) = P_{X_1}(r)^j,$$

求导得

$$P_{Y_j}'(r) = j P_{X_1}(r)^{j-1}P_{X_1}'(r).$$

(c) 由于

$$P_S'(r) = P_X'(r)P_N'\left[P_{X_1}(r)\right],$$

有

$$P_S'(r) = P_{X_1}'(r)\sum_{i=1}^{k} a_i P_{X_1}(r)^i P_N'\left[P_{X_1}(r)\right]$$

$$+ P_{X_1}'(r)\sum_{i=1}^{k}(ia_i + b_i)P_{X_1}(r)^{i-1}P_N\left[P_{X_1}(r)\right]$$

$$= P'_{X_1}(r) \sum_{i=1}^{k} a_i P_{Y_i}(r) P'_N[P_{X_1}(r)]$$

$$+ P'_{X_1}(r) \sum_{i=1}^{k} (i a_i + b_i) P_{X_1}(r)^{i-1} P_S(r)$$

$$= \sum_{i=1}^{k} a_i P_{Y_i}(r) P'_S(r) + \sum_{i=1}^{k} \left(a_i + \frac{b_i}{i} \right) P'_{Y_i}(r) P_S(r).$$

(d) 将 (c) 的结果乘以 r, 然后将其写作

$$\sum_{x=1}^{\infty} x r^x g_x = \sum_{i=1}^{k} a_i \left(\sum_{j=0}^{\infty} r^j f_j^{i*} \right) \left(\sum_{x=1}^{\infty} x r^x g_x \right)$$

$$+ \sum_{i=1}^{k} \left(a_i + \frac{b_i}{i} \right) \left(\sum_{j=1}^{\infty} j r^j f_j^{i*} \right) \left(\sum_{x=0}^{\infty} r^x g_x \right).$$

令 r^x 的系数相等, 可得

$$x g_x = \sum_{i=1}^{k} a_i \left(\sum_{j=0}^{x-1} f_j^{i*} (x-j) g_{x-j} \right)$$

$$+ \sum_{i=1}^{k} \left(a_i + \frac{b_i}{i} \right) \left(\sum_{j=1}^{x} j f_j^{i*} g_{x-j} \right)$$

$$= \sum_{j=1}^{x} g_{x-j}(x-j) \sum_{i=1}^{k} a_i f_j^{i*}$$

$$+ \sum_{j=1}^{x} g_{x-j} j \sum_{i=1}^{k} \left(a_i + \frac{b_i}{i} \right) f_j^{i*} + \sum_{i=1}^{k} a_i f_0^{i*} x g_x,$$

由此得

$$\left(1 - \sum_{i=1}^{k} a_i f_0^{i*} \right) x g_x = \sum_{j=1}^{x} g_{x-j} \sum_{i=1}^{k} \left(x a_i + \frac{b_i j}{i} \right) f_j^{i*},$$

或者, 由于 $f_0^{i*} = f_0^i$, 我们有

$$g_x = \frac{1}{1 - \sum_{i=1}^{k} a_i f_0^i} \sum_{j=1}^{x} g_{x-j} \sum_{i=1}^{k} \left(a_i + \frac{b_i j}{i x} \right) f_j^{i*}.$$

(e) 这个公式里含有卷积, 所以使用此公式前必须先计算卷积.

14. 单个索赔额分布的矩为

$$m_1 = \frac{0.4}{0.01} + \frac{0.6}{0.02} = 70,$$

$$m_2 = 2 \left(\frac{0.4}{0.01^2} + \frac{0.6}{0.02^2} \right) = 11000,$$

$$m_3 = 6 \left(\frac{0.4}{0.01^3} + \frac{0.6}{0.02^3} \right) = 2.85 \times 10^6.$$

因此 $E[S] = 3500$, $V[S] = 550000$.

(a) 我们对 $\Pr(S \leqslant 4500)$ 作以下近似:

$$\Pr\left(Z \leqslant \frac{4500 - E[S]}{\sqrt{V[S]}}\right) = \Pr\left(Z \leqslant 1.3484\right),$$

其中 $Z \sim N(0, 1)$, 所得结果为 0.911.

(b) 为了得到平移伽马分布的参数, 首先令

$$\frac{2}{\sqrt{\alpha}} = Sk[S] = \frac{50m_3}{(50m_2)^{3/2}},$$

于是有

$$\alpha = \frac{4 \times 50^3 \times 11^3 \times 10^9}{50^2 \times 2.85^2 \times 10^{12}} = 32.7732,$$

然后令

$$\beta = \sqrt{\frac{\alpha}{V[S]}} = 7.7193 \times 10^{-3},$$

最后令

$$k = E[S] - \frac{\alpha}{\beta} = -745.614,$$

因此有

$$\Pr(S \leqslant 4500) = \Pr(Y \leqslant 5245.614),$$

其中 $Y \sim \gamma(\alpha, \beta)$. 使用软件可以求出该概率为 0.905.

15. 令 S 表示累积索赔额, X 表示单个索赔额, 则

$$E[S] = 10000qE[X] = 10^7q,$$

且由 $V[X] = 10^6$ 知

$$\begin{aligned}
V[S] &= 10^4qV[X] + 10^4q(1-q)E[X]^2 \\
&= 10^4q10^6 + 10^4q(1-q)10^6 \\
&= 10^{10}q(2-q).
\end{aligned}$$

第二个假设隐含了

$$S \sim N\left(10^7q, 10^{10}q(2-q)\right).$$

第三个假设隐含着 $\Pr(保费 > S) = 0.95$ 并且保费收入为 10^6. 因此

$$\Pr(10^6 > S) = \Pr\left(\frac{10^6 - 10^7q}{10^5\sqrt{q(2-q)}} > Z\right) \quad (Z \sim N(0,1))$$

$$\Rightarrow \frac{10 - 10^2q}{\sqrt{q(2-q)}} = 1.645$$

$$\Rightarrow 10^2(1-10q)^2 = 1.645^2 q(2-q)$$

$$\Rightarrow 100 - 2000q + 10^4 q^2 = 5.41205q - 2.706q^2$$

$$\Rightarrow 10002.706q^2 - 2005.412q + 100 = 0$$

$$\Rightarrow q = \frac{2005.412 \pm \sqrt{2005.412^2 - 4001082.4}}{20005.412},$$

即 $q = 0.1074$ 或 0.0931. 保费应当超过索赔额的期望, 由于每个保单的期望索赔额为 $1000q$, 所以 $q = 0.0931$. 通过数学计算知 $q = 0.1074$ 不满足

$$\frac{10 - 10^2 q}{\sqrt{q(2-q)}} = 1.645.$$

第 5 章

1. (a) 均值为

$$100 \times 0.001 \times 1 + 300 \times 0.002 \times 1 + 200 \times 0.002 \times 2 = 1.5,$$

方差为

$$100 \times 0.001 \times 0.999 \times 1 + 300 \times 0.002 \times 0.998 \times 1 + 200 \times 0.002 \times 0.998 \times 4$$

$$= 2.2955.$$

(b) 如果以下四个事件之一发生, 则累积索赔额为 2:

(A) 第一组有 2 个死亡,

(B) 第二组有 2 个死亡,

(C) 第三组有 1 个死亡,

(D) 第一组和第二组各有 1 个死亡.

事件 (A) 的概率为

$$\binom{100}{2} 0.001^2 0.999^{98} \times 0.998^{300} \times 0.998^{200} = 0.001649,$$

事件 (B) 的概率为

$$0.999^{100} \times \binom{300}{2} 0.002^2 0.998^{298} \times 0.998^{200} = 0.059893,$$

事件 (C) 的概率为

$$0.999^{100} \times 0.998^{300} \times \binom{200}{1} 0.002 \times 0.998^{199} = 0.133275,$$

事件 (D) 的概率为

$$\binom{100}{1} 0.001 \times 0.999^{99} \times \binom{300}{1} 0.002 \times 0.998^{299} \times 0.998^{200} = 0.020011.$$

这些事件的概率和为 0.2148.

2. (a) 均值为

$$225 \times 0.95q \times 60 + 300q \times 45 = 26325q,$$

方差为

$$225 \times 0.95q(1 - 0.95q) \times 60^2 + 300q(1 - q) \times 45^2$$

$$= 1377000q - 1338525q^2.$$

(b) (i) 泊松参数为

$$225 \times 0.95q + 300q = 513.75q,$$

索赔额为 45 时, 概率为

$$300/513.75 = 0.58394,$$

索赔额为 60 时, 概率为

$$(225 \times 0.95)/513.75 = 0.41606.$$

(ii) 期望累积索赔额为

$$45\frac{300}{513.75} + 60\frac{225 \times 0.95}{513.75},$$

因此, 复合泊松分布的均值为

$$513.75q\left(45\frac{300}{513.75} + 60\frac{225 \times 0.95}{513.75}\right) = 26325q.$$

类似地, 复合泊松分布的方差为

$$513.75q\left(45^2\frac{300}{513.75} + 60^2\frac{225 \times 0.95}{513.75}\right) = 1377000q.$$

(iii) 在每个分类中, 我们把死亡数量服从的二项分布改为期望相同的泊松分布, 但由于泊松分布的方差大于相同期望的二项分布, 所以复合泊松分布的方差更大.

3. (a) 由

$$A(r) = \prod_{i=1}^{n}(p_i + q_i B(r))$$

可得

$$\log A(r) = \sum_{i=1}^{n} \log(p_i + q_i B(r)).$$

如果 $|(q_i/p_i) B(r)| < 1$, 则

$$A'(r) = A(r) \sum_{i=1}^{n} \frac{q_i B'(r)}{p_i + q_i B(r)}$$

$$= A(r) \sum_{i=1}^{n} \frac{(q_i/p_i) B'(r)}{1 + (q_i/p_i) B(r)}$$

$$= A(r) \sum_{i=1}^{n} \sum_{k=0}^{\infty} \left(\frac{q_i}{p_i}\right) B'(r)(-1)^k \left(\frac{q_i}{p_i} B(r)\right)^k.$$

由于 $C(r,n) = B(r)^n$, 求导得

$$C'(r,n) = nB(r)^{n-1}B'(r),$$

因此

$$
\begin{aligned}
A'(r) &= A(r)\sum_{i=1}^{n}\sum_{k=0}^{\infty}\left(\frac{q_i}{p_i}\right)^{k+1}(-1)^k B(r)^k B'(r) \\
&= A(r)\sum_{i=1}^{n}\sum_{k=1}^{\infty}\left(\frac{q_i}{p_i}\right)^{k}(-1)^{k-1} B(r)^{k-1} B'(r) \\
&= A(r)\sum_{i=1}^{n}\sum_{k=1}^{\infty}\left(\frac{q_i}{p_i}\right)^{k}\frac{(-1)^{k-1}}{k}C'(r,k).
\end{aligned}
$$

(b) 将 (a) 中的等式乘以 r 得

$$
\begin{aligned}
\sum_{x=1}^{\infty}xr^x g_x &= \left(\sum_{x=0}^{\infty}r^x g_x\right)\left(\sum_{i=1}^{n}\sum_{k=1}^{\infty}\frac{(-1)^{k-1}}{k}\left(\frac{q_i}{p_i}\right)^{k}\sum_{x=1}^{\infty}xr^x h_x^{k*}\right) \\
&= \left(\sum_{x=0}^{\infty}r^x g_x\right)\left(\sum_{i=1}^{n}\sum_{x=1}^{\infty}xr^x\sum_{k=1}^{\infty}\frac{(-1)^{k-1}}{k}\left(\frac{q_i}{p_i}\right)^{k}h_x^{k*}\right) \\
&= \left(\sum_{x=0}^{\infty}r^x g_x\right)\left(\sum_{i=1}^{n}\sum_{x=1}^{\infty}xr^x f_x(i)\right) \\
&= \left(\sum_{x=0}^{\infty}r^x g_x\right)\left(\sum_{x=1}^{\infty}xr^x \phi_x\right),
\end{aligned}
$$

其中 $f_x(i)$ 和 ϕ_x 由题目中的定义给出. 令 r^x 的系数相等可以得到 g_x. 当 $x = 1, 2, 3, \cdots$ 时, 有

$$xg_x = g_0 x\phi_x + g_1(x-1)\phi_{x-1} + \cdots + g_{x-1}\phi_1,$$

于是

$$g_x = \frac{1}{x}\sum_{i=1}^{x}i\phi_i g_{x-i}.$$

经简单计算可得 $g_0 = \prod_{i=1}^{n}p_i$.

(c) 令 $p_i = \exp\{-\log(1+q_i/p_i)\}$ 得

$$
\begin{aligned}
g_0 &= \prod_{i=1}^{n}p_i = \prod_{i=1}^{n}\exp\{-\log(1+q_i/p_i)\} \\
&= \exp\left\{-\sum_{i=1}^{n}\log(1+q_i/p_i)\right\} \\
&= \exp\left\{-\sum_{i=1}^{n}\sum_{k=1}^{\infty}\frac{(-1)^{k-1}}{k}\left(\frac{q_i}{p_i}\right)^{k}\right\}.
\end{aligned}
$$

(d) 令 $\Lambda = \sum_{i=1}^{n} q_i/p_i$, 则 $g_0^{(1)} = \exp\{-\Lambda\}$, 并且当 $x = 1, 2, 3, \cdots$ 时,

$$\phi_x^{(1)} = \sum_{i=1}^{n} \frac{q_i}{p_i} h_x = \Lambda h_x.$$

因此

$$g_x^{(1)} = \frac{\Lambda}{x} \sum_{i=1}^{x} i h_i g_{x-i}^{(1)},$$

它为复合泊松分布律的 Panjer 递推公式.

4. (a) 我们有

$$g_0 = \prod_{i=1}^{I} \prod_{j=1}^{J} p_j^{n_{ij}},$$

因此得

$$P_S(r) = \prod_{i=1}^{I} \prod_{j=1}^{J} \left(p_j + q_j r^i \right)^{n_{ij}} = g_0 \prod_{i=1}^{I} \prod_{j=1}^{J} \left(1 + \frac{q_j}{p_j} r^i \right)^{n_{ij}},$$

于是有

$$\begin{aligned}
\log P_S(r) &= \log g_0 + \sum_{i=1}^{I} \sum_{j=1}^{J} n_{ij} \log \left(1 + \frac{q_j}{p_j} r^i \right) \\
&= \log g_0 + \sum_{i=1}^{I} \sum_{j=1}^{J} n_{ij} \sum_{k=1}^{\infty} \frac{(-1)^{k+1}}{k} \left(\frac{q_j r^i}{p_j} \right)^k \\
&= \log g_0 + \sum_{k=1}^{\infty} \frac{(-1)^{k+1}}{k} \sum_{i=1}^{I} \sum_{j=1}^{J} n_{ij} \left(\frac{q_j r^i}{p_j} \right)^k.
\end{aligned}$$

(b) 由定义得

$$\begin{aligned}
Q_2(r) &= S_1(r) - \frac{1}{2} S_2(r) \\
&= \sum_{i=1}^{I} \sum_{j=1}^{J} n_{ij} \frac{q_j r^i}{p_j} - \frac{1}{2} \sum_{i=1}^{I} \sum_{j=1}^{J} n_{ij} \left(\frac{q_j r^i}{p_j} \right)^2
\end{aligned}$$

和

$$Q_2(r) = \sum_{x=1}^{\infty} b_x^{(2)} r^x,$$

因此, 如果 x 为偶数, 则

$$b_x^{(2)} = \sum_{j=1}^{J} n_{xj} \frac{q_j}{p_j} - \frac{1}{2} \sum_{j=1}^{J} n_{x/2,j} \left(\frac{q_j}{p_j} \right)^2,$$

且当 $x \leqslant 2I$ 时 $b_x^{(2)}$ 非零. 如果 x 为奇数, 则

$$b_x^{(2)} = \sum_{j=1}^{J} n_{xj} \frac{q_j}{p_j},$$

且当 $x \leqslant I$ 时 $b_x^{(2)}$ 非零.

5. 略.

第6章

1. (a) 我们有 $\psi_d(0) = E[Z_1] = 3q$. 由于 $H(3) = 1$, 由等式 (6.7) 得

$$\psi_d(1) = [1 - H(0)]\psi_d(1) + [1 - H(1)] + [1 - H(2)],$$

因此由

$$\psi_d(1) = q\psi_d(1) + 2q$$

得 $\psi_d(1) = 2q/p$. 类似地,

$$\psi_d(2) = [1 - H(0)]\psi_d(2) + [1 - H(1)]\psi_d(1) + [1 - H(2)],$$

并由此可得

$$\psi_d(2) = \frac{q}{p}\psi_d(1) + \frac{q}{p}$$
$$= \frac{2q^2}{p^2} + \frac{q}{p}.$$

当 $u \geqslant 3$ 时, 我们有

$$\psi_d(u) = [1 - H(0)]\psi_d(u) + [1 - H(1)]\psi_d(u-1) + [1 - H(2)]\psi_d(u-2),$$

于是

$$\psi_d(u) = \frac{q}{p}\psi_d(u-1) + \frac{q}{p}\psi_d(u-2).$$

(b) 递推计算 (例如使用 Excel 数据表) 可得 $\psi_d(10) = 0.01003$, $\psi_d(11) = 0.00641$.

2. R_d 满足以下等式:

$$E[\exp\{R_d(Z_1 - 1)\}] = 1.$$

又因为

$$E[\exp\{R_d Z_1\}] = p + \sum_{k=1}^{\infty} \exp\{R_d k\}q(1-\alpha)\alpha^{k-1}$$
$$= p + \frac{q(1-\alpha)\exp\{R_d\}}{1 - \alpha\exp\{R_d\}}$$
$$= \frac{p + (q-\alpha)\exp\{R_d\}}{1 - \alpha\exp\{R_d\}},$$

所以

$$\frac{p + (q-\alpha)\exp\{R_d\}}{1 - \alpha\exp\{R_d\}} = \exp\{R_d\},$$

由此可得

$$p + (q-\alpha)\exp\{R_d\} = \exp\{R_d\} - \alpha\exp\{2R_d\},$$

或等价地,

$$\alpha \exp\{2R_d\} - (p + \alpha)\exp\{R_d\} + p = 0.$$

求解可得

$$\begin{aligned}
\exp\{R_d\} &= \frac{1}{2\alpha}\left(p + \alpha + \sqrt{(p + \alpha)^2 - 4p\alpha}\right) \\
&= \frac{1}{2\alpha}\left(p + \alpha + \sqrt{(p - \alpha)^2}\right) \\
&= \frac{p}{\alpha},
\end{aligned}$$

因此 $R_d = \log(p/\alpha)$.

3. (a) 由 $G_d(0, y)$ 的定义以及当 $y = 0, 1, 2, \cdots$ 时, $g_d(y) = 1 - H(y)$ 可得.

(b) 由推导等式 (6.5) 的论述可得. 这里要注意的是如果破产时的赤字小于 y, 那么首次低于初始值 u 的额度最大为 $u + y - 1$.

(c) 由例 6.2 得, $H(y) = 1 - q\alpha^y$, 因此有

$$G_d(0, y) = \sum_{j=0}^{y-1} q\alpha^j = q\frac{1 - \alpha^y}{1 - \alpha}.$$

利用例 6.2 中的方法, 得

$$\begin{aligned}
G_d(u, y) &= \sum_{j=0}^{u-1} [1 - H(j)]\, G_d(u - j, y) + \sum_{j=u}^{u+y-1} [1 - H(j)] \\
&= \sum_{j=0}^{u-1} q\alpha^j G_d(u - j, y) + \sum_{j=u}^{u+y-1} q\alpha^j
\end{aligned}$$

和

$$G_d(u + 1, y) = \sum_{j=0}^{u} q\alpha^j G_d(u + 1 - j, y) + \sum_{j=u+1}^{u+y} q\alpha^j,$$

从而

$$\alpha G_d(u, y) = \sum_{j=1}^{u} q\alpha^j G_d(u + 1 - j, y) + \sum_{j=u+1}^{u+y} q\alpha^j.$$

由上易知

$$G_d(u + 1, y) - \alpha G_d(u, y) = q G_d(u + 1, y),$$

由此即得

$$G_d(u + 1, y) = \frac{\alpha}{1 - q} G_d(u, y).$$

最后可得

$$\begin{aligned}
G_d(u, y) &= \left(\frac{\alpha}{1 - q}\right)^u G_d(0, y) \\
&= q\frac{1 - \alpha^y}{1 - \alpha}\left(\frac{\alpha}{1 - q}\right)^u.
\end{aligned}$$

(d) 注意到

$$\Pr(\text{赤字} = y | \text{初始盈余为} 0 \text{时破产发生}) = g_d(y)/\psi_d(0),$$

并且由于 $g_d(y) = 1 - H(y)$, 则当 $y = 0, 1$ 和 2 时,

$$g_d(y) = 1 - p = q,$$

而当 $y = 3, 4, 5, \cdots$ 时, $g_d(y) = 0$. 因此, 当 $y = 0, 1$ 和 2 时,

$$g_d(y)/\psi_d(0) = 1/3.$$

4. 我们需要计算

$$\psi_d(0, 3) = \psi_d(0, 1) + h(0)\psi_d(1, 2)$$

和

$$\psi_d(1, 2) = \psi_d(1, 1) + h(0)\psi_d(2, 1) + h(1)\psi_d(1, 1).$$

因为

$$\psi_d(0, 1) = 1 - H(0) = 0.3,$$
$$\psi_d(1, 1) = 1 - H(1) = 1 - 0.9 = 0.1,$$
$$\psi_d(2, 1) = 1 - H(2) = 0,$$

所以

$$\psi_d(1, 2) = 0.1 + 0.2 \times 0.1 = 0.12.$$

最后可得

$$\psi_d(0, 3) = 0.3 + 0.7 \times 0.12 = 0.384.$$

第 7 章

1. (a) 由 1.3.3 小节知, 单个索赔额的期望为 $300/3 = 100$, 二阶矩为

$$\frac{2 \times 300^2}{3 \times 2} = 3 \times 10^4.$$

因此, $E[S(1)] = 100 \times 100 = 10^4$, $V[S(1)] = 100 \times 3 \times 10^4 = 3 \times 10^6$.

(b) 类似地, $E[S(2)] = 200 \times 100 = 2 \times 10^4$, $V[S(2)] = 200 \times 3 \times 10^4 = 6 \times 10^6$.

(c) $S(2) - S(1)$ 的分布与 $S(1)$ 的分布相同, 因此结果与 (a) 相同.

2. 由等式 (7.2) 可知, R 满足方程

$$\lambda + 130\lambda R = \lambda \left(\frac{0.02}{0.02 - R} \right)^2,$$

即

$$1 + 130R = \left(\frac{1}{1 - 50R} \right)^2.$$

因此

$$\left(1 - 100R + 2500R^2\right)\left(1 + 130R\right) = 1,$$

或等价地,

$$325000R^2 - 10500R + 30 = 0,$$

由此得到 $R = 0.0032$.

3. 用 $1 + Rx + \dfrac{1}{2}R^2x^2 + \dfrac{1}{6}R^3x^3$ 替换 $\exp\{Rx\}$, 可将等式 (7.2) 写作

$$
\begin{aligned}
1 + 1.05R &= \int_0^\infty \left(1 + Rx + \frac{1}{2}R^2x^2 + \frac{1}{6}R^3x^3\right)f(x)dx \\
&= 1 + Rm_1 + \frac{1}{2}R^2m_2 + \frac{1}{6}R^3m_3.
\end{aligned}
$$

因为 f 为 $\gamma(2.5, 2.5)$ 的密度函数, 所以 $m_1 = 1$, $m_2 = 7/5$, $m_3 = 63/25$. 因此上述方程可以化简为

$$R^2 + \frac{5}{3}R - \frac{5}{42} = 0,$$

由此可得 $R = 0.0686$. (由例 7.3 可知, 实际值为 0.0685.)

4. 由等式 (3.2) 可得保费为

$$
\begin{aligned}
\Pi_{S(1)} &= \beta^{-1}\log E\left[\exp\{\beta S(1)\}\right] \\
&= \beta^{-1}\lambda\left(M_X(\beta) - 1\right).
\end{aligned}
$$

整理即得 $\lambda + \Pi_{S(1)}\beta = \lambda M_X(\beta)$, 因此 $\beta = R$.

5. (a) 当 $\lambda = 100$, $c = 125$ 时, 有

$$
\begin{aligned}
\psi_1(u) &= \int_0^\infty \lambda e^{-\lambda t}\int_{u+ct}^\infty e^{-x}dxdt \\
&= \int_0^\infty \lambda e^{-\lambda t}e^{-(u+ct)}dt \\
&= \frac{\lambda e^{-u}}{\lambda + c} \\
&= \frac{4}{9}e^{-u}.
\end{aligned}
$$

(b) 当 $\lambda = 100$, $c = 125$ 时, 有

$$
\begin{aligned}
\psi_2(u) &= \psi_1(u) + \int_0^\infty \lambda e^{-\lambda t}\int_0^{u+ct}\psi_1(u+ct-x)e^{-x}dxdt \\
&= \psi_1(u) + \int_0^\infty \lambda e^{-\lambda t}\int_0^{u+ct}\frac{\lambda e^{-(u+ct-x)}}{\lambda + c}e^{-x}dxdt
\end{aligned}
$$

$$= \psi_1(u) + \frac{\lambda e^{-u}}{\lambda + c} \int_0^\infty \lambda e^{-(\lambda+c)t} \int_0^{u+ct} dx dt$$

$$= \psi_1(u) \left(1 + \int_0^\infty \lambda e^{-(\lambda+c)t}(u+ct) dt \right)$$

$$= \psi_1(u) \left(1 + \frac{\lambda u}{\lambda + c} + \frac{\lambda c}{(\lambda + c)^2} \right)$$

$$= \psi_1(u) \left(\frac{101}{81} + \frac{4}{9}u \right).$$

6. (a) 由于单个索赔额的期望为

$$\frac{1}{2} \left(\frac{1}{2} + \frac{3}{2} \right) = 1,$$

从而 R 满足

$$1 + 1.1R = \frac{1}{2} \left(\frac{2}{2-R} + \frac{2/3}{(2/3)-R} \right)$$

$$= \frac{1}{2-R} + \frac{1}{2-3R},$$

即有

$$(1 + 1.1R)(2-R)(2-3R) = 2 - 3R + 2 - R.$$

整理可得

$$3.3R^2 - 5.8R + 0.4 = 0,$$

解方程即得 $R = 0.0719$.

(b) 由上可知, $c = 1.1\lambda$, $\phi(0) = 1/11$, 且

$$f^*(s) = \frac{1}{2+s} + \frac{1}{2+3s}.$$

因此

$$\phi^*(s) = \frac{c\phi(0)}{cs - \lambda(1 - f^*(s))}$$

$$= \frac{1}{10} \frac{1}{1.1s - 1 + \left(\dfrac{1}{2+s} + \dfrac{1}{2+3s} \right)}$$

$$= \frac{1}{10} \frac{(2+s)(2+3s)}{1.1s(2+s)(2+3s) - (2+s)(2+3s) + (4+4s)}$$

$$= \frac{1}{10} \frac{(2+s)(2+3s)}{3.3s^2 + 5.8s + 0.4s}$$

$$= \frac{1}{33} \frac{4 + 8s + 3s^2}{s \left(s^2 + \dfrac{58}{33}s + \dfrac{4}{33} \right)}$$

$$= \frac{1}{33} \frac{4 + 8s + 3s^2}{s(s+R_1)(s+R_2)}$$

$$= \frac{A}{s} + \frac{B}{s+R_1} + \frac{C}{s+R_2},$$

其中 $R_1 = 0.0719$, $R_2 = 1.6857$. 由

$$A(s + R_1)(s + R_2) + Bs(s + R_2) + Cs(s + R_1) = \frac{1}{33}\left(4 + 8s + 3s^2\right)$$

得 $A = 1$, $B = -0.8984$ 和 $C = -0.0107$, 从而

$$\phi(u) = 1 - 0.8984 \exp\{-0.0719u\} - 0.0107 \exp\{-1.6857u\}.$$

(c) 单个索赔额的前三阶矩分别为 $m_1 = 1$,

$$m_2 = \frac{1}{2}\left(2\left(\frac{1}{2}\right)^2 + 2\left(\frac{3}{2}\right)^2\right) = \frac{5}{2}$$

和

$$m_3 = \frac{1}{2}\left(6\left(\frac{1}{2}\right)^3 + 6\left(\frac{3}{2}\right)^3\right) = \frac{21}{2}.$$

因此, De Vylder 近似中的参数分别为

$$\tilde{\alpha} = \frac{3m_2}{m_3} = \frac{15}{21} = \frac{5}{7},$$

$$\tilde{\lambda} = \frac{9\lambda m_2^3}{2m_3^2} = \frac{125\lambda}{196},$$

$$\tilde{c} = c - \lambda m_1 + \frac{\tilde{\lambda}}{\tilde{\alpha}}$$

$$= \frac{139\lambda}{140},$$

De Vylder 近似为

$$0.8993 \exp\{-0.0719u\}.$$

数值解为

u	精确值	近似值	u	精确值	近似值
0	0.9091	0.8993	30	0.1039	0.1039
10	0.4377	0.4380	40	0.0506	0.0506
20	0.2132	0.2133	50	0.0247	0.0246

不出所料, 当 $u = 0$ 时, 近似的精度较差, 但其他情况下近似都很好, 尤其是当 u 较大时.

7. (a) 由例 7.1 知, $R = \alpha - \lambda/c$, 从而有

$$E[Xe^{RX}] = \int_0^\infty xe^{Rx}\alpha e^{-\alpha x}dx$$

$$= \frac{\alpha}{(\alpha - R)^2}\int_0^\infty (\alpha - R)^2 xe^{-(\alpha - R)x}dx$$

$$= \frac{\alpha}{(\alpha - R)^2}$$

$$= \frac{c^2\alpha}{\lambda^2}.$$

由于 $m_1 = 1/\alpha$, 则有

$$C = \frac{c/\lambda - 1/\alpha}{c^2\alpha/\lambda^2 - c/\lambda} = \frac{\lambda}{\alpha c}.$$

(b) 这里 $R = 0.0719$, 于是

$$
\begin{aligned}
E\left[Xe^{RX}\right] &= \frac{1}{2}\int_0^\infty xe^{Rx}\left(2e^{-2x} + \frac{2}{3}e^{-2x/3}\right)dx \\
&= \int_0^\infty xe^{-(2-R)x}dx + \frac{1}{3}\int_0^\infty xe^{-(2/3-R)x}dx \\
&= \frac{1}{(2-R)^2} + \frac{1}{3}\frac{1}{(2/3-R)^2} \\
&= 1.2113.
\end{aligned}
$$

由于 $m_1 = 1$, $c/\lambda = 1.1$, 则 C 的值为 0.8984, 它也是对 $\psi(0)$ 的近似. 针对上表中其余的 u 值, 精确到四位小数时, 近似值与精确值相等.

8. (a) 由于 $k(x) = (1 - F(x))/m_1$, 则有

$$
\begin{aligned}
E[L_1^r] &= \frac{1}{m_1}\int_0^\infty x^r \int_x^\infty f(y)dydx \\
&= \frac{1}{m_1}\int_0^\infty \int_0^y x^r dx f(y)dy \\
&= \frac{1}{(r+1)m_1}\int_0^\infty y^{r+1}f(y)dy \\
&= \frac{m_{r+1}}{(r+1)m_1}.
\end{aligned}
$$

(b) 由于 N 服从均值为 $1/\theta$ 的几何分布, 则 $E[N] = 1/\theta$, $V[N] = (1+\theta)/\theta^2$, 因此

$$E[L] = E[N]E[L_1] = \frac{m_2}{2\theta m_1},$$

且

$$
\begin{aligned}
V[L] &= E[N]V[L_1] + V[N]E[L_1]^2 \\
&= \frac{1}{\theta}\left(\frac{m_3}{3m_1} - \frac{m_2^2}{4m_1^2}\right) + \frac{1+\theta}{\theta^2}\frac{m_2^2}{4m_1^2} \\
&= \frac{m_3}{3\theta m_1} + \frac{m_2^2}{4\theta^2 m_1^2},
\end{aligned}
$$

并由此可得

$$E[L^2] = \frac{m_3}{3\theta m_1} + \frac{m_2^2}{2\theta^2 m_1^2}.$$

9. (a) 理由为: 近似 ϕ 的混合分布与 ϕ 的分布有相同的期望.

(b) 由于

$$f(x) = \frac{1}{3}\left(\frac{1}{2}e^{-x/2} + e^{-x} + 2e^{-2x}\right),$$

则容易求得

$$m_1 = \frac{1}{3}\left(2 + 1 + \frac{1}{2}\right) = \frac{7}{6},$$

$$m_2 = \frac{2}{3}\left(4 + 1 + \frac{1}{4}\right) = \frac{7}{2}$$

和

$$M_X(r) = \frac{1}{3}\left(\frac{1}{1-2R} + \frac{1}{1-R} + \frac{2}{2-R}\right).$$

因此, 当 $\theta = 0.05$ 时, 调节系数 R 满足方程

$$1 + 1.05\frac{7}{6}R = \frac{1}{3}\left(\frac{1}{1-2R} + \frac{1}{1-R} + \frac{2}{2-R}\right).$$

经过一些简单的代数计算, 上式可化简为

$$2.45R^3 - 6.575R^2 + 3.9083R - 0.1167 = 0,$$

由此可得 $R = 0.0315$.

进一步地, 有

$$\begin{aligned}
E\left[Xe^{RX}\right] &= \frac{1}{3}\int_0^\infty xe^{Rx}\left(\frac{1}{2}e^{-x/2} + e^{-x} + 2e^{-2x}\right)dx \\
&= \frac{1}{6}\frac{1}{(1/2 - R)^2} + \frac{1}{3}\frac{1}{(1-R)^2} + \frac{2}{3}\frac{1}{(2-R)^2} \\
&= 1.28674,
\end{aligned}$$

从而

$$C = \frac{0.05 \times \dfrac{7}{6}}{1.28674 - 1.05 \times \dfrac{7}{6}} = 0.944782.$$

然后令 $\psi(0) = C + A = 20/21$, 则有 $A = 0.007599$. 最后令

$$\int_0^\infty \psi(u)du = E[L] = \frac{C}{R} + \frac{A}{S},$$

其中

$$E[L] = \frac{m_2}{2\theta m_1} = \frac{7/2}{0.1 \times 7/6} = 30.$$

从而

$$S = \frac{A}{30 - C/R} = 1.02686,$$

由此得到 $\psi(20)$ 的近似值为 0.5032.

10. (a) 令 $\psi(0)\alpha/\beta = E[L]$, $\psi(0)\alpha(\alpha+1)/\beta^2 = E\left[L^2\right]$, 其中 $\psi(0) = \lambda/(\mu c)$, 从而

$$E[L] = \frac{\lambda}{\mu(c\mu - \lambda)},$$

且

$$E[L^2] = \frac{2\lambda}{\mu^2(c\mu - \lambda)} + \frac{2\lambda^2}{\mu^2(c\mu - \lambda)^2}$$
$$= \frac{2\lambda c}{\mu(c\mu - \lambda)^2}.$$

又由

$$E[L^2] = \psi(0)\left(\frac{\alpha^2}{\beta^2} + \frac{\alpha}{\beta^2}\right)$$
$$= \frac{1}{\psi(0)}E[L]^2 + \frac{1}{\beta}E[L]$$

可得

$$\frac{2\lambda c}{\mu(c\mu - \lambda)^2} = \frac{\mu c}{\lambda}\frac{\lambda^2}{\mu^2(c\mu - \lambda)^2} + \frac{1}{\beta}\frac{\lambda}{\mu(c\mu - \lambda)},$$

从而

$$2\lambda c\mu = \lambda c\mu + \frac{1}{\beta}\lambda\mu(c\mu - \lambda),$$

且由此可得 $\beta = \mu - \lambda/c$, $\alpha = 1$.

(b) 我们有

$$E[L] = \frac{m_2}{2\theta m_1} = \frac{5/2}{0.2} = 12.5$$

和

$$E[L^2] = \frac{m_3}{3\theta m_1} + \frac{m_2^2}{2\theta^2 m_1^2}$$
$$= \frac{21/2}{0.3} + \frac{25/4}{0.02}$$
$$= 347.5.$$

由 $\psi(0) = 10/11$ 可得

$$\frac{10}{11}\frac{\alpha}{\beta} = 12.5$$

和

$$\frac{10}{11}\frac{\alpha(\alpha + 1)}{\beta^2} = 347.5,$$

由此可得 $\alpha = 275/281$ 和 $\beta = 20/281$. 下表列出了近似值和精确值 (见第 6 题).

u	精确值	近似值	u	精确值	近似值
0	0.9091	0.9091	30	0.1039	0.1036
10	0.4377	0.4368	40	0.0506	0.0506
20	0.2132	0.2125	50	0.0247	0.0248

11. (a) 由于 $h(r) = \lambda - cr - \lambda E[e^{-rX}]$, 我们有 $h(0) = 0$, $h'(r) = -c + \lambda E[Xe^{-rX}]$. 于是, 在 $c < \lambda E[X]$ 的假设下, $h'(0) = -c + \lambda E[X] > 0$. 注意到 $h''(r) = -\lambda E[X^2 e^{-rX}] < 0$, 则 h 的任意拐点均为最大值点. 最后,

$$\lim_{r \to \infty} h(r) = -\infty$$

表明拐点唯一. 因此, 存在 $R > 0$ 使得 $h(R) = 1$.

(b) 解方程

$$\lambda - cR - \frac{\lambda\alpha}{\alpha + R} = 0$$

可得 $R = (\lambda - \alpha c)/c$.

(c) 如果时刻 u/c 前没有收入, 则 $U(u/c) = u - c(u/c) = 0$ 且破产发生. 由于事件 (收入) 首次发生的等待时间服从参数为 λ 的指数分布, 时刻 u/c 前没有收入的概率为 $e^{-\lambda u/c}$, 这解释了第一项. 首次收入发生时刻为 $t < u/c$ 的密度为 $\lambda e^{-\lambda t}$. 如果在时刻 $t < u/c$ 有收入, 收入额为 $x > 0$ 且密度为 $f(x)$, 那么随后发生破产的概率为 $\psi(u - ct + x)$, 这解释了积分表达式.

(d) 用 e^{-Rz} 代替等式 (7.30) 右边的 $\psi(z)$ 可得

$$e^{-\lambda u/c} + \int_0^{u/c} \lambda e^{-\lambda t} \int_0^\infty \psi(u - ct + x) f(x)\, dx\, dt$$

$$= e^{-\lambda u/c} + e^{-Ru} \int_0^{u/c} e^{-(\lambda - cR)t} \lambda \int_0^\infty e^{-Rx} f(x)\, dx\, dt$$

$$= e^{-\lambda u/c} + e^{-Ru} \int_0^{u/c} (\lambda - cR)\, e^{-(\lambda - cR)t}\, dt$$

$$= e^{-\lambda u/c} + e^{-Ru} \left(1 - e^{-(\lambda - cR)u/c}\right)$$

$$= e^{-Ru}.$$

(e) 令

$$\psi(40) = \exp\left\{-40\left(\frac{1}{c} - 1\right)\right\} \leqslant 0.01$$

得 $c \leqslant 0.8968$.

12. 将

$$K^{n*}(u) = 1 - \sum_{j=0}^{n-1} e^{-\alpha u} \frac{(\alpha u)^j}{j!}$$

代入等式 (7.19), 操作如下:

$$\phi(u) = \frac{\theta}{1 + \theta} + \sum_{n=1}^\infty \frac{\theta}{(1 + \theta)^{n+1}} \left(1 - \sum_{j=0}^{n-1} e^{-\alpha u} \frac{(\alpha u)^j}{j!}\right)$$

$$= \frac{\theta}{1 + \theta} + \frac{\theta}{1 + \theta} \sum_{n=1}^\infty (1 + \theta)^{-n} - \frac{\theta}{1 + \theta} \sum_{n=1}^\infty (1 + \theta)^{-n} \sum_{j=0}^{n-1} e^{-\alpha u} \frac{(\alpha u)^j}{j!}$$

$$= \frac{\theta}{1 + \theta} + \frac{1}{1 + \theta} - \frac{\theta e^{-\alpha u}}{1 + \theta} \sum_{n=1}^\infty (1 + \theta)^{-n} \sum_{j=0}^{n-1} \frac{(\alpha u)^j}{j!}.$$

交换二重求和的顺序可得

$$\sum_{n=1}^\infty (1 + \theta)^{-n} \sum_{j=0}^{n-1} \frac{(\alpha u)^j}{j!} = \sum_{j=0}^\infty \sum_{n=j+1}^\infty (1 + \theta)^{-n} \frac{(\alpha u)^j}{j!}$$

$$= \sum_{j=0}^{\infty} \frac{(\alpha u)^j}{j!} \sum_{n=j+1}^{\infty} (1+\theta)^{-n}$$

$$= \sum_{j=0}^{\infty} \frac{(\alpha u)^j}{j!} \frac{1}{\theta(1+\theta)^j}$$

$$= \frac{1}{\theta} e^{\alpha u/(1+\theta)}.$$

因此

$$\phi(u) = 1 - \frac{\theta e^{-\alpha u}}{1+\theta} \frac{1}{\theta} e^{\alpha u/(1+\theta)}$$

$$= 1 - \frac{1}{1+\theta} e^{-\alpha\theta u/(1+\theta)}.$$

13. (a) 由于 $m_1 = 1$ 和 $F(x) = 1 - (3/(3+x))^4$, 我们有

$$k(x) = \frac{1}{m_1}(1 - F(x)) = \left(\frac{3}{3+x}\right)^4 = \frac{3 \times 3^3}{(3+x)^4},$$

因此, $L_1 \sim Pa(3,3)$.

(b) 当 κ 取值与表 7.2 相同时, 近似值如下表所列.

u	$\psi(u)$ 的下界			$\psi(u)$ 的上界		
	$\kappa = 20$	$\kappa = 50$	$\kappa = 100$	$\kappa = 20$	$\kappa = 50$	$\kappa = 100$
10	0.47037	0.47326	0.47423	0.48001	0.47712	0.47616
20	0.26140	0.26423	0.26518	0.27090	0.26804	0.26708
30	0.14758	0.14982	0.15058	0.15514	0.15285	0.15209
40	0.08415	0.08578	0.08632	0.08966	0.08798	0.08742
50	0.04838	0.04950	0.04988	0.05220	0.05103	0.05064
60	0.02803	0.02878	0.02904	0.03060	0.02981	0.02955

u	上下界的平均值		
	$\kappa = 20$	$\kappa = 50$	$\kappa = 100$
10	0.47519	0.47519	0.47519
20	0.26615	0.26613	0.26613
30	0.15136	0.15134	0.15133
40	0.08691	0.08688	0.08687
50	0.05029	0.05026	0.05026
60	0.02932	0.02930	0.02929

第 8 章

1. 当 $u = b$ 时, 索赔发生前盈余保持为 b. 因此

$$\xi_r(b,b) = \int_0^{\infty} \lambda e^{-\lambda t} \int_0^b f(x)\xi_r(b-x,b)dxdt + \int_0^{\infty} \lambda e^{-\lambda t}(1 - F(b))dt$$

$$= \int_0^b f(x)\xi_r(b-x,b)dx + 1 - F(b).$$

由于当 $0 \leqslant u \leqslant b$ 时, $\xi_r(u, b) \geqslant \xi_r(b, b)$, 则有

$$\xi_r(b, b) \geqslant \xi_r(b, b) \int_0^b f(x)dx + 1 - F(b),$$
$$= \xi_r(b, b)F(b) + 1 - F(b),$$

由此得 $\xi_r(b, b) \geqslant 1$, 即 $\xi_r(b, b) = 1$, 且由此知, 当 $0 \leqslant u \leqslant b$ 时, $\xi_r(u, b) = 1$.

2. 破产可在盈余达到 b 之前或之后发生. 令 $\Psi(u)$ 表示所求破产概率, 则有

$$\Psi(u) = \xi(u, b) + \chi(u, b)\psi(b),$$

其中 $\xi(u, b)$ 和 $\chi(u, b)$ 是在 20% 的负荷因子下计算的, $\psi(b)$ 是在 10% 的负荷因子下计算的. 因此

$$\xi(10, 20) = \frac{\psi(10) - \psi(20)}{1 - \psi(20)} = \frac{0.1574 - 0.0297}{1 - 0.0297} = 0.1316.$$

将该结果与 $\chi(10, 20) = 0.8684$ 和 $\psi(20) = 0.1476$ 相结合, 可得

$$\Psi(10) = 0.1316 + 0.8684 \times 0.1476 = 0.2597.$$

3. 考虑第一次索赔发生的时间和索赔额大小, 可得

$$
\begin{aligned}
G(u, y) &= \int_0^\infty \lambda e^{-\lambda t} \int_0^{u+ct} G(u + ct - x, y)f(x)dxdt \\
&\quad + \int_0^\infty \lambda e^{-\lambda t} \int_{u+ct}^{u+ct+y} f(x)dxdt \\
&= \frac{\lambda}{c} \int_u^\infty e^{-\lambda(s-u)/c} \int_0^s f(x)G(s - x, y)dxds \\
&\quad + \frac{\lambda}{c} \int_u^\infty e^{-\lambda(s-u)/c} \int_s^{s+y} f(x)dxds \\
&= e^{\lambda u/c} \left(\frac{\lambda}{c} \int_u^\infty e^{-\lambda s/c} \int_0^s f(x)G(s - x, y)dxds \right. \\
&\quad \left. + \frac{\lambda}{c} \int_u^\infty e^{-\lambda s/c} \int_s^{s+y} f(x)dxds \right).
\end{aligned}
$$

关于 u 求导得

$$\frac{\partial}{\partial u}G(u, y) = \frac{\lambda}{c}G(u, y) - \frac{\lambda}{c} \int_0^u f(x)G(u - x, y)dx - \frac{\lambda}{c} \int_u^{u+y} f(x)dx.$$

将上式左边在区间 $(0, w)$ 上积分, 可得

$$G(w, y) - G(0, y) = G(w, y) - \frac{\lambda}{c} \int_0^y (1 - F(x))dx,$$

而右边积分可得

$$\frac{\lambda}{c} \int_0^w G(u, y)\, du - \frac{\lambda}{c} \int_0^w \int_0^u f(x)\, G(u-x, y)\, dx\, du$$

$$- \frac{\lambda}{c} \int_0^w \left(F(u+y) - F(u) \right) du$$

$$= \frac{\lambda}{c} \int_0^w G(u, y)\, du - \frac{\lambda}{c} \int_0^w \int_x^w f(u-x)\, G(x, y)\, du\, dx$$

$$- \frac{\lambda}{c} \int_0^w \left(F(u+y) - F(u) \right) du$$

$$= \frac{\lambda}{c} \int_0^w G(u, y)\, du - \frac{\lambda}{c} \int_0^w G(x, y)\, F(w-x)\, dx$$

$$- \frac{\lambda}{c} \int_0^w (1 - F(u))\, du + \frac{\lambda}{c} \int_y^{w+y} (1 - F(u))\, du.$$

由于

$$\int_0^y (1 - F(x))\, dx - \int_0^w (1 - F(u))\, du + \int_y^{w+y} (1 - F(u))\, du = \int_w^{w+y} (1 - F(u))\, du,$$

则我们得到所求结果.

4. 我们有

$$\frac{g(u, y)}{\psi(u)} = \frac{(1.1589 + 1.0893y)e^{-R_1 u - 2y} - (0.3256 - 0.5774y)e^{-R_2 u - 2y}}{\psi(u)},$$

其中 $R_1 = 0.2268$, $R_2 = 2.9399$, 因此

$$\frac{g(u, y)}{\psi(u)} = \frac{1.1589 e^{-R_1 u} - 0.3256 e^{-R_2 u}}{2\psi(u)} 2e^{-2y}$$

$$+ \frac{1.0893 e^{-R_1 u} + 0.5774 e^{-R_2 u}}{4\psi(u)} 4y e^{-2y}$$

$$= w_1(u) 2e^{-2y} + w_2(u) 4y e^{-2y},$$

其中

$$w_1(u) = \frac{1.1589 e^{-R_1 u} - 0.3256 e^{-R_2 u}}{2\psi(u)},$$

$$w_2(u) = \frac{1.0893 e^{-R_1 u} + 0.5774 e^{-R_2 u}}{4\psi(u)}.$$

这些权重的值为

u	0	1	2	3	4	5
$w_1(u)$	0.500	0.669	0.679	0.680	0.680	0.680
$w_2(u)$	0.500	0.331	0.321	0.320	0.320	0.320

我们得到如下结论: 给定破产发生, 破产赤字的条件分布随初始盈余的变化很小.

5. 如果破产发生且破产时赤字为 y, 那么我们要求盈余落到 0 以下但不低于 y, 且所求的概率为

$$
\begin{aligned}
\int_0^\infty \frac{g(u,y)}{\psi(u)}\chi(0,y)dy &= \int_0^\infty \alpha e^{-\alpha y}\frac{1-\psi(0)}{1-\psi(y)}dy \\
&= \alpha(1-\psi(0))\int_0^\infty e^{-\alpha y}\sum_{j=0}^\infty \psi(y)^j dy \\
&= \alpha(1-\psi(0))\sum_{j=0}^\infty \int_0^\infty e^{-\alpha y}\left(\frac{\lambda}{\alpha c}\right)^j e^{-Ryj}dy \\
&= \alpha(1-\psi(0))\sum_{j=0}^\infty \left(\frac{\lambda}{\alpha c}\right)^j \frac{1}{\alpha+Rj} \\
&= \sum_{j=0}^\infty \left(\frac{\lambda}{\alpha c}\right)^j \frac{R}{\alpha+Rj},
\end{aligned}
$$

其中最后一步利用了 $R = \alpha - \dfrac{\lambda}{c} = \alpha(a-\psi(0))$.

6. (a) 当 $\delta = 0$ 时, 等式 (8.25) 变为

$$
\varphi^*(s) = \frac{c\varphi(0)-\lambda\alpha^*(s)}{cs-\lambda+\lambda f^*(s)} = \frac{\phi^*(s)}{c\phi(0)}\left(c\varphi(0)-\lambda\alpha^*(s)\right),
$$

其中第二步利用了等式 (7.12). 对上式进行反变换可得

$$
\varphi(u) = \frac{1}{c\phi(0)}\left(c\varphi(0)\phi(u)-\lambda\int_0^u \alpha(x)\phi(u-x)\,dx\right).
$$

(b) 所讨论的 Gerber-Shiu 函数为

$$
\varphi(u) = E\left[\exp\{-s\,U(T_u^-)\}I(T_u<\infty)\right],
$$

它是 $U(T_u^-)$ 的拉普拉斯变换, 因此

$$
\varphi(u) = \int_0^\infty e^{-sx}w(u,x)\,dx.
$$

进一步地, 由

$$
\alpha(u) = \int_0^\infty a(u,y)f(u+y)\,dy = \exp\{-su\}(1-F(u))
$$

可得

$$
\varphi(u) = \frac{\phi(u)}{\phi(0)}\varphi(0) - \frac{\lambda}{c\phi(0)}\int_0^u e^{-sx}(1-F(x))\phi(u-x)\,dx.
$$

注意到上式中的积分可看作某个函数的拉普拉斯变换, 该函数在 $0<x<u$ 上为 $(1-F(x))\phi(u-x)$, 在其他区间为 0. 注意到

$$
\varphi(0) = \frac{\lambda}{c}\alpha^*(\rho),
$$

且当 $\delta = 0$ 时, $\rho = 0$, 从而

$$
\varphi(0) = \frac{\lambda}{c}\int_0^\infty e^{-su}(1-F(u))\,du,
$$

进行反变换可得 $w(0,x) = (\lambda/c)(1-F(x))$. 然后, 反变换 $\varphi(u)$ 可得破产前瞬时盈余的密度函数为

$$w(u,x) = \frac{\phi(u)}{\phi(0)}\,w(0,x) - \frac{\lambda}{c\,\phi(0)}I(x<u)(1-F(x))\,\phi(u-x)$$

$$= w(0,x)\frac{\phi(u) - I(x<u)\phi(u-x)}{\phi(0)}.$$

7. (a) 对于等式 (8.38) 中的第二个积分, 令 $x = u - c\tau$, 然后整理可得此等式.

(b) 对于初始值为 0 的盈余过程, 等式左边两项给出了在时刻 t 有一次索赔发生且盈余降至 $ct-u-y$ 的密度函数. 第一项表示时刻 t 之前没有索赔的情况, 那么时刻 t 前的瞬时盈余为 ct, 然后在时刻 t 发生一次大小为 $u+y$ 的索赔, 从而使盈余降至 $ct-u-y$. 第二项表示时刻 t 之前总索赔额为 $u-x$ ($0<x<u$) 的情况, 那么时刻 t 发生索赔前的盈余为 $ct-u+x$, 然后在时刻 t 发生一次大小为 $x+y$ 的索赔使得盈余降至 $ct-u-y$. 请注意, 要实现这样的盈余过程, 该盈余过程存在一个上穿水平 $ct-u$ 的最终时间, 且这个时间在 $t-u/c$ 之后 (因为这是在没有索赔发生的情况下到达 $ct-u$ 所需的时间). 等式右边两项给出了实现此盈余过程的另一种表示方法. 第一项表示时刻 $t-u/c$ 之前没有索赔发生的情况, 所以此时的盈余为 $ct-u$, 并且 $\omega(0,y,u/c)$ 为盈余首次降到该水平以下发生在此后的 u/c 时间段之后 (所以发生在时刻 t), 且落差为 y (因此时刻 t 的盈余为 $ct-u-y$) 的密度函数. 类似地, 我们考虑积分项中的 $g(x,t-(u-x)/c)$. 在时刻 $t-(u-x)/c$ 的总索赔额为 x 表明此时的盈余为 $ct-u$, 并且 $\omega(0,y,(u-x)/c)$ 为盈余首次低于该水平发生在此后的时间段 $(u-x)/c$ 之后 (所以发生在时刻 t), 且落差为 y (使得时刻 t 的盈余为 $ct-u-y$) 的密度函数.

8. (a) 考虑 $0<x<u$ 的情形. 如果从初始盈余 u 开始后发生破产, 则盈余过程必然下穿水平 x. 因此

$$\varphi(u) = \varphi(u-x)\,\varphi(x),$$

这说明 $\varphi(u)$ 的表达式的形式为 $e^{-\rho u}$.

(b) 通过解答第 7 章习题 11 的类似论述, 我们有

$$\varphi(u) = e^{-(\lambda+\delta)u/c} + \int_0^{u/c} \lambda e^{-(\lambda+\delta)t}\int_0^\infty f(x)\,\varphi(u-ct+x)\,dx\,dt.$$

将 $\varphi(u) = e^{-\rho u}$ 代入上式可得

$$\lambda + \delta - c\rho = \lambda f^*(\rho).$$

(c) 如果时刻 $t = u/c$ 前没有随机收入, 那么 $U(t) = 0$ 并且破产发生. 由于首次随机收入发生的时间服从指数分布, 则有 $\Pr(T_u = u/c) = e^{-\lambda u/c}$.

(d) 由附录可得

$$e^{-\rho u} = e^{-(\delta+\lambda)u/c} + \sum_{n=1}^\infty \frac{(\lambda/c)^n}{n!}u\int_0^\infty (x+u)^{n-1}e^{-(\delta+\lambda)(x+u)/c}f^{n*}(x)\,dx$$

$$= e^{-(\delta+\lambda)u/c} + \sum_{n=1}^\infty \frac{(\lambda/c)^n}{n!}u\int_{u/c}^\infty (ct)^{n-1}e^{-(\delta+\lambda)t}f^{n*}(ct-u)c\,dt$$

$$= e^{-(\delta+\lambda)u/c} + \sum_{n=1}^{\infty} \frac{\lambda^n}{n!}\, u \int_{u/c}^{\infty} e^{-\delta t} e^{-\lambda t} t^{n-1}\, f^{n*}(ct-u)\, dt$$

$$= e^{-\delta u/c} e^{-\lambda u/c} + \int_{u/c}^{\infty} e^{-\delta t} \frac{u}{t} \sum_{n=1}^{\infty} e^{-\lambda t} \frac{(\lambda t)^n}{n!}\, f^{n*}(ct-u)\, dt.$$

利用反变换知 T_u 在 u/c 处有一个概率质量 $e^{-\lambda u/c}$ (由 (c) 可知), 且当 $t > u/c$ 时它的密度为 $(u/t)g(ct-u,t)$.

(e) 我们从第 7 章习题 11 的解答知终极破产概率为 $\psi(u) = e^{-Ru}$, 其中 $R = (\lambda/c) - \alpha$. 现将 ρ 记作 ρ_δ, 则有

$$\varphi(u) = E[e^{-\delta T_u}\, I(T_u < \infty)] = e^{-\rho_\delta u},$$

从而

$$-\frac{d}{d\delta}\, \varphi(u) = E[e^{-\delta T_u}\, T_u\, I(T_u < \infty)] = \rho_\delta'\, u\, e^{-\rho_\delta u}.$$

令 $\delta = 0$ 得到

$$E[T_u\, I(T_u < \infty)] = \rho_0'\, u\, e^{-\rho_0 u}.$$

当 $\delta = 0$ 时, 我们有 $\rho_0 = R$ (在 $\varphi(u)$ 中令 $\delta = 0$ 即可得到), 并且对

$$\delta + \lambda - c\rho_\delta = \frac{\lambda\alpha}{\alpha + \rho_\delta}$$

关于 δ 求导可得

$$1 - c\rho_\delta' = \frac{-\lambda\alpha\rho_\delta'}{(\alpha + \rho_\delta)^2},$$

进而可以推出 ρ_0'. 令 $\delta = 0$, 则有 $\alpha + \rho_0 = \lambda/c$, 且经过简单代数计算可得

$$\rho_0' = \frac{\lambda}{c(\lambda - \alpha c)}.$$

因此

$$E[T_u \mid T_u < \infty] = \frac{\lambda u}{c(\lambda - \alpha c)}.$$

9. (a) 由 8.6.5 小节可知

$$\rho_0' = \frac{1}{c - \lambda m_1}$$

和

$$1 - c\frac{d}{d\delta}\rho_\delta = -\lambda \int_0^{\infty} \left(\frac{d}{d\delta}\rho_\delta\, x \right) e^{-\rho_\delta x}\, f(x)\, dx.$$

再次求导可得

$$-c\frac{d^2}{d\delta^2}\rho_\delta = \lambda \int_0^{\infty} \left(\frac{d}{d\delta}\rho_\delta\, x \right)^2 e^{-\rho_\delta x}\, f(x)\, dx$$

$$-\lambda \int_0^{\infty} \left(\frac{d^2}{d\delta^2}\rho_\delta\, x \right) e^{-\rho_\delta x}\, f(x)\, dx.$$

因此

$$-c\, \rho_0'' = \lambda \int_0^{\infty} \left(\rho_0'\, x \right)^2 f(x)\, dx - \lambda \int_0^{\infty} \rho_0''\, x\, f(x)\, dx,$$

由此可得

$$(c - \lambda m_1) \rho_0'' = -\lambda m_2 (\rho_0')^2,$$

即

$$\rho_0'' = \frac{-\lambda m_2}{(c - \lambda m_1)^3}.$$

(b) 由 8.6.5 小节可知

$$\frac{d}{d\delta}\varphi(0) = \frac{-\lambda}{c} \int_0^\infty \left(u \frac{d}{d\delta}\rho_\delta\right) e^{-\rho_\delta u} (1 - F(u)) \, du.$$

对该式求导可得

$$\frac{d^2}{d\delta^2}\varphi(0) = \frac{\lambda}{c} \int_0^\infty \left(u \frac{d}{d\delta}\rho_\delta\right)^2 e^{-\rho_\delta u} (1 - F(u)) \, du$$
$$- \frac{\lambda}{c} \int_0^\infty \left(u \frac{d^2}{d\delta^2}\rho_\delta\right) e^{-\rho_\delta u} (1 - F(u)) \, du.$$

因此

$$E\left[T_0^2 \, I(T_0 < \infty)\right] = \frac{\lambda}{c} \int_0^\infty \left(u \rho_0'\right)^2 (1 - F(u)) \, du$$
$$- \frac{\lambda}{c} \int_0^\infty u \, \rho_0'' \, (1 - F(u)) \, du$$
$$= \frac{\lambda}{c}(\rho_0')^2 \int_0^\infty u^2 \, (1 - F(u)) \, du$$
$$- \frac{\lambda}{c} \rho_0'' \int_0^\infty u \, (1 - F(u)) \, du$$
$$= \psi(0) \left((\rho_0')^2 \frac{m_3}{3m_1} - \rho_0'' \frac{m_2}{2m_1}\right),$$

最终可得

$$E\left[T_{0,c}^2\right] = (\rho_0')^2 \frac{m_3}{3m_1} - \rho_0'' \frac{m_2}{2m_1}$$
$$= \frac{m_3}{3\, m_1 \, (c - \lambda m_1)^2} + \frac{\lambda m_2^2}{2\, m_1 \, (c - \lambda m_1)^3}.$$

(c) 注意到 $T_{u,c}$ 服从一个复合分布, 并且计数分布的期望为

$$1 + \psi(0)\alpha u = 1 + \frac{\lambda u}{c},$$

方差为

$$\psi(0)\alpha u = \frac{\lambda u}{c}.$$

由于 $E[T_{0,c}] = 1/(c\alpha - \lambda)$, 并且利用 (b) 有

$$E[T_{0,c}^2] = \frac{2}{(c\alpha - \lambda)^2} + \frac{2\lambda}{(c\alpha - \lambda)^3},$$

因此 (通过使用公式 (4.6))

$$V[T_{u,c}] = \left(1 + \frac{\lambda u}{c}\right)\left(\frac{2}{(c\alpha - \lambda)^2} + \frac{2\lambda}{(c\alpha - \lambda)^3} - \frac{1}{(c\alpha - \lambda)^2}\right)$$
$$+ \frac{\lambda u}{c}\frac{1}{(c\alpha - \lambda)^2}$$
$$= \frac{(c + \lambda u)(c\alpha - \lambda) + 2\lambda(c + \lambda u) + \lambda u(c\alpha - \lambda)}{c(c\alpha - \lambda)^3}$$
$$= \frac{\alpha c(c + 2\lambda u) + \lambda c}{c(c\alpha - \lambda)^3}.$$

10. (a) 首次索赔发生时间服从均值为 $1/\lambda$ 的指数分布, 并且对于盈余达到吸收壁的任一后续时刻, 下次索赔发生的等待时间也服从均值为 $1/\lambda$ 的指数分布. 因此任意分红流的分红量服从均值为 c/λ 的指数分布.

(b) 如果首次索赔额 $x < b$, 那么存在另外一个分红流, 并且盈余在不低于 0 的情况下再次由 $b - x$ 达到 b. 该事件的概率为

$$p(b) = \int_0^\infty \lambda e^{-\lambda t}\int_0^b f(x)\chi(b - x, b)dxdt = \int_0^b f(x)\chi(b - x, b)dx.$$

如果盈余水平重新达到 b, 那么存在另外一个分红流的概率亦为 $p(b)$. 因此, 当 $r = 1, 2, 3, \cdots$ 时, 有

$$\Pr(N = r) = p(b)^{r-1}(1 - p(b)).$$

(c) 令 Δ 表示累积分红量. 则 $M_\Delta(t) = M_N[\log M_D(t)]$, 其中 N 服从 (b) 中的分布, D 服从均值为 c/λ 的指数分布, 并由此得到 $M_D(t) = \lambda/(\lambda - ct)$. 由于

$$M_N(t) = \sum_{r=1}^\infty e^{tr}p(b)^{r-1}(1 - p(b))$$
$$= (1 - p(b))e^t/(1 - p(b)e^t),$$

我们有

$$M_\Delta(t) = \frac{(1 - p(b))M_D(t)}{1 - p(b)M_D(t)}$$
$$= \frac{(1 - p(b))\lambda}{(1 - p(b))\lambda - ct}.$$

因此 Δ 服从均值为 $c/((1 - p(b))\lambda)$ 的指数分布.

(d) 通过与 (b) 相同的论证我们有 $\Pr(N = 0) = 1 - \chi(u, b)$, 并且对于 $r = 1, 2, 3, \cdots$,

$$\Pr(N = r) = \chi(u, b)p(b)^{r-1}(1 - p(b)).$$

因此有

$$M_N(t) = 1 - \chi(u, b) + \sum_{r=1}^\infty e^{tr}\chi(u, b)p(b)^{r-1}(1 - p(b))$$
$$= 1 - \chi(u, b) + \chi(u, b)\frac{(1 - p(b))e^t}{1 - p(b)e^t},$$

并由此可得

$$
\begin{aligned}
M_\Delta(t) &= 1 - \chi(u,b) + \chi(u,b)\frac{(1-p(b))M_D(t)}{1-p(b)M_D(t)} \\
&= 1 - \chi(u,b) + \chi(u,b)\frac{(1-p(b))\lambda}{(1-p(b))\lambda - ct},
\end{aligned}
$$

所以 Δ 的分布为在零点退化的分布与 (c) 中指数分布的混合, 并且退化分布的权重为 $1 - \chi(u,b)$.

第 9 章

1. 由于 $X \sim \gamma(2,0.01)$, 则 $E[X] = 200$, 因此 $E[h(X)] = E[X/2] = 100$. 当 $\beta = 0.01$ 时,

$$
\begin{aligned}
&E[\min(X,M)] \\
&= \int_0^M \beta^2 x^2 e^{-\beta x} dx + Me^{-\beta M}(1+\beta M) \\
&= \frac{\Gamma(3)}{\beta}\int_0^M \frac{\beta^3 x^2 e^{-\beta x}}{\Gamma(3)}dx + Me^{-\beta M}(1+\beta M) \\
&= \frac{2}{\beta}\left(1 - e^{-\beta M}\left(1 + \beta M + \frac{\beta^2 M^2}{2}\right)\right) + Me^{-\beta M}(1+\beta M) \\
&= \frac{2}{\beta}\left(1 - e^{-\beta M}\left(1 + \frac{\beta M}{2}\right)\right) \\
&= 200\left(1 - e^{-0.01M}(1 + 0.005M)\right).
\end{aligned}
$$

利用数值方法解方程 $200\left(1 - \exp\{-0.01M\}(1+0.005M)\right) = 100$ 可得 $M = 114.62$.

2. 我们要最大化

$$
E[u(-P_R - S_I)] = -\exp\{\beta P_R\}E[\exp\{\beta S_I\}],
$$

其中 P_R 为再保险保费, $S_I = aS$ (S 表示累积索赔额). 当自留比例为 a 时,

$$
P_R = (1+\theta_R)\times 100 \times 100(1-a) = (1+\theta_R)(1-a)\times 10^4,
$$

且 S_I 服从复合泊松分布, 其中单个索赔额服从均值为 $100a$ 的指数分布. 因此

$$
\begin{aligned}
E[\exp\{\beta S_I\}] &= \exp\left\{100\left(\left(\frac{0.01/a}{0.01/a - \beta}\right) - 1\right)\right\} \\
&= \exp\left\{\frac{100a\beta}{0.01 - a\beta}\right\},
\end{aligned}
$$

由此可得

$$
\begin{aligned}
E[u(-P_R - S_I)] &= -\exp\{(1+\theta_R)(1-a)\beta\times 10^4\}\exp\left\{\frac{100a\beta}{0.01 - a\beta}\right\} \\
&= -\exp\{h(a)\},
\end{aligned}
$$

其中
$$h(a) = (1 + \theta_R)(1 - a)\beta \times 10^4 + \frac{100a\beta}{0.01 - a\beta}.$$

为了找到 $h(a)$ 的最小值点, 求导可得

$$\frac{d}{da}h(a) = -(1 + \theta_R)\beta \times 10^4 + \frac{100\beta}{0.01 - a\beta} + \frac{100a\beta^2}{(0.01 - a\beta)^2}$$

$$= -(1 + \theta_R)\beta \times 10^4 + \frac{\beta}{(0.01 - a\beta)^2},$$

令其等于零得到

$$(0.01 - a\beta)^2 = \frac{1}{(1 + \theta_R) \times 10^4}.$$

从而

$$a = \frac{1}{100\beta}\left(1 - (1 + \theta_R)^{-1/2}\right),$$

如果该值小于 1. 最后, 我们有

$$\frac{d^2}{da^2}h(a) = \frac{2\beta^2}{(0.01 - a\beta)^3} > 0.$$

3. (a) 设 X 服从均值为 100 的指数分布, 且令 $Y = \max(0, X - M)$, 从而

$$P(M) = 100(E[Y] + 0.5E[Y^2]),$$

其中

$$E[Y] = \int_M^\infty (x - M)0.01e^{-0.01x}dx$$

$$= \int_0^\infty 0.01ye^{-0.01(y+M)}dy = 100e^{-0.01M},$$

$$E[Y^2] = \int_M^\infty (x - M)^2 0.01e^{-0.01x}dx$$

$$= \int_0^\infty 0.01y^2 e^{-0.01(y+M)}dy = 2 \times 10^4 e^{-0.01M}.$$

因此

$$P(M) = (10^4 + 10^6)e^{-0.01M} = 101 \times 10^4 e^{-0.01M}.$$

(b) 我们要寻找 $E[u(-P(M) - S(M))]$ 的最大值点 M, 其中 $S(M)$ 服从泊松参数为 100 的复合泊松分布, 且单个索赔额与 $\min(X, M)$ 的分布相同. 现有

$$E\left[e^{0.005S(M)}\right]$$

$$= \exp\left\{100\left(\int_0^M e^{0.005x}0.01e^{-0.01x}dx + e^{0.005M}e^{-0.01M} - 1\right)\right\}$$

$$= \exp\left\{100\left(\frac{0.01}{0.005}\left[1 - e^{-0.005M}\right]\right) + e^{-0.005M} - 1\right\}$$

$$= \exp\left\{100\left(1 - e^{-0.005M}\right)\right\},$$

于是

$$
\begin{aligned}
& E\left[u(-P(M) - S(M))\right] \\
& = -\exp\left\{0.005P(M)\right\}\exp\left\{100\left(1 - e^{-0.005M}\right)\right\} \\
& = -\exp\left\{h(M)\right\},
\end{aligned}
$$

其中 h 的形式显而易见. 所求问题等价于求使 h 达到最小的 M, 求导得

$$
\begin{aligned}
\frac{d}{dM}h(M) & = \frac{d}{dM}\left[5050e^{-0.01M} + 100\left(1 - e^{-0.005M}\right)\right] \\
& = -50.5e^{-0.01M} + 0.5e^{-0.005M}.
\end{aligned}
$$

令该导数为零得

$$
\frac{50.5}{0.5} = e^{0.005M},
$$

由此得 $M = 923.02$. 为验证它为最小值点, 求二阶导数得

$$
\frac{d^2}{dM^2}h(M) = 0.505e^{-0.01M} - 0.0025e^{-0.005M}.
$$

当 $M = 923.02$ 时, 上式为 0.00002475, 这验证了 M 为 h 的最小值点.

4. (a) 再保险人的累积索赔服从泊松参数为 $\lambda e^{-\alpha M}$ 的复合泊松分布, 且单个索赔额服从均值为 $1/\alpha$ 的指数分布. 由第 4 章习题 3 知, 此分布的 Esscher 变换为泊松参数为 $\lambda e^{-\alpha M}M(h)$ 的复合泊松分布, 其中 $M(h)$ 为指数分布的矩母函数在 h 处的值, 所以

$$
M(h) = \frac{\alpha}{\alpha - h},
$$

而单个索赔额服从参数为 $\alpha - h$ 的指数分布. 该分布的期望为再保险保费, 其等于

$$
\lambda e^{-\alpha M}\frac{\alpha}{\alpha - h}\frac{1}{\alpha - h} = \frac{\lambda\alpha e^{-\alpha M}}{(\alpha - h)^2}.
$$

(b) 我们的目标是最大化

$$
E[u(-P(M) - S(M))] = -\exp\{\beta P(M)\}E\left[\exp\{\beta S(M)\}\right],
$$

其中 $P(M) = \lambda\alpha e^{-\alpha M}/(\alpha - h)^2$, $S(M)$ 表示保险人扣除再保险后的自留赔付额. 现有

$$
\begin{aligned}
& E\left[\exp\{\beta S(M)\}\right] \\
& = \exp\left\{\lambda\left(\int_0^M e^{\beta x}\alpha e^{-\alpha x}dx + e^{\beta M}e^{-\alpha M} - 1\right)\right\} \\
& = \exp\left\{\lambda\left(\frac{\alpha}{\alpha - \beta}\left(1 - e^{-(\alpha-\beta)M}\right) + e^{-(\alpha-\beta)M} - 1\right)\right\} \\
& = \exp\left\{\frac{\lambda\beta}{\alpha - \beta}\left(1 - e^{-(\alpha-\beta)M}\right)\right\},
\end{aligned}
$$

由此即知我们要最大化函数

$$
g(M) = -\exp\left\{\beta\frac{\lambda\alpha e^{-\alpha M}}{(\alpha - h)^2}\right\}\exp\left\{\frac{\lambda\beta}{\alpha - \beta}\left(1 - e^{-(\alpha-\beta)M}\right)\right\},
$$

而这又等价于最小化

$$h(M) = \beta \frac{\lambda \alpha e^{-\alpha M}}{(\alpha - h)^2} + \frac{\lambda \beta}{\alpha - \beta} \left(1 - e^{-(\alpha - \beta)M}\right).$$

求导得

$$\frac{d}{dM} h(M) = \frac{-\lambda \beta \alpha^2 e^{-\alpha M}}{(\alpha - h)^2} + \frac{\lambda \beta}{\alpha - \beta}(\alpha - \beta)e^{-(\alpha - \beta)M},$$

且令它为零得

$$\frac{\alpha^2}{(\alpha - h)^2} = e^{\beta M},$$

从而

$$M^* = \frac{1}{\beta} \log \left(\frac{\alpha^2}{(\alpha - h)^2}\right).$$

又因为

$$\frac{d^2}{dM^2} h(M) = \frac{\lambda \beta \alpha^3 e^{-\alpha M}}{(\alpha - h)^2} - \lambda \beta (\alpha - \beta)e^{-(\alpha - \beta)M}$$

$$= \lambda \beta e^{-\alpha M} \left(\frac{\alpha^3}{(\alpha - h)^2} - (\alpha - \beta)e^{\beta M}\right),$$

因此

$$\frac{d^2}{dM^2} h(M) \bigg|_{M = M^*} = \lambda \beta e^{-\alpha M^*} \left(\frac{\alpha^3}{(\alpha - h)^2} - (\alpha - \beta)\frac{\alpha^2}{(\alpha - h)^2}\right)$$

$$= \frac{\lambda \alpha^2 \beta^2 e^{-\alpha M^*}}{(\alpha - h)^2} > 0,$$

这说明 M^* 为 h 的最大值点.

5. 扣除再保险保费后的净保费收入为

$$((1 + \theta) - (1 + \theta_R)(1 - a)) \lambda / \beta,$$

扣除再保险赔付后的单个索赔额服从均值为 a/β 的指数分布, 且其矩母函数为

$$M_X(t) = \frac{\beta}{\beta - at}.$$

因此, 结论由

$$1 + ((1 + \theta) - (1 + \theta_R)(1 - a)) R(a)/\beta = \frac{\beta}{\beta - aR(a)}$$

可得.

6. 扣除再保险保费后的净保费收入为

$$1.2 \times 100\lambda - 1.25 \times 100\lambda(1 - a) = (125a - 5)\lambda.$$

将保险人的净调节系数记作 R, 而不是 $R(a)$, 它满足方程

$$1 + (125a - 5) R = \left(\frac{0.02}{0.02 - aR}\right)^2.$$

令 $a = 0.6$, 则有

$$1 + 70R = \left(\frac{1}{1 - 30R}\right)^2,$$

由此可得

$$10R - 3300R^2 + 63000R^3 = 0.$$

解方程可得

$$R = \frac{1}{126000}\left(3300 - \sqrt{3300^2 - 40 \times 63000}\right) = 0.003229.$$

令 $a = 0.8$, 则有

$$1 + 95R = \left(\frac{1}{1 - 40R}\right)^2,$$

由此可得

$$15R - 6000R^2 + 152000R^3 = 0,$$

所以

$$R = \frac{1}{304000}\left(6000 - \sqrt{6000^2 - 60 \times 152000}\right) = 0.002682.$$

最后, 令 $a = 1$, 从而

$$1 + 120R = \left(\frac{1}{1 - 50R}\right)^2,$$

由此得到

$$R - 475R^2 + 15000R^3 = 0,$$

解方程得

$$R = \frac{1}{30000}\left(475 - \sqrt{475^2 - 60000}\right) = 0.002268.$$

因此, 保险人应采用再保险且自留比例为 60%.

7. (a) 保费收入为 110λ, 再保险保费为

$$1.15\lambda E[\max(0, X - M)],$$

其中 $X \sim Pa(3, 200)$, 且由第 1 章习题 6 知

$$
\begin{aligned}
E[\max(0, X - M)] &= E[X] - E[\min(X, M)] \\
&= 100\left(\frac{200}{200 + M}\right)^2,
\end{aligned}
$$

所以再保险保费为

$$115\lambda\left(\frac{200}{200 + M}\right)^2.$$

再次利用第 1 章中的习题 6 知保险人扣除再保险后的累积赔付额的均值为

$$100\lambda\left(1 - \left(\frac{200}{200 + M}\right)^2\right),$$

从而

$$110\lambda - 115\lambda \left(\frac{200}{200+M}\right)^2 = (1+\theta_N) \times 100\lambda \left(1 - \left(\frac{200}{200+M}\right)^2\right),$$

由此得到

$$\theta_N = \frac{10 - 15\left(200/(200+M)\right)^2}{100\left(1 - (200/(200+M))^2\right)}.$$

(b) 当

$$10 - 15\left(\frac{200}{200+M}\right)^2 > 0$$

时, 保费负荷因子 θ_N 为正, 由此可得 $M > 44.95.$

(c) 保险人的净调节系数 $R(M)$ 满足

$$1 + \left(110 - 115\left(\frac{200}{200+M}\right)^2\right) R(M)$$

$$= \int_0^M e^{R(M)x} \frac{3 \times 200^3}{(200+x)^4} dx + e^{R(M)M} \left(\frac{200}{200+M}\right)^3.$$

8. (a) 我们有 $c^* = 1.2 - 1.25(1-a) = 1.25a - 0.05$, 并且要求它大于扣除再保险后的累积索赔的期望, 即 a. 因此要求 $0.25a - 0.05 > 0$, 即 $a > 0.2.$

(b) 扣除再保险后单个索赔额分布的前三阶矩分别为 $a, 1.5a^2$ 和 $3a^3$. 因此, De Vylder 近似中的参数为

$$\tilde{\alpha} = 1.5/a, \quad \tilde{\lambda} = 1.6875, \quad \tilde{c} = 1.375a - 0.05,$$

从而可得以下近似

$$\frac{9a}{11a - 0.4} \exp\left\{\frac{-(3a - 0.6)u}{a(11a - 0.4)}\right\}.$$

(c) 通过格点搜索我们得到 $a = 0.384$ 时终极破产概率的近似达到最小值.

参 考 文 献

Albrecher H and Boxma O. 2005. *On the discounted penalty function in a Markov-dependent risk model.* Insurance: Mathematics & Economics 37, 650-672.

Asmussen S and Albrecher H. 2010. *Ruin Probabilities, 2nd edition.* Singapore: World Scientific Publishing.

Borch K. 1990. *Economics of Insurance.* Amsterdam: North-Holland.

Bühlmann H. 1980. *An economic premium principle.* ASTIN Bulletin 11, 52-60.

Centeno M L. 1986. *Measuring the effects of reinsurance by the adjustment coefficient.* Insurance: Mathematics & Economics 5, 169-182.

De Pril N. 1985. *Recursions for convolutions of arithmetic distributions.* ASTIN Bulletin 15, 135-139.

De Pril N. 1986. *On the exact computation of the aggregate claims distribution in the individual life model.* ASTIN Bulletin 16, 109-112.

De Pril N. 1988. *Improved approximations for the aggregate claims distribution of a life insurance portfolio.* Scandinavian Actuarial Journal, 61-68.

De Pril N. 1989. *The aggregate claims distribution in the individual risk model with arbitrary positive claims.* ASTIN Bulletin 19, 9-24.

De Pril N and Dhaene J. 1992. *Error bounds for compound Poisson approximations of the individual risk model.* ASTIN Bulletin 22, 135-148.

De Vylder F. 1978. *A practical solution to the problem of ultimate ruin probability.* Scandinavian Actuarial Journal, 114-119.

De Vylder F and Goovaerts M J. 1988. *Recursive calculation of finite time survival probabilities.* Insurance: Mathematics & Economics 7, 1-8.

Dickson D C M. 1992. *On the distribution of the surplus prior to ruin.* Insurance: Mathematics & Economics 11, 191-207.

Dickson D C M and Li S. 2010. *Finite time ruin problems for the Erlang(2) risk model.* Insurance: Mathematics & Economics 46, 12-18.

Dickson D C M and Waters H R. 1991. *Recursive calculation of survival probabilities.* ASTIN Bulletin 21, 199-221.

Dickson D C M and Waters H R. 1996. *Reinsurance and ruin.* Insurance: Mathematics & Economics 19, 61-80.

Dickson D C M and Waters H R. 1999. *Multi-period aggregate loss distributions for a life portfolio.* ASTIN Bulletin 29, 295-309.

Dickson D C M and Waters H R. 2002. *The distribution of the time to ruin in the classical risk model.* ASTIN Bulletin 32, 299-313.

Dickson D C M and Waters H R. 2004. *Some optimal dividends problems.* ASTIN Bulletin 34, 49-74.

Dickson D C M and Willmot G E. 2005. *The density of the time to ruin in the classical Poisson risk model*. ASTIN Bulletin 35, 45-60.

Dickson D C M, Egídio dos Reis A D and Waters H R. 1995. *Some stable algorithms in ruin theory and their applications*. ASTIN Bulletin 25, 153-175.

Dickson D C M, Hughes B D and Zhang L. 2005. *The density of the time to ruin for a Sparre Andersen process with Erlang arrivals and exponential claims*. Scandinavian Actuarial Journal, 358-376.

Drekic S and Willmot G E. 2003. *On the density and moments of the time to ruin with exponential claims*. ASTIN Bulletin 33, 11-21.

Dufresne F and Gerber H U. 1989. *Three methods to calculate the probability of ruin*. ASTIN Bulletin 19, 71-90.

Feller W. 1966. *An Introduction to Probability Theory and Its Applications, Volume 2*. Wiley, New York.

Gerber H U. 1979. *An Introduction to Mathematical Risk Theory*. S.S. Huebner Foundation, Philadelphia, PA.

Gerber H U, Goovaerts M J and Kaas R. 1987. *On the probability and severity of ruin*. ASTIN Bulletin 17, 151-163.

Gerber H U and Pafumi G. 1998. *Utility functions: from risk theory to finance*. North American Actuarial Journal 2, No. 3, 74-100.

Gerber H U and Shiu E S W. 1998. *On the time value of ruin*. North American Actuarial Journal 2, No.1, 48-78.

Goovaerts M J, De Vylder F and Haezendonck J. 1984. *Insurance premiums*. North-Holland, Amsterdam.

Grimmett G R and Welsh D J A. 1986. *Probability, an Introduction*. Oxford University Press.

Hogg R V and Klugman S A. 1984. *Loss Distributions*. John Wiley, New York.

Klugman S A, Panjer H H and Willmot G E. 1998. *Loss Models: From Data to Decisions*. John Wiley, New York.

Kornya P S. 1983. *Distribution of aggregate claims in the individual risk theory model (with discussion)*. Transactions of the Society of Actuaries 35, 823-858.

Kuon S, Reich A and Reimers L. 1987. *Panjer vs De Pril vs Kornya: a comparison from a practical point of view*. ASTIN Bulletin 17, 183-191.

Lin X S and Pavlova K. 2006. *The compound Poisson risk model with a threshold dividend strategy*. Insurance: Mathematics & Economics 38, 57-80.

Lin X S and Willmot G E. 2000. *The moments of the time of ruin, the surplus before ruin, and the deficit at ruin*. Insurance: Mathematics & Economics 27, 19-44.

Panjer H H. 1981. *Recursive evaluation of a family of compound distributions*. ASTIN Bulletin 12, 21-26.

Panjer H H. 1986. *Direct calculation of ruin probabilities.* Journal of Risk and Insurance 53, 521-529.

Panjer H H and Lutek B W. 1983. *Practical aspects of stop-loss calculations.* Insurance: Mathematics & Economics 2, 159-177.

Panjer H H and Wang S. 1993. *On the stability of recursive formulas.* ASTIN Bulletin 23, 227-258.

Panjer H H and Willmot G E. 1986. *Computational aspects of recursive evaluation of compound distributions.* Insurance: Mathematics & Economics 5, 113-116.

Panjer H H and Willmot G E. 1992. *Insurance Risk Models.* Society of Actuaries, Schaumburg, IL.

Picard P. 1994. *On some measures of the severity of ruin in the classical Poisson model.* Insurance: Mathematics & Economics 14, 107-115.

Prabhu N U. 1961. *On the ruin problem of collective risk theory.* Annals of Mathematical Statistics 32, 757-764.

Rolski T, Schmidli H, Schmidt V and Teugels J. 1999. *Stochastic Processes for Insurance and Finance.* John Wiley, Chichester.

Schröter K J. 1991. *On a family of counting distributions and recursions for related compound distributions.* Scandinavian Actuarial Journal, 161-175.

Sundt B. 1992. *On some extensions of Panjer's class of counting distributions.* ASTIN Bulletin 22, 61-80.

Sundt B and Jewell W S. 1981. *Further results on recursive evaluation of compound distributions.* ASTIN Bulletin 12, 27-39.

Wang S. 1995. *Insurance pricing and increased limits ratemaking by proportional hazards transforms.* Insurance: Mathematics & Economics 17, 43-54.

Waters H R. 1983. *Some mathematical aspects of reinsurance.* Insurance: Mathematics & Economics 2, 17-26.

Willmot G E and Lin X S. 1998. *Exact and approximate properties of the distribution of the surplus before and after ruin.* Insurance: Mathematics & Economics 23, 91-110.

索　引